贵州省国内一流学科建设项目“农林经济管理”(GNYL[2017]002)
中国喀斯特地区乡村振兴研究院招标项目“贵州省现代产业体系的系统优化与政策设计研究”(2018GDJD-ZKY003)

贵州现代产业体系优化与政策研究

王红蕾　著

科学出版社
北京

内 容 简 介

本书按照党的十九大报告提出的我国经济社会发展的战略目标要求，基于贵州省政府提出的“牢牢守住发展和生态两条底线，全力实施大扶贫、大数据、大生态三大战略行动”等视角构建贵州省现代产业体系问题，并提出重点发展现代化农业体系、大数据产业体系、大健康产业体系、军民融合产业体系和能源产业体系等五大现代产业体系；采用管理系统工程的理论方法较深入地分析五大现代产业体系的结构与功能问题并相应提出各产业体系的结构优化对策和功能优化策略，以期为贵州省经济社会发展提供的参考。

本书可作为管理系统工程、产业经济学等学科领域的高校教师、研究生和高年级本科生的科研和教学参考用书，也可以作为贵州省各级政府公务人员的参考用书。

图书在版编目(CIP)数据

贵州现代产业体系优化与政策研究 / 王红蕾著. —北京：科学出版社，2018.12

ISBN 978-7-03-060055-4

Ⅰ. ①贵… Ⅱ. ①王… Ⅲ. ①产业体系-研究-贵州 ②产业政策-研究-贵州 Ⅳ. ①F269.277.3

中国版本图书馆 CIP 数据核字 (2018) 第 289891 号

责任编辑：冯 铂 唐 梅 / 责任校对：彭 映
责任印制：罗 科 / 封面设计：墨创文化

科 学 出 版 社 出版

北京东黄城根北街16号
邮政编码：100717
http://www.sciencep.com

成都锦瑞印刷有限责任公司印刷

科学出版社发行 各地新华书店经销

*

2018 年 12 月第 一 版 开本：787×1092 1/16
2018 年 12 月第一次印刷 印张：13
字数：300 000

定价：118.00 元

（如有印装质量问题，我社负责调换）

前　言

党的十七大报告提出："发展现代产业体系，大力推进信息化与工业化融合"。党的十八大报告进一步提出"经济建设、政治建设、文化建设、社会建设、生态文明建设"五位一体的中国特色社会主义总体布局，促进现代化建设各方面协调发展。特别地，党的十九大报告更明确地提出建设现代化经济体系是新时期我国社会主义初级阶段经济社会发展的战略目标，而现代产业体系是现代化经济体系的重要内容和基本方面。党的十九大报告更进一步指出，"要贯彻新发展理念，建设现代化经济体系"。现代化产业体系是现代化经济体系的主要内涵和战略重点之一，能否顺利建成现代化经济体系，直接取决于能否顺利建成实体经济、科技创新、现代金融、人力资源协同发展的现代化产业体系。因此，研究现代产业体系的建设问题对指导我国经济社会发展具有重要的理论意义和现实作用。

贵州省地处我国西南部，是我国南方喀斯特地区的核心区域，兼具生态脆弱和经济贫困的双重特征。党的十八大以来，贵州省委省政府在党中央和国务院的领导下，审时度势，顺势而为，牢牢守住发展和生态两条底线，提出大扶贫、大数据、大生态三大战略行动，在经济建设和社会发展等各领域取得了突出成绩。但是，贵州省独特的喀斯特地形地貌和近百年的经济积贫积弱，也是制约其进一步可持续发展的重要因素。十九大报告明确提出，中国特色社会主义进入新时代，我国社会主要矛盾已经转化为人民日益增长的美好生活需要和不平衡不充分的发展之间的矛盾。当前，我国已经进入全面建成小康社会的攻坚阶段。但是，截至2018年1月，贵州省还有贫困人口466万，扶贫攻坚的任务艰巨。显然，现代产业体系是守住"两条底线"和贯彻落实"三大战略行动"以及打赢"扶贫攻坚战"的有效方式和可行路径。因此，基于贵州省情构建现代产业体系成为当前贵州省的重大研究课题之一。

基于以上分析，本书通过充分调研贵州省近十年的社会经济发展现状，并参考国内外学者关于现代产业体系的研究成果，探讨贵州省现代产业的内容体系，并基于三大战略行动内容倡导贵州省着力发展五大产业体系，即现代化农业体系、大数据产业体系、大健康产业体系、军民融合产业体系和能源产业体系。全书采用管理系统工程的理论方法着重分析贵州省以上产业体系的结构问题和功能问题，并相应提出各产业体系的结构优化对策和功能优化策略等，为贵州省的经济社会发展提供参考。

本书是作者长期以来对贵州省经济社会发展若干思考的总结。在书稿形成过程中，李桥兴教授、伍国勇教授等对本书的结构提出了宝贵的建议。另外，博士研究生袁帅和硕士研究生徐思慧、李研、庞博、张芸、胡雨晴、陈克杰、任晓慧和周彦福等帮助收集并整理了大量的文献资料，也为本书做出了突出的贡献。最后，本书也参考并借鉴了其他学者的观点，在此一并感谢！

鉴于作者的水平有限，书中疏漏之处在所难免，欢迎读者提出宝贵意见。

目　录

第 1 章　贵州省现代产业体系发展的总体思路

现代产业体系作为现代化经济体系的核心要素和基本方面，对贵州省贯彻落实大扶贫、大数据、大生态三大战略行动，牢牢守住发展和生态两条底线，实现“后发赶超”和“2020 全面小康”等都具有重要战略支撑作用。本章在对国内外相关文献进行梳理的基础上，探讨贵州省现代产业体系的内涵特征，分析贵州省产业发展的现状与问题，提出贵州省现代产业的内容和对策，最后提炼贵州省现代产业的总体发展思路。

1.1　理论基础与文献综述

党的十七大报告提出建立现代产业体系以来，国内外学者特别是我国学者在该领域做出了大量的研究成果。贵州省作为我国西部欠发达地区，在现代产业体系建设过程中也做了大胆探索并取得了明显的成绩。十九大报告更进一步提出“建设现代化经济体系是跨越关口的迫切要求和我国发展的战略目标”，同时强调，现代化产业体系是现代化经济体系的主要内涵和战略重点之一，必须着力加快建设实体经济、科技创新、现代金融、人力资源协同发展的现代产业体系。

1.1.1　国内现代产业体系研究现状

作者以中国知网的相关文献作为主要分析对象。文献整理发现，现代产业体系的研究成果可分为内涵特征、形成机制、产业体系构建和实现路径四个方面的内容。

1. 内涵特征

部分学者对现代产业体系的内涵特征进行了界定，研究现代产业体系概念已近成熟。刘文勇(2014)指出，现代产业体系是基于重大技术创新、重大制度创新的一种产业创新类型，与技术创新、制度创新具有辩证互动的关系。姚星等(2015)从现代性特征出发，认为现代产业体系是不同产业及行业部门所构成的、对经济社会发展起到引领和支撑作用的、完整全面且不断运动和发展的全新产业体系。谢泗薪等(2016)总结出现代产业体系是以高科技含量、高附加值、高创新性、高动态适应性、低耗能、低污染为产业核心，以生态、人本、节约、和谐为现代发展理念，兼具开放、集聚、融合、创新和可持续特征的新型产业集合。

2. 形成机制

部分学者重点分析现代产业体系的形成机理，探究合理优化现代产业体系的影响因素和发展动力。赵嘉等(2012)通过实证分析美国产业结构演进以揭示现代产业体系的形成机制，认为中国现代产业体系的发展方向须借鉴美国模式。杨以文等(2012)运用计量方法分析长三角地区的相关数据，认为长三角地区的制造业对经济增长的作用减弱，而现代服务业的促进作用在不断提升。芮明杰(2012)基于价值链重构方法对产业发展与结构转型进行了研究。斯劲(2014)认为，自主创新在现代产业体系形成和发展过程中起核心作用，绿色低碳循环发展是内在要求，良好的政策环境是其外部动力。詹懿等(2015)研究并归纳了国外现代产业体系的5种发展模式。张伟(2016)运用绿色 Solow 模型探究绿色低碳化的现代产业发展新体系的实现途径、影响因素以及产业体系平衡增长路径，提出促进我国现代产业体系绿色低碳化的对策建议。

3. 产业体系构建

部分学者有针对性地研究不同区域的现代产业体系的构建问题，以快速实现该区域产业结构的优化升级。吴泗(2011)从湛江的现实情况出发，抓住新科技革命和大项目建设带来的重大机遇，大力发展循环产业、低碳产业和绿色产业几个方面构建湛江现代产业体系。蔡勇志(2012)指出，福建的现代海洋体系优化应重点发展亲环境的现代海洋渔业、优化发展海洋第二产业和大力发展海洋第三产业，加大资金投入、做大三大港口群和突出对台特色。张冀新(2012)建立了城市群现代产业体系的发展评价指标体系，针对性地提出城市群现代产业体系构建的侧重点。余川江(2012)基于波特钻石理论，提出了产业集群和现代产业体系的履带模型。

4. 实现路径

部分学者重点探究现代产业体系的实现方式和路径，并针对存在的问题提出相应的发展对策和优化策略。邓丽(2011)在分析西部构建现代产业体系面临的发展问题及制约因素等基础上，针对性地提出了构建西部现代产业体系的对策建议。唐龙(2014)从现代产业体系的“现代性”出发，从产业发展类型、发展动力、产出成果体现方式、生产力空间布局、推进方式等角度促进现代产业体系的平衡、协调与可持续发展。唐德淼(2014)对第三次工业革命影响下的现代产业发展战略进行研究，提出优先发展先进制造业、互联网产业和战略性新兴产业。彭荣胜(2014)认为，要促进地区传统优势产业裂变或内涵式发展，需加快城市群要素禀赋的结构升级，合理发展劳动密集型产业，重视先进适宜技术的应用，建设因势利导型政府等。

1.1.2 国外现代产业体系研究现状

国外虽然没有明确提出“现代产业体系”的概念，但是自20世纪80年代开始，美国等发达国家兴起的产业体系实际上就是现代产业体系。国外相关研究的主题不明显，其研究内容主要分为定性和定量两个方面。

1. 定性分析

Evans 等(2009)认为要实现可持续发展产业体系，需依靠技术发展、学术研究和政策导向。Rancois 等(2010)认为服务业与制造业相比，更能促进经济增长，更能创造就业，更能减少贫穷。Accetturo 等(2013)指出，意大利产业体系生产力的不理想和国际竞争力的衰弱与当前国际形势和企业内部因素都有一定关系。

2. 定量分析

Baas 等(2004)采用社会科学分析框架和规范方法研究区域产业的生态体系。Drucker 等(2015)将区域产业分工、经济多元化和产业竞争结构引入生产函数，证明了区域产业竞争结构和经济多元化的重要作用。Schoor 等(2014)采用能源框架图分析和优化大型产业体系。Garg 等(2014)构建了基于 Lambda-Tau(ABCBLT)的人工蜂群(ABC)算法来分析产业体系的模式，并获得较理想的计算结果。Cioca 等(2015)从风险管理视角构建了体系危害模型，研究了复杂产业体系的结构、功能和行为等。

1.1.3　贵州省产业体系研究综述

梳理贵州省产业体系的研究现状，将有助于分析贵州省的现代产业体系。

1. 发展现状和问题分析

近年来，国内学者研究了贵州省的绿色生产与消费、经济增长方式、产业结构等经济问题。李宏蛟等(2014)指出，贵州省虽然具备气候条件和自然资源等优势，但存在交通不便和生态环境恶化等问题，认为贵州省应实现生态环境产业的可持续化发展。马黎政(2015)指出，贵州省的产业结构还以传统工业为主，且以旅游为代表的第三产业对经济的贡献还十分有限。高天跃(2015)认为，制约贵州省经济发展的一个重要原因是产业结构矛盾，体现在第一产业比重过大且劳动生产效率较低，第二、三产业的产值虽然增长较快但劳动力吸收能力较低等。

2. 经济发展定量研究

部分学者对贵州省产业发展的定量研究集中在能源消费以及经济与环境协调发展等方面。武音茜(2014)运用 RAM-DEA 模型测算贵州省各地区的节能减排绩效后，认为电力是能源利用效率中最大的效率贡献者。李茂林等(2016)运用综合经济效益指数和综合环境效益指数构建反映经济与环境协调状况的数学模型，得出贵州省经济与环境的耦合协调度将会随着经济增长的加速而呈下降趋势。胡剑波等(2017)通过构建贵州省产业增长与碳排放的脱钩模型，认为实现低碳发展需构建生态环保的低碳农业、低碳循环的工业体系以及集约高效的服务业。

3. 实施路径及对策研究

高天跃(2015)指出，贵州产业结构的优化路径应依据要素禀赋状况筛选比较优势主导产业和依靠政府扶持潜在比较优势产业。李会萍等(2015)认为，贵州产业结构逐步走向高级化，但需从利用国家政策、发展农业和服务业、建设产业园、自主创新、改善投资环境和推进劳动密集型产业等方面进行产业结构优化，同时针对贵州省经济发展中存在的问题探讨其发展对策和实施路径。王燕珺(2017)从循环经济发展与生态环境协调度视角提出贵州省发展循环经济的策略，即调整经济结构、加大科技投入、推行循环低碳发展模式、建设循环经济示范点及生态文明先行示范区等。

1.2 贵州省现代产业体系的内涵及特征

贵州省地处我国西南腹地，是我国南方喀斯特地区的中心地带和典型区域。贵州地貌包括高原、山地、丘陵和盆地四种基本类型，且以高原、山地居多，属于我国唯一没有平原的省份。本节根据国内外学者关于现代产业体系的研究成果，结合贵州省的自然资源和社会经济现状，提出贵州省现代产业体系的内涵和特征。

1.2.1 贵州省现代产业体系的内涵

现代产业体系的内涵在不同的历史时期有所区别。参考国内外相关文献并依据贵州省的发展与生态两条底线和大扶贫、大数据、大生态三大战略行动，贵州省的现代产业体系是以高科技含量、高附加值、低耗能、低污染等为产业核心，遵循生态、绿色、人本、节约、和谐的现代发展理念，以脱贫攻坚和全面小康为基本目标，以实现产业结构的优化升级为基本任务，兼具创新、可持续、效益性、开放、集聚和融合等特征的新型产业融合体系。

1.2.2 贵州省现代产业体系的特征

正如贵州省现代产业体系的内涵所述，其主要特征包括创新性、可持续性、效益性、开放性、集聚性等(图 1.1)，并且各特征之间彼此联系、相互促进。

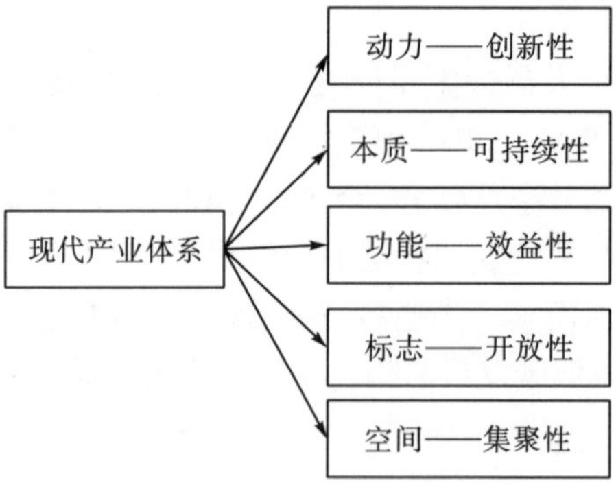

图 1.1 现代产业体系的特点

1. 创新性

创新性是现代产业体系的动力特征，创新是发展现代产业体系的第一推动力。现代产业体系的成功构建不仅需要大量的人力和物力投入，以及各级政府部门的支持与配合，还需要不断寻求技术创新以形成产业发展的技术优势。但在完整的创新体系中，产业体系的知识创新和制度创新等不可或缺，应结合使用多种创新方法来优化和发展现代产业体系中具备发展潜力的产业。

2. 可持续性

可持续性是现代产业体系的本质特征，也是现代产业体系区别于传统产业体系的鲜明特征。现代产业体系以生态、绿色为发展理念，追求循环经济和绿色经济，强调产业发展与生态保护的协调统一，以及增长方式由资源消耗型向集约消耗型的转变。贵州省是全国喀斯特面积最大的省份，有 13 万平方千米的土地具有典型的喀斯特地貌特征，生态极其脆弱。可持续发展作为贵州省发展现代产业体系的必然要求，需以最低的资源消耗换取最大的经济效益，快速发展现代服务业与稳步推进低消耗、低污染的先进制造业，牢牢守住发展和生态两条底线。

3. 效益性

效益性是现代产业体系的功能特征。构建现代产业体系的价值在于低投入、低消耗可换取高收入、高产出。因此，效益性就是现代产业体系的直接目标。贵州省属于典型的喀斯特地区，兼具生态脆弱与经济贫困，其现代产业体系不仅能够实现产业结构转型升级，并带来巨大的经济效益，也可推动贵州省的扶贫攻坚和生态发展等社会效益。

4. 集聚性

集聚性是现代产业体系的空间特征。现代产业体系的形成过程就是产业空间结构不断调整的过程，并不断实现产业集聚化发展，形成若干产业集群。集聚化、园区化是现代产业体系发展的基本模式，有利于节约资源、降低流通成本；有利于共享基础设施，节约生产成本；也有利于建设循环经济，园区中一个工厂的废弃物同时也可能是另一个工厂的原料投入物，大大地节约了运输成本，因此贵州省现代产业体系发展应以“集聚性”为基本指导思想，促进产业集聚化、园区化和现代化。

1.2.3　贵州省现代产业发展的衡量指标

根据贵州省现代产业体系的内涵和特征，提出评价贵州省现代产业发展的衡量指标(表 1.1)，可用于衡量贵州省的各个产业能否作为现代产业体系的组成部分并重点发展。指标体系分三级，包括 4 个判断特征、4 个衡量指标、8 个评价指标。

表 1.1　贵州省现代产业体系衡量指标

特点	衡量指标	细化指标
创新性	产业高技术化	高新技术含量高
		信息技术发展迅速
可持续性	产业绿色化	循环经济持续发展
		绿色低碳持续发展

续表

特点	衡量指标	细化指标
效益性	产业高效化	经济实现高位增长
		脱贫攻坚成效显著
集聚性	产业集群化	产业园区整合能力增强
		企业多领域合作稳步推进

衡量指标的具体解释如下。

1. 产业高技术化

1）高新技术含量高

高新技术主要用于传统产业向现代产业的升级，对于制造业至关重要。贵州的劳动密集型产业、资本密集型产业应积极向技术密集型产业转变，如建筑建材业转型为新兴建筑建材业，煤炭产业的产品和生产过程高端化等。贵州需加大对优势产业高技术含量的研发力度，积极培养自主创新能力。

2）信息技术发展迅速

推动电子商务的实体经济化和互联网的应用范围扩大化，促进贵州优势产业快速发展，如大力发展农村电子商务来加快农产品销售和提高农产品质量，形成农业发展新模式。贵州省充分借助贵阳市作为全国大数据中心的优势，在“互联网+”领域积极谋求发展，更好地推进互联网、云计算、大数据、物联网等与各类传统行业的结合，在极大程度上实现创新性信息化发展。

2. 产业绿色化

1）循环经济持续发展

现代产业体系的发展，原则上不能以牺牲环境为代价，要综合考虑可持续化和公平性需求，考虑后代人发展需求。使用先进技术对枯竭的资源和回收利用率较高的资源进行处理，达到循环使用和资源节约的最大化。对于产业生产过程中不可回收的工业废弃物，要尽可能在排放过程中减少对环境的污染。把资源再循环作为产业的发展重点，依托生态园区大力促进循环经济。

2）绿色低碳持续发展

随着贵州经济的快速发展，环境问题也日益严重。贵州在大力发展产业的同时，需注重考察各个产业带来的环境影响。贵州经济的发展不能走先污染后治理的老路，要有选择地接受东部地区淘汰的高污染产业，不能在承接产业转移时忽视生态保护而失去环境赋予的天然优势。更要发挥自主创新能力，大力发展具备资源优势和技术优势的新兴产业，大力研发新能源产业、节能产业，发展智能物流、电子商务、生态旅游等现代服务业。

3. 产业高效化

1) 经济实现高位增长

通过合理部署现代产业体系的发展格局，推动贵州经济水平的大幅度提升，在选择产业的时候需结合自身优势考虑产业带来的经济效益，积极推动新产业经济增长点的形成。贵州省主要着眼于已具备一定经济基础又有广阔发展前景的产业，如能源工业、装备制造业、化工产业等。

2) 脱贫攻坚成效显著

贵州产业扶贫是根据自身发展情况和优势，让贫困户植入产业链条中，使用多种技术力量让群众更加融入产业发展中。贵州省扶贫模式主要有现代山地特色高效农业扶贫、旅游产业扶贫等。

4. 产业集群化

1) 产业园区整合能力增强

产业园区能够推动经济快速发展，通过整合园区可促进实现最大化资源贡献率。但对一些重点产品和生态区域要结合宏观情况具体分析。

2) 企业多领域合作稳步推进

贵州整合优化全省各类产业的企业群，首先培养出具备带动能力的企业作为核心，如大数据产业可以与多种不同产业(如健康、旅游、医疗等产业)形成强强合作关系，凝聚产业链中其他相关企业充分挖掘资源，扩大共享效益，达到产业集群化发展的目的，实现产业集群化发展的效益。同时，企业和政府可通过合并收购控股等手段，促进企业多领域合作。

1.3 贵州省产业发展现状和问题

不同区域的现代产业体系具有不同的内涵和特征。同样地，不同区域的产业发展有其特定的现状和问题。本节通过深入分析贵州省产业发展的现状和问题，为科学规划贵州省的现代产业体系发展内容奠定基础。

1.3.1 贵州省产业结构的演进分析

根据国家统计局相关数据，统计贵州省近四十年来的产业结构情况，如表 1.2 所示，并绘制贵州省产业结构演进图，如图 1.2 所示。

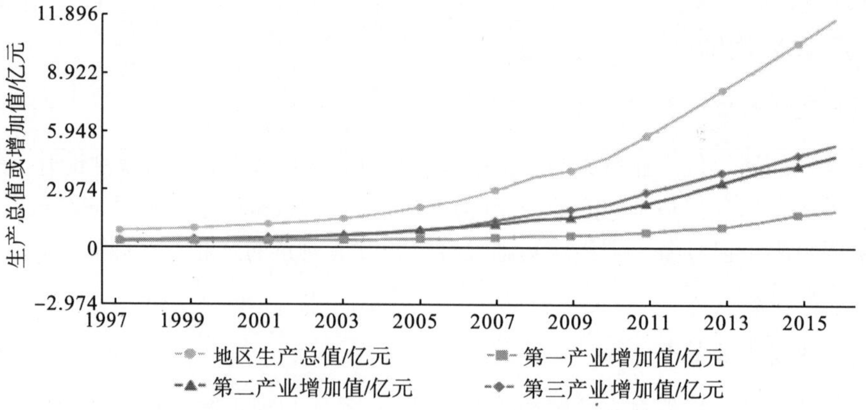

图 1.2 1997～2016 年贵州产业结构演进图

表 1.2 1978～2016 年贵州产业结构演进表

年份	GDP /亿元	人均 GDP /元	第一产业增加值/亿元	第二产业增加值/亿元	第三产业增加值/亿元	第一产业占 GDP 比重/%	第二产业占 GDP 比重/%	第三产业占 GDP 比重/%
1978	46.62	175	19.42	18.73	8.47	41.7	40.2	18.1
1979	55.28	204	23.29	22.41	9.58	42.1	40.5	17.4
1980	60.26	219	24.86	24.00	11.40	41.3	39.8	18.9
1981	67.89	242	29.90	24.95	13.04	44.0	36.8	19.2
1982	79.39	278	37.37	27.44	14.58	47.1	34.6	18.3
1983	87.38	302	37.76	33.14	16.48	43.2	37.9	18.9
1984	108.27	371	45.73	43.51	19.03	42.2	40.2	17.6
1985	123.92	420	50.45	49.88	23.59	40.7	40.3	19.0
1986	139.57	467	56.46	50.96	32.15	40.5	36.5	23.0
1987	165.50	546	66.46	60.11	38.93	40.2	36.3	23.5
1988	211.79	683	85.20	78.63	47.96	40.2	37.1	22.7
1989	235.84	750	92.88	86.74	56.22	39.4	36.8	23.8
1990	260.14	810	100.10	92.83	67.21	38.5	35.7	25.8
1991	295.90	896	115.71	101.54	78.65	39.1	34.3	26.6
1992	339.91	1034	121.20	122.06	96.65	35.7	35.9	28.4
1993	417.69	1255	133.41	155.03	129.25	31.9	37.1	31.0
1994	524.46	1553	182.56	195.80	146.10	34.8	37.3	27.9
1995	636.21	1853	227.13	232.52	176.56	35.7	36.5	27.8
1996	723.18	2048	254.53	255.09	213.56	35.2	35.3	29.5
1997	805.79	2250	271.96	288.99	244.84	33.8	35.9	30.3
1998	858.39	2364	265.04	319.40	273.95	30.9	37.2	31.9
1999	937.5	2545	267.75	350.41	319.34	28.5	37.4	34.1
2000	1029.92	2759	271.20	391.20	367.52	26.3	38.0	35.7
2001	1133.27	3000	274.41	433.52	425.34	24.2	38.3	37.5
2002	1243.43	3257	281.10	481.96	480.37	22.6	38.8	38.6
2003	1426.34	3701	298.69	569.37	558.28	20.9	39.9	39.2
2004	1677.8	4317	334.5	681.5	661.8	19.9	40.6	39.5

续表

年份	GDP /亿元	人均 GDP /元	第一产业增加值/亿元	第二产业增加值/亿元	第三产业增加值/亿元	第一产业占 GDP 比重/%	第二产业占 GDP 比重/%	第三产业占 GDP 比重/%
2005	2005.42	5119	368.94	821.16	815.32	18.4	40.9	40.7
2006	2338.98	6305	382.06	967.54	989.38	16.3	41.4	42.3
2007	2884.11	7878	446.38	1124.79	1312.94	15.5	39.0	45.5
2008	3561.56	9855	539.19	1370.03	1652.34	15.1	38.5	46.4
2009	3912.68	10971	550.27	1476.62	1885.79	14.1	37.7	48.2
2010	4602.16	13119	625.03	1800.06	2177.07	13.6	39.1	47.9
2011	5701.84	16413	726.22	2194.33	2781.29	12.7	38.5	48.8
2012	6852.2	19710	891.91	2677.54	3282.75	13.0	39.1	47.9
2013	8086.86	23151	998.47	3276.24	3812.15	12.5	40.9	47.6
2014	9266.39	26437	1280.45	3857.44	4128.5	13.8	41.6	44.6
2015	10502.56	29847	1640.61	4147.83	4714.12	15.5	39.4	45.1
2016	11776.73	33246	1846.19	4669.53	5261.01	15.7	39.6	44.7

数据来源：国家统计局

表 1.2 显示，1978 年贵州省的 GDP 为 46.62 亿元，而在 2016 年达到了 11776.73 亿元，在此期间增加 251 倍。说明自 1978 年以来，贵州省三次产业结构演进基本符合配第一克拉克定律，产业结构调整成果显著，地区生产总值在总量上得到巨大的提升。同时也可看出，贵州省的产业结构也随时间的变化呈现出不同的特点，大体趋势是由低级阶段过渡为高级阶段，即“三二一”产业排序发展。在 1978 年到 1991 年期间，产业结构呈“一二三”排序发展特点，即第一产业所占比重一直保持最大，如 1978 年的 41.7%到 1991 年的 39.1%，并且第二产业比重持续下降，第三产业比重不断上升。在 1992 年到 2005 年期间，产业结构呈“二三一”排序发展特点，第一产业所占比重已经从 1992 年的 35.7%不断下降为 2005 年的 18.4%，并迅速下降为比重最少的产业，同时第二产业和第三产业在此期间分别增长了 5 个百分点和 12.3 个百分点，且第二产业所占比重最大，表明贵州省从 2005 年以后的经济发展不再主要依赖于第一产业，并且第二产业和第三产业成为支柱力量。从 2006 年至 2016 年，产业结构呈“三二一”排序发展特点，第一产业所占比重继续下降，第二产业从 2006 年到 2012 年呈略微下降趋势且在 2012 年之后有所提升，第三产业处于稳步增长阶段，尽管在 2012 年有所下降，但贵州省的产业结构已经逐步走向高端化且不断优化发展。

1.3.2　贵州省产业发展简要回顾

贵州省地处中国的西南部，是一个气候宜人、资源丰富、风景秀丽且发展潜力巨大的省份。在计划经济时期，由于贵州省的能源和矿产资源较为丰富，国家将贵州省作为原材料基地和初级产品开发区。长期依靠资源开发的发展模式给贵州省的经济带来了负面影响，导致其产业链较短、产业优势不明显、产业竞争力较弱、产业布局较分散、产业科技含量较低等诸多问题，严重制约着贵州省经济社会的发展。“十二五”时期以来，在国家政策支持下，贵州省依赖其生态、气候、环境、资源等优势，在经济社会多个领域取得了较快的发展。特别是提出工业强省战略后，工业取得迅猛发展，也促进了相关产业市场份额的不断提升。“十三五”时期是贵州省全面建成小康社会的决胜阶段，贵州省在特色产业、新兴产业、服务业等领域将获得充分发展。表 1.3 展示了 2015 年和 2016 年贵州省经济社会发展基本情况。

表 1.3 贵州经济社会主要指标与全国指标对比

指标	全国		贵州		贵州占全国比重/%	
	2015 年	2016 年	2015 年	2016 年	2015 年	2016 年
土地面积/万平方千米	960	960	17.62	17.62	1.8	1.8
人口						
年末总人口/万人	137462	138271	3530	3555	2.6	2.6
就业						
就业人员/万人	77451	77603	1946.65	1983.72	2.5	2.6
非私营单位在岗职工年平均工资/元	62029	67569	62591	69678	100.9	103.1
国民经济核算						
地区生产总值/亿元	689052	744127	10539.62	11776.73	1.5	1.6
第一产业增加值	60862	63671	1640.61	1846.19	2.7	2.9
第二产业增加值	282040	296236	4175.24	4669.53	1.5	1.6
第三产业增加值	346150	384221	4723.77	5261.01	1.4	1.4
人均地区生产总值/元	50251	53980	29953	33246	59.4	61.4
固定资产投资						
全社会固定资产投资/亿元	562000	606466	10945.54	13204.00	1.9	2.2
消费						
社会消费品零售总额/亿元	300931	332316	3283.02	3708.99	1.1	1.1
对外贸易						
进出口总额/亿美元	39530	36856	122.21	57.00	0.3	0.2
出口/亿美元	22735	20976	99.49	47.43	0.4	0.2
财政						
一般公共预算收入/亿元	83002	87195	1503.38	1561.34	1.8	1.8
一般公共预算支出/亿元	150336	160437	3939.50	4262.36	2.6	2.7
能源						
一次能源生产总量/万吨标准煤	362000	346000	15061.47	14251.23	4.2	4.1
能源终端消费总量/万吨标准煤	430000	436000	9319.60	9444.78	2.2	2.2
农业						
粮食产量/万吨	62144	61625	1180.00	1192.38	1.9	1.9
油料产量/万吨	3537	3629	101.34	103.43	2.9	2.8
工业						
发电量/亿千瓦时	58106	61425	1740.92	1839.71	3.0	3.0
卷烟/亿支	25891	23826	1262	1161	4.9	4.9

1.3.3　贵州省产业发展的资源优势分析

贵州省是一个资源丰富的省份，有着天然的资源优势，主要有能源资源、生物资源以及旅游资源。

1）能源资源

贵州省的能源资源主要包括水能资源和煤炭资源。乌江、清水江、南盘江、北盘江都是水能资源的“富矿”区段。贵州省作为中国南方煤炭资源最丰富的省份，煤炭总量达2419亿吨，且煤炭质量优良，同时煤层气的储量达3.15万亿立方米，列居全国第二。丰富的能源资源是贵州发展的经济基础和优化方向。

2）生物资源

贵州具有宜人的气候条件、独特复杂的生态环境以及类型各异的土壤，衍生出大量的生物资源。贵州省是中国的四大药材产区之一，野生动物资源丰富，有黔金丝猴、黑叶猴、黑颈鹤等15种珍稀动物被列入国家一级保护动物。动植物资源是大自然赋予贵州的宝贵财富，促进了贵州的可持续发展。

3）旅游资源

贵州拥有典型的喀斯特地貌，山水独特，风光秀美，丰富的野生动植物资源，浓郁的民族风情，以及冬无严寒、夏无酷暑的温润气候。国家级景区有黄果树瀑布、龙宫、马岭河峡谷等，国家级自然保护区有习水中亚热带常绿阔叶林自然保护区、赤水桫椤自然保护区及梵净山自然保护区等。贵州的人文旅游也有很强的优势，有遵义会议遗址和红军四渡赤水遗址，以及苗、侗、布依、水、瑶民族文化和民族建筑景观等。

1.3.4　贵州省产业发展存在的问题

贵州省具有特点鲜明的产业结构特点，在发展初期依据自身资源条件优势，以能源、矿石等资源产业作为主导产业，随后产业结构进行升级和调整，从基础的“一二三”模式逐渐向“三二一”模式转变，涌现了一批特色优势产业，现代产业体系缓慢形成。贵州省第二产业呈现出“重太重、轻太轻”的状态，重工业污染大、资源消耗量大、产业链短以及低附加值，短时间制造业经济水平很难提高，严重制约发展。以上问题是贵州产业结构发展中及现代产业体系形成过程中面临的主要困境。

1. 第一产业发展落后

贵州第一产业发展落后，主要表现在农业生产条件和发展水平落后，大多数地区的农业生产处于原始状态，与农业现代化相差甚远。其落后特征主要表现在以下方面。

(1)生产条件不足，市场化水平低。贵州省内大部分都是山地丘陵，几乎没有平原可以耕种。随着经济的快速发展，人口逐渐增多，很多地区的开发建设需要使用土地资源，导致土地资源急剧减少，可用耕地资源也就更加少了，人均耕地面积也在降低。虽然2017

年人均耕地面积高于全国平均水平，但耕地质量却远不及全国平均水平。国家耕地质量10个自然等级标准显示，8、9级耕地贵州只有9.8%，更是没有1～7级的耕地。2017年农业人均产值为11134.48元，不到全国的1/2。生产条件不足、生产率低下是贵州省现代农业发展迟缓的首要原因，目前整体还是自给自足的农业经济，因此农业市场化水平很低。

⑵科技含量较低，机械化程度低。贵州省经济较为落后的情况使得农民无法承担机械化设备的购买，即使能承担购买费用，大面积的山地条件也使得设备无法发挥作用，总体来说贵州省的农业机械化程度极低。目前，很多地区的农业还大量依靠人力、畜力，单一要素的过量投入引起边际效率递减。农业的经济水平低使得农民也不愿扩大投资，很大程度上阻碍了科技在农业中的应用，因而现代化农业的技术水平远远不够。

⑶农业劳动者平均素质较低。贵州相对于其他省份来说，整体文化水平偏低，农业劳动者的文化水平同样较低。由于知识的缺乏，很多务农者耕地以满足家庭需要为主，不懂得加入市场、扩大经营与使用先进设备，还是靠天吃饭，生产效率始终低下。没有较好的农业经济收入，务农者积极性不强，年轻人则选择外出打工，老人则留下继续耕地，不仅难以提升现代化农业的水平，更扩大了城乡差距。

2. 第二产业发展滞后

第二产业的主体是工业，工业化以社会化大生产和普遍使用机械为主要特征，因此不仅能够大量吸纳就业，在经济发展的初级至中级阶段，还是经济增长的主动力。工业生产聚集大量人口，推动人口城镇化进程，工业经济和技术反哺农业，带动农业现代化发展。贵州的工业化滞后，与国内其他省份相比存在很大差距，这不仅制约着社会经济的发展，也无法推动城镇化的健康发展，更不能很好地带动传统农业转型升级。

基于比较优势，贵州工业以矿产资源开采和粗加工起步。由于自然条件和社会经济的限制，历史上的贵州交通闭塞，缺少对外交流，资金和技术奇缺。长期以来，矿产资源开采和粗加工并没有带动农业剩余劳动力的转移和社会经济的发展。20世纪六七十年代，随着一些军工企业的迁入，贵州的工业发展状况有所改善。这一时期的军工和重化工业成为国民经济和城市发展的主力，但与之相辅的轻工业却发展迟缓。轻重工业发展长期不协调，严重制约着人们生活水平的提高和城镇化进程。

改革开放后，东部沿海地区的制造业飞速发展，进一步拉大了与西部地区的差距。长期以来，贵州的矿产资源虽然丰富，但是由于交通闭塞，重化工业优先发展无可厚非。重化工业无论在空间还是在产品需求结构上，都与人们生活相距较远。产业链上的距离和经济上的制约，使得对轻工业的投资建设相当滞后。而贵州的教育水平也十分落后，无法为轻工业的发展提供高素质人才。双重制约使得贵州工业结构转型升级缓慢。2016年，贵州第二产业增加值为4669.53亿元，同比增长11.3%，增速高出全国平均水平5.6个百分点；增加值占地区生产总值比重为39.5%，低于全国平均水平1个百分点；就业人数315.38万人，在三次产业就业人数中占比16.20%，低于全国平均水平13.1个百分点。工业方面，全省规模以上工业增加值为3682.58亿元，同比增长11.1%，增速高出全国平均水平3.8个百分点。可见，在经济总量上，贵州的工业发展水平虽然还比较落后，但是其近年来的发展速度较快，然而不可忽视的是，由于贵州工业结构的不合理，其吸纳就业能力与全国平均水平相比仍存在很大差距。因此，未来贵州第二产业的发展应当加大劳动密集型产业和技术密集型产业比重，以增加就业，推动城镇化进程并带动农业现代化发展，来实现产业结构优化升级。

3. 第三产业发展缓慢

第三产业的发展是以第一、第二产业为基础的，由于贵州省的第一、第二产业发展都不乐观，因此第三产业的发展动力不足。根据配第－克拉克定律可以知道，当经济水平达到一定程度时，劳动力将会从第一产业转移到第二产业，随后又从第二产业转移到第三产业，受限于此，第三产业的发展一定是迟缓的。

2017 年，贵州第三产业增加值为 5261.01 亿元，占地区生产总值比重 44.9%，低于全国平均水平 5.6 个百分点；增加值同比增长 11.1%，高于全国平均水平 2.8 个百分点；就业人数为 469.73 万人，占比 24.13%，低于全国平均水平 18.27 个百分点，就业人数同比增长 5%，高于全国平均水平 0.3 个百分点[①]。

1.4　贵州省现代产业体系发展的内容构成及发展思路

由于不同国家、不同地区的经济发展水平存在差距，同时这些地区的地理、气候、人文以及经济基础不同，故特色产业体系的构成也不相同。根据贵州现代产业体系的内涵及其四大特征以及依据这些特征提出的衡量指标，可初步构建贵州独具特色的现代产业体系内容。

1.4.1　贵州现代产业体系发展的构成分析

首先，贵州须继续优化升级传统优势产业来巩固经济基础，发展特色农业、山地高效农业、特色林业和特色轻工业，全力做好五张名片(酒、烟、茶、药、旅游)。同时继续发挥贵州的自身资源优势和生态优势，实现经济效益最大化，发展能源工业、化工工业和旅游业等。

其次，大力发展创新含量较高的产业，保证产业体系的现代化优势，发展战略性新兴产业，即节能环保、新一代信息技术、高端装备制造产业、航空航天工业和电子信息工业等。

再次，现代产业体系的可持续发展特性要求贵州全力发展高附加值、低污染的产业。第三产业是能够体现绿色低碳循环发展的代表性产业，如旅游业、物流业、电子商务业等。大健康产业、大数据产业是贵州依据自身优势实现经济腾飞的重要法宝。

最后，产业间的融合发展也体现着传统产业与现代产业的重要差距，如新兴建筑建材业是节能环保产业、绿色建材业和住宅产业等多种产业的融合产业。大数据和其他产业的

① 数据来源于《贵州统计年鉴》(2017)和《中国统计年鉴》(2017)。

深度融合也是现代产业体系的发展内容。贵州不能盲目照搬发达国家或者地区的经验，而是要走出一条符合自身特色的发展道路，推动自身产业健康持续发展，从而走出一条现代化发展道路。

1.4.2 构建贵州现代产业体系的指导思想

根据本章的研究，贵州省构建现代产业体系的指导思想为：围绕中共十七大、十八大和十九大提出的现代产业的发展目标、发展理念和发展布局等，切实贯彻执行大扶贫、大数据、大生态三大战略行动，牢牢守住发展和生态两条底线，构造以现代化农业体系、大数据产业体系、大健康产业体系、军民融合产业体系和能源产业体系等为重点支撑的现代产业体系。深入挖掘贵州现代产业体系的经济功能、社会功能、政治功能、生态功能和文化功能，把现代产业体系构建成为贵州经济社会发展的重要支撑点和基本着力点，推动贵州区域经济后发赶超。基于此，本书后续章节将重点探讨和分析贵州省五大产业体系的结构问题和功能问题，并提出各产业体系的优化对策及建议。

1.4.3 贵州现代产业体系发展的总体思路

由于产业发展在不同地区具有不同的优势，因而各地区的产业变革转型任务也不同。不同地区要立足于当地的区位优势，诸如自然资源、科技水平、基础设施或人力资源等，为产业结构调整与产业转型升级创造舒适优良的环境，从而加快区域经济发展，提升区域竞争力。为发展新的区域经济增长极、加快产业经济与区域经济一体化融合发展步伐及同步发展并实现“四化”，贵州需要构建包含传统产业在内的现代产业发展新体系，而贵州具有的区域比较优势和后发优势也有助于上述新体系的发展。因此，在此提出贵州现代产业发展新体系的对策建议，希望有助于各级政府制定相应的产业发展政策。

(1)借助国家政策支持，加紧制定产业转型升级发展规划，加快产业转型升级步伐。贵州要有效承接国际产业梯度转移与促进国内区域产业转型，就必须充分利用国家发展规划带来的政策支持，充分发挥市场作用，综合运用经济、法律、技术及政策手段。贵州省要结合产业发展优势，制订区域发展产业规划；明确主要产业和重点产业发展领域，延伸产业链，扩大产业规模，加快产业转型升级。同时，根据贵州省产业发展的实际情况，建立现代产业发展综合评价指标体系，规划合理的区域产业转型方式，引入并开展产业转型分类服务工作，促进有序的产业变革转型[①]。

(2)促进贵州现代农业的发展，转换农业发展道路。加快农业科学技术创新，重点建设农业、林业和水利基础设施；调整农业产业结构，转换农业发展道路，实现“农业产业化、产业特色化、产业生态化”的现代化农业转型升级；加快农业劳动力向城镇转移的进程；积极主动开展农村土地确权工作，完善耕地收入分配机制，提高农地有偿征用补贴标准，保护农民土地征收权益，保护农民土地合法权益。积极推进农业专业合作化，重点发

① 贵州省人民政府关于印发黔中经济区发展规划的通知[EB/OL].https://www.unjs.com/zuixinxiaoxi/ziliao/20170714000008_1392288.html[2018-07-15]。

展农业和农产品优质加工业，推动市场经营主体新型化；鼓励多种所有制经营发展，构建新型农业经营的组织化、专业化、集约化、社会化体系，以此来使贵州省现代化农业的经营水平和市场应变能力得到相应的提高与发展；调整优化农业产业布局和产业品种结构时要立足于贵州优质的植物资源，发挥农林科学技术力量，并适时调整农产品品质和品种结构，适应市场发展变化，逐步改善种植结构。大力发展贵州绿色农业，提高农业产业质量，树立贵州农业产业特色品牌，主动改善农业产业结构，确保贵州粮食及基本农产品的有效供给；促进生态农业快速发展，确保农业基础地位稳固，主攻现代生态农业发展，提高农业产业化水平，壮大龙头企业规模，从而加快农业产业结构转型升级的步伐。改变农业发展思路和发展方式，促进耕地向合作社流转和集中，引导农业劳动力流向产业园区、新型城镇等区域。

(3)大力提高技术创新能力，促进新型工业化建设，实现集群发展。为应对未来的产业发展和产业竞争，创建一批拥有区域影响力的生产制造基地，扩大和加强现代加工制造业和新型战略性产业，重视利用先进加工制造业和新型战略性产业在产业结构优化升级中的主导作用。树立科学发展观，提升生产技术水平，发挥市场倒逼机制的作用，重点淘汰落后产能、提高工业节能减排、最大限度地综合开发利用资源，积极开展实施企业技术创新，促进绿色环保循环发展，提高整条产业链的现代化水平；鼓励传统产业技术创新、转化新型战略性产业的科技成果，培育企业创新能力，攻克关键核心技术和共性技术，打造一批拥有自主知识产权和自主品牌的高端现代化企业；扶植中小企业成长壮大，扩大企业科研投入规模，管理创新要素融入企业，提升自主创新能力和就业吸纳能力。抓住产业技术升级的契机，培养高新技术产业的增长点，加强高新技术产业和传统产业的互动发展力度(黄家顺等，2013)。以酒、烟、茶、药和旅游“五张名片”为中心，对这种回报率高的产业加大资源(能源)投入力度，将本地有限的资源(能源)产出最大化，利用高新技术改造一批重点骨干企业，使之能够引领其他企业进行自主创新，加快打造高新技术产业集群的步伐；传统产业也要积极利用高新技术，增加其产品的技术含量，深入推进煤电铝、煤电钢、煤电磷、煤电化资源加工，增强传统产品的市场竞争力度；在贵州的优势资源和新兴技术的基础上，加大政策扶持力度和引导企业制定发展规划，重视打造贵州新型战略性产业基地，加强自主创新和合作创新力度，重点建立和发展新能源、新材料、节能环保、装备制造、信息技术、软件和服务外包等新型战略性产业基地；建立现代信息技术产业体系制度，加快软件业的升级换代和创新发展，尽快建立和发展电子信息制造业，全力攻克和掌握现代信息产业发展的关键核心技术，全方位提高产业核心竞争力；促进通信行业的转型和发展，协调信息网络的整体布局，深入推进信息技术的整合与应用，充分利用信息技术产业的支撑能力，加快区域经济社会发展的进程；强化互联网基础管理能力，建立健全网络与信息安全保障体系与机制。

(4)加快现代服务业的发展，积极开拓生产性服务业态领域。改善服务业产业布局结构，重点发展面向人民生活的服务业(苗圩，2012)，促进现代服务业的发展壮大，优化生产性服务业态的发展，主动拓展新型服务业领域，建立健全贵州现代服务业发展体系，使现代服务业拥有成为承接大量农民转移就业和新增劳动力就业主要产业的能力(申鹏等，2014)。推进现代物流业的发展，完善支持物流产业发展的配套政策，引进现代物流企业，连接产业园区内的各类企业，将中心城市打造成高效的区域性物流中心，进而提高物流效率，使运输成本降低；引导省内外金融机构及相关分支机构积极主动开拓本省转型企业信贷市场；改革商业银行信贷管理制度，健全信贷激励和约束机制，使开发的新型金融产品具有更强针对性和适应性，以适应企业转型资金需求，建立健全简单、快捷、高效的信贷管理体系，完善面向企业发展的金融体系，满足省内企业金融需求；省外区域性商业银行在贵州大中城市设立分支机构的，给予相关优惠政策，以此来打造多元化金融市场，加快金融体系健全步伐；同时，积极发展区域性商业银行，应对各个领域对资金的需求，为中小企业、小微企业、农业合作社及农户融资难题提供解决方案。引导自身条件较好的企业发行公司债券，系统地引导、支持和鼓励经济效益优越、资产规模庞大、偿债能力强的企业发行债券，扩大企业直接融资的份额和规模，促进投资主体的多元化，保证企业发展对资金的需求，鼓励有条件的企业上市融资。根据生态文明理念，大力发展现代旅游业，将景区与景点合理规划科学布局，科学规划旅游路线，形成贵州精品旅游景区；重点提升现代旅游业发展质量，营造贵州特色旅游产业体系，打造世界知名的顶级旅游景点和休闲度假村；按照国际城市旅游标准，对旅游城市分类实施不同服务标准，优化建设旅游城市服务体制。积极开发文化产业，把文化产业作为贵州产业发展的新增长点；借助贵州优势文化资源，引导鼓励文化产业集聚发展，开拓历史文化、民族文化和生态文化融合发展的新型文化产业发展道路。

第 2 章　贵州省现代化农业体系的系统分析与优化

农业在国民经济发展中具有基础性作用。现代化农业在贵州省现代产业体系的构建过程中也是必须考虑的基本要素。农业现代化是保障实现 2020 年全面建成小康社会这一目标的重要手段。根据 2016 年的《全国农业现代化发展水平评价结果》可以看出，贵州农业现代化水平评分结果为 50.78 分，低于全国水平(64.02 分)，尚且处于农业现代化的发展起步阶段(0～60 分)[①]。可见对于贵州而言，合理有效地开展农业现代化建设迫在眉睫。因此，本章以文献分析法、理论分析法、计量分析法和案例分析法等定性研究与定量研究相结合的方式，通过研究贵州省各市(州)及县域的现代化农业发展状况，从结构和功能等角度分析贵州省农业基本状况，研究贵州省现代化农业体系的结构和功能现状及存在的问题，并提出优化的策略及建议。

2.1　理论基础和文献综述

中国自古以来素有“农业大国”之称。薛亮(2008)分析了我国农业当前的特征，认为人多地少、农户经营规模小是我国农业最主要、最根本的特点，而其他特点则是由这个根本特点派生或共生的。与此同时，中国现代化农业的发展必然受到宏观经济政策和全球化的影响。张晓山(2007)认为，现代化农业是在全球化格局中的农业，农产品贸易国际化对我国农产品生产、农业经营主体收入的影响也逐渐加大。中国在世界经济中扮演的作用在日益加强，但与此同时，中国农产品贸易额在中国贸易额中的比重下降趋势也在加快。根据国家统计局国际统计信息中心的最新报告，中国经济增长中能源和资源进一步强化将受到当前国际经济形势变化的约束，表明当前中国必须大力推进农业现代化，把握农业的发展主动权。

党的十八大报告指出，要“促进工业化、信息化、城镇化、农业现代化同步发展”的“四化同步”发展道路。“四化”相交相融，结构统一。其中工业化和城市化既能带来供给和需求，同时又为农业现代化提供动力和装备，反之，农业现代化又能够为工业化和城镇化提供基础的支持，信息化则可以促进其他“三化”[②]。所以，只有发展现代化农业并不断优化现代化农业的产业结构，才能为实现社会生产力跨越式发展奠定坚实基础。党的十九大报告指出，农业、农村、农民问题是关系国计民生的根本性问题，并提出实施乡村振兴战略。与建设社会主义新农村互相对照，乡村振兴战略的总要求，是农业农村发展到

① 数据来源于《全国农业现代化发展水平评价结果(2016 年)》和《全国农业现代化监测评价指标体系方案》。

② 图解十八大报告之四：“四化同步”[EB/OL].http://cpc.people.com.cn/n/2012/1220/c164113-19954396.html[2018-06-12]。

新的阶段，设定的一个新目标，提出的新的更高的要求，这个战略的实施将会为我国“三农”的发展注入强大的动力，为我国未来“三农”的发展勾勒了广阔图景。

基于文献查阅和资料收集总结，本节首先对现代化农业的概念和特征进行界定，并探讨现代化农业的发展历程；然后聚焦贵州现代化农业的相关研究，包括研究主题、研究进展和研究方法等。

2.1.1 现代化农业体系的概念

研究农业现代化，首先应该厘清其内涵和特征。张晓山(2007)认为，现代化农业也就是在全球化格局的农业。赫修贵(2010)认为，中国特色农业现代化模式是在市场作用和政府扶持下，在农业承包制基础上，以提高劳动生产率为目的，实现科学化、信息化、机械化、标准化、水力化、产业化、生态化、社会协作化的过程。黄庆华等(2013)则进一步提出，农业现代化从本质上讲就是使得当前的农业具备现代化特征的过程，这里农业要实现的现代化指的是具备现代物质条件、使用现代科学技术、构建现代产业体系、采用现代经营形式、树立现代经营理念以及培育新型现代农民。其过程和结果就是要通过集约化、科学化、市场化和产业化的方式，最终实现农业的高产、高效、优质、安全和可持续发展。张红宇等(2015)则认为，中国建设现代化农业要以确保粮食安全为核心，把握“一个定位、两大目标、三项任务”。结合当前国际背景，现代化农业是指，用现代发展理念指导理论延伸和实践活动，以食品安全、农民增收、农业可持续发展为目标，生产要素优化重组，经营管理寻求创新，用现代化科技、装备、制度、手段来经营，在国民经济中，市场化、标准化、产业化且有较高土地产出率、劳动生产率、资源利用率的农业形态。

2.1.2 现代化农业体系的研究现状

现代化农业当前主要研究领域包括农业现代化程度评价、农业主导产业选择、产业优化、少数民族地区农业现代化研究、农业现代化建设中的问题等方面。

(1)在农业现代化程度评价方面。王国敏等(2011)以西部地区农业现代化发展为研究对象，采用多指标综合测定法建立农业现代化综合评价指标体系对研究对象的发展阶段与总体水平进行测算。研究结果显示，尽管西部地区在改革开放到研究节点这段时间内农业现代化增速较快，但整体水平仍落后于其他地区且仍处于农业现代化的起步阶段。岳意定等(2010)从“三农”角度出发，立足于农村经济发展、农业产业发展和农民生活改善构建了一套农村土地流转的经济绩效评价指标体系，采用实地调研对出租、反租倒包以及股份合作制三种农村土地流转模式的经济绩效进行了比对分析，结果发现，相较于其他两种模式，股份合作制的流转方式能够带来较大的经济效益，调研样本区在选择农村土地流转模式时可倾向推广股份合作制流转模式。

(2)在农业主导产业选择方面。王秀峰(2008)通过分析贵州农业发展的条件，对贵州省与西部11省农业综合实力进行了比较分析，用组合评价模型对贵州省农业可持续发展进行了纵向比较评价，并与云南、广西和全国平均水平进行了横向比较评价，对评价结果进行了综合检验和分析。秦开大等(2016)以云南省高原特色农业为例，综合运用层次分析法与模糊综合评价法确定指标体系结构、准则及权重，从而构建以产业竞争优势和产业化程度为主要指标的区域主导产业选择模型，得出各产业主导能力的次序，确定区域发展的主导产业，并对主导产业发展路径进行分析。邓灵稚等(2017)从产量特征的视角，在运用C-PAC模型(典型主成分分析法)分析贵州省1949～2013年种植结构演变主要驱动力的基础上，探讨种植结构优化对策，表明作物种植结构的优化不仅需要在喀斯特地区种植结构适宜性评价的前提下，发展以市场为导向的山地特色高效种植业，还需完善农业仓储物流系统和城乡交通网络，为喀斯特地区特色高效生态种植业的发展提供决策依据。

(3)在产业优化方面。汪文雄等(2013)鉴于结构方程模型能精确地揭示和描述复杂系统中的各种显变量与潜变量间的关系，运用该方法探索PPP模式下农地整理效率的影响机理。刘彦随等(2018)剖析了现代化农业发展环境的时空转变及其动态特征，建立了农业地域功能与相关自然要素耦合的测量评价系统，应用定性和定量相结合的综合评判手段，对新时期中国现代化农业区划的原则和方法给出了界定，制定了全国现代化农业区划方案；并与1981年农业综合区划方案进行比较分析，深入揭示了快速工业化、城镇化、信息化进程中中国农业生产结构、地域功能、格局动态和发展趋向。

(4)少数民族地区农业现代化研究方面。石明奎等(2005)建立珠江上游少数民族农业区域生态安全预警指标体系，并采用环境指标P-S-R概念模型对贵州境内22县进行横向比较分析，有助于珠江上游少数民族农业区域的生态安全预警指标体系的建立。张勇民等(2014)以我国八个民族省份(五个自治区和云南、贵州、青海)为研究对象，综合分析民族地区的农业现代化发展现状，以及与之产生相互影响的新型城镇化状况，选取能够反映研究对象现状和水平的一系列指标，运用DEA分析法对民族地区的现代化农业以及新型城镇化同步发展的状况进行探讨和分析，并据此提出促进民族地区农业现代化及新型城镇化协同发展的对策。

(5)农业现代化建设中的问题。2004～2015年，我国粮食进口、库存水平达到历史新高，再加上国内粮食生产实现“十二连增”，从而形成产量、库存、进口“三量齐增”的尴尬现象，粮食价格低并有下跌趋势，因此加快调整农业生产和供给结构的艰巨任务很迫切。在此背景下，2015年12月，中国中央农村工作会议首次提出，“要着力加强农业供给侧结构性改革”，以提高农业供给质量和效率，形成结构更合理、数量更充足、保障更有力、品质更高端的农产品供给体系。王欣亮等(2017)认为，农业供给侧结构性改革的目标在于解放和发展农村生产力，推动农业产业结构升级及转变发展方式，对于指导村镇发展具有重要意义。该文从农业供给侧结构性改革对村镇发展的影响机理入手，系统分析了村镇发展的动力机制，并基于村镇发展动力的异质性，将村镇发展划分为自然资源优势型、区位优势型、特色产业带动型等三种大类型以及其他六种具体类型，分类设计了各类型村镇的差异化发展战略。

2.1.3　现代化农业体系的研究进展

1. 贵州省现代化农业发展研究

蔡秋等(2000)提出贵州省应走资源高效集约利用的道路，认为农业资源高效集约利用的主要途径包括：①以提高土地生产能力为核心的土地资源的高效利用；②以集水和节水为主的水资源的高效利用；③以农业产业化为核心的农业资源高效利用；④以农业资源的合理配置为核心的资源持续利用。苏维词(2000)阐述了贵州喀斯特生态脆弱区实施农业可持续发展战略的重要性，探讨了该地区可持续农业发展的目标与内涵，指出保护、改善和重建生态环境是农业可持续发展的基础，并编绘了贵州喀斯特山区生态环境脆弱性类型图，提出了适合喀斯特生态脆弱区地域特征的可持续农业发展模式与方向，即节水节地型种植业、生态经济型林(果、药)业、食草型畜牧业、绿色产品加工业。张殿发等(2004)认为，特色农业的生产布局须与生态地质环境进行空间耦合，按照生态地质环境的空间差异性调整农业产业结构，才能使贵州省特色生态环境和优势农业资源得以充分利用，实现农业经济的跨越式发展。吕萍(2005)提出，应培育和发展有竞争优势的龙头企业，建立健全、公平、合理的联结机制，建立具有特色的农产品生产基地，完善农业社会化服务体系。张贵祥(2008)通过论证贵州特色农业实施开放创新的必要性，在此基础上提出基于价值链的开放创新战略，以链接和利用外部的知识、技术、资金及市场渠道等资源，可以在较短时间内弥补企业内部资源和能力的不足，提升企业核心竞争力，从而实现当地特色农业资源的快速有效开发，实现资源转化的效益。王永平等(2009)从分析贵州农业发展现状、特征与环境条件出发，对发展贵州现代化农业的路径与模式进行了研究，基于贵州省现代化农业发展的不同背景，提出应该发展现代生态农业产业，依靠资源利用、产业组织带动和市场建设驱动三种模式，发展生态农业产业。张建(2010)认为，贵州应发展建立在包括减量化原则(reduce)、再利用原则(reuse)和再循环原则(recycle)“3R”原则之上的“减量化—再利用—再循环”农业循环经济模式。黄蓓(2011)通过对贵州农业保险制度现状及存在问题进行解析后，认为建立政府农业保险协调机构、设立农业保险专项基金、设立财政补偿机制、试行农业保险互助合作风险共担机制等，是完善贵州农业保险制度的有效途径。辛耀(2012)指出，贵州特色优势产业发展面临许多困难和问题，需要创新农业生产方式和组织形式，促进要素集聚。刘超等(2013)提出了加快特色农业发展的几项建议，主要包括创新体制机制、加强基础设施建设、提升产业可持续发展能力、推动农业结构优化升级等。黄臻(2013)构造了一套评价指标体系对当前贵州农业现代化水平进行分析和判断，认为贵州农业现代化发展总体相对缓慢，发展还存在较大的潜力，并根据制约农业发展的不同因素将贵州各地分成四种类型。汪霞等(2014)构建了贵州农业旱灾脆弱性评价指标体系，对 2006～2012 年期间贵州农业旱灾脆弱性发展态势进行分析。杨丽莎(2014)按照地理区域类型划分为三大类，并对下属的九个行政村进行问卷调查，分析贵州山地农业发展农户合作意愿，并实证分析贵州山地农业发展中农户合作的制约因素。

2. 贵州少数民族地区现代化农业发展研究

詹全友等(2014)从江侗乡稻鱼鸭系统的共生关系、生长特点、生态效益、文化遗产等角度，研究该系统与自然生态背景形成的物质和能量互换循环圈的关系，对民族地区生态文明建设具有重要的借鉴意义。杨成(2015)通过对贵州少数民族地区发展山地高效农业发展历史的对比研究，发现多业态经营是其核心内容，符合当前我国提出的“优质、高产、高效、生态、安全”农业发展目标。方言等(2015)针对贵州特色农业发展的问题提出了两点建议，即加快发展农民合作社，将个体小农组织起来；加大油菜生产支持力度，培育出适宜机械化的品种，降低生产成本。

3. 国内其他省(市/区)现代化农业发展研究

蒋辉等(2016)通过对湖南西部 5 县 239 户椪柑种植户的入户调查数据分析，建立多元有序 Logistic 模型，从农户异质性视角研究贫困地区特色农业经营收入的影响因素，表明农户性别、年龄、家庭劳动力数量、椪柑种植面积和网络通信是否畅通等因素能够显著影响椪柑经营收入，其他因素如农户非农业收入、受教育程度和是否加入合作社对特色农业经营收入影响并不十分显著，提出要从加大对特色农业的支持力度、积极引导农民专业合作社有序发展、大力培育新型职业农民和强化农业生产经营条件等方面着力，发展贫困地区特色农业。张卫国等(2017)利用 2002～2014 年全国 17 个烤烟主产区的面板数，构建联立方程模型对比分析特色农业发展模式，通过收入增长渠道和经济增长渠道的减贫效应，表明能够通过收入增长和经济增长两种渠道有效地减缓农村贫困，收入增长的减贫效应高于经济增长，并且两个渠道的减贫效应在不同的区域表现出明显的差异；特色农业发展与收入增长和经济增长之间未形成正向的互动关系，收入增长和经济增长对特色农业的发展均有显著的抑制作用；提出加大财政支农、农村义务教育投入和固定资产投资力度，积极培育新型农业经营主体，进一步完善利益分配机制，推动城镇化的包容性发展。

2.1.4　现代化农业体系的研究评述

现阶段学术界的研究成果为我们进一步深入研究贵州现代化农业体系奠定了理论基础，也提供了很多参考和启示。但是，现代化农业体系的现有研究更多建立在自然环境的基础上，忽视了当今产业深度融合环境下现代化农业的功能已经开始不断延伸，从而很少考虑到农业的多功能性，尤其是贵州省现代化农业的政治功能，如扶贫作用。因此，本书对现代化农业体系的结构和功能进行深入的研究分析，为贵州省现代化农业体系的调整和优化提供切合实际的建议。

2.2　贵州省现代化农业体系的结构分析与优化

贵州现代化农业体系的结构主要包括经营种植结构、产出结构、输入输出结构和县域农业结构等。要想对贵州省现代农业体系的结构进行分析与优化，首先要做的便是深入了解现状。

2.2.1　农业产业体系的结构分析

经济结构的变动与经济总量的变换肯定是有联系的，结构主义认为经济结构的变动会带来一定的经济总量的增长，这个观点在农业经济领域也是不会改变的。所以，推动农业经济稳定且有效地增长必须引导农业经济结构向正确的方向演变。钱纳里等(1995)通过对多国资料进行收集分析，对他们的经济增长中的结构效应进行研究，研究结构变动导致的资源配置效率的改善，最后总结发现结构的改善通常是伴随着资源配置效率的提高。尽管农业生产可以分解出许多层次，但农业产业体系的结构却是一个有机的整体，这就要求必须从系统的角度和概念去组织农业产业结构，用系统的方式方法去协调各部门和各项目之间的关系，力求发挥整体功能最大化。农业产业结构层次的划分可以从不同的方面去分析。首先，畜牧业、林业、农业和渔业是基本结构。其次，根据不同的特点，将产业划分为不同类型，如猪、牛、羊等，在畜牧业中，这被称为二级结构。同样，粮食作物也分为玉米、大豆和小麦，它们构成了农业的三级结构。

贵州现代化农业产业体系的优化首先要从农业结构的分析入手。本书在结构分析中选取的指标参考国民经济和社会发展主要指标结构和《2016 全国农业现代化监测评价指标体系方案》，数据、图表整理于《贵州统计年鉴》和《贵州省第三次全国农业普查主要数据公报》。

1)经营或种植结构

贵州省的地理位置独特，位处云贵高原地带，东西距离大概 595 千米，南北距离大概 509 千米，总面积约占全国陆地总面积的 1.8%，共计 176167 平方千米①。贵州地貌属于高原山地，境内地势西高东低，自中部向北、东、南三面倾斜，平均海拔在 1100 米左右。贵州省境内的土地分布状况呈现以山地和丘陵为主、平原较少的格局(图 2.1)。贵州省山地面积为 108740 平方千米，丘陵面积为 54197 平方千米，山间平坝区面积为 13230 平方千米，素有“八山一水一分田”之说。同时，贵州喀斯特地貌的总面积多达 109084 平方千米，占全省总面积的 61.9%左右，这导致土地使用资源本就不多，用于农业开发的土地就更少了。随着全省人口的不断增加，非农业用地也相继增多，耕地面积自然在不断减少。据统计，2002 年底，贵州省只剩下 176.94 万公顷是实际用于耕地的面积，比 2001 年的面积减少了 6.29 万公顷，人均耕地面积远低于全国平均水平，已经不足 0.05 公顷，且贵州省土地中土质好、水利好的耕地所占比重非常低②。此外，因为贵州拥有气候复杂多变的特点，因此被称为“一山分四季，十里不同天”，属于亚热带湿润季风气候。但是，秋风、干旱、冰雹

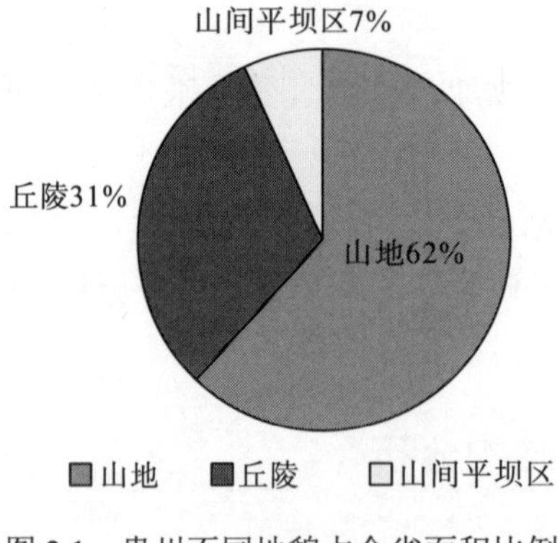

图 2.1 贵州不同地貌占全省面积比例

① 贵州省人民政府-自然地理[EB/OL].http://www.gzgov.gov.cn/dcgz/gzgk/zrdl/201804/t20180411_1112817.html[2018-06-12]。

② 贵州省投资促进局-自然资源[EB/OL].http://www.investgz.gov.cn/doc/2017/12/05/8943.shtml[2018-06-12]。

或凝冻等灾害性天气时常在贵州地区发生，这对于农业生产来说是非常严重的危害①。截至 2018 年 10 月底，贵州省拥有 6 个地级市、3 个自治州，总共 9 个地级行政区单位，拥有 15 个市辖区、9 个县级市、52 个县、11 个自治县、1 个特区共 88 个县级行政区划单位②。

2) 产出结构

全国最新统计资料显示，从 2012 年到 2017 年的 5 年时间里，贵州省农业经济发展一直保持在全国增速前列，其中有 4 年居全国增速第 1 位。贵州农业结构整体呈以下状态：第一，种植业是农业生产重要组成部分。中药材、豆类、薯类、高粱、烤烟、油菜籽、茶叶、蔬菜等是贵州省种植行业的主要农作物，在全国范围内都有着不俗的优势(表 2.1)。第二，林业在全国范围内也有明显的优势。贵州林业土地历年来的产出效率都要比全国平均水平高出不少，在农业内部产业中这样的产出效率表现出的优势也相对比较突出。第三，畜牧业发展一直较稳定，表现出不错的优势。畜牧业在全省农业四大生产行业中的占比是 1/4，这表明畜牧业的发展算是中规中矩，相对也最平稳。第四，渔业发展是贵州省最薄弱的一环。因为贵州既不是沿海地区，也没有大江或大湖，渔业发展相对比较困难，所以相对是最薄弱的一环。

表 2.1　2012～2016 年贵州主要农作物产品产量　(单位：万吨)

指标		2012 年	2013 年	2014 年	2015 年	2016 年
种植业	粮食作物	1079.50	1029.99	1138.50	1180.00	1192.38
	#稻谷	402.43	361.30	403.24	417.54	430.48
	小麦	52.39	51.51	61.50	61.67	59.74
	玉米	342.25	298.03	313.81	324.08	324.38
	大豆	7.84	8.04	11.78	12.60	13.78
	薯类	235.83	263.36	289.91	303.84	301.85
	#马铃薯	179.74	211.40	226.60	237.62	233.35
	油料作物	87.38	91.53	98.05	101.34	103.43
	#油菜籽	78.18	81.78	86.69	89.03	30.25
	花生	7.86	8.25	9.71	10.50	11.32
	甘蔗	127.96	159.29	168.27	156.09	117.81
	烤烟	37.31	41.79	35.34	32.93	27.50
	蔬菜	1375.63	1500.45	1625.62	1731.88	1878.48
	茶叶	7.44	8.94	10.71	11.80	14.13
	水果	147.72	167.75	196.38	224.90	243.88
	#园林水果	90.06	105.74	125.98	147.65	162.27
	#苹果	2.49	3.25	4.39	5.27	5.95
	梨	21.72	24.09	27.31	29.24	32.09
	柑橘	22.74	25.48	28.91	32.01	34.90

① 中国政府网-贵州[EB/OL].http://www.gov.cn/test/2005-08/10/content_21526.htm[2018-06-12]。

② 中华人民共和国民政部-贵州省(黔、贵)[EB/OL].http://202.108.98.30/defaultQuery?shengji=%B9%F3%D6%DD%CA%A1%28%C7%AD%A1%A2%B9%F3%29&diji=-1&xianji=-1[2018-06-12]。

续表

指标		2012 年	2013 年	2014 年	2015 年	2016 年
种植业	香蕉	0.61	0.56	0.58	0.85	0.95
	杨梅	3.19	3.49	5.06	4.98	5.26
	猕猴桃	1.76	2.21	2.50	5.25	6.89
	柿子	1.46	1.46	1.50	1.49	1.59
林业	生漆	0.17	0.18	0.70	0.86	0.76
	油桐籽	8.16	7.09	7.31	6.83	6.60
	油茶籽	2.67	3.12	6.94	7.18	7.40
	乌桕籽	0.24	0.23	0.27	0.27	0.22
	五倍籽	0.19	0.26	0.72	0.69	0.61
	棕片	0.44	0.43	0.52	0.53	0.55
	松脂	1.30	1.38	1.60	1.79	1.79
	核桃	2.37	3.43	5.74	7.48	9.32
	板栗	2.61	3.16	5.32	5.80	5.40
畜牧业	肉类总产量	190.27	199.74	201.80	201.94	199.28
	#猪肉	156.13	163.73	165.55	160.75	154.96
	牛肉	13.04	14.13	14.68	16.76	17.85
	羊肉	3.53	3.51	3.75	4.20	4.50
	禽肉	15.41	15.48	14.84	16.31	17.72
	其他畜产品产量	19.96	21.14	22.18	24.08	25.48
	牛奶	5.10	5.45	5.71	6.20	6.39
	禽蛋	14.65	15.44	16.20	17.58	18.78
	蜂蜜	0.21	0.25	0.27	0.30	0.31
渔业	水产品	13.47	16.70	20.99	24.98	28.99

注：带有#符号(直到划分线)的项目表示包括上一行的主要项目，例如，在种植业中，包括粮食作物、油料作物、水果、茶叶等种类，其中粮食作物中包括稻谷、玉米、小麦、薯类，而薯类中具有代表性的是马铃薯，以此类推

随着经济增长，人民生活水平日益改善，对于肉、蛋、奶一类的产品需求比例会不断增加，因此作为评价农业现代化的一项主要指标，养殖业在农业中的比例和构成应随着市场需求不断优化。从表 2.2 中可以看出，贵州养殖业(包括畜牧业和渔业)在大农业(农林牧渔业)中的构成比例为 27.9%，低于全国水平(34.1%)，同时与《贵州省十三五规划纲要》中提出的“在2020年实现畜牧业产值占农业总产值比重达30%”这一目标也有一段距离。

此外，从表 2.2 和图 2.2 中可以看出，贵州九个市(州)的各项指标均低于 2020 年的全国目标值。总体看来，第一产业中的子产业比重排序由高到低分别为种植业、养殖业、畜牧业、林业、渔业。各市(州)种植业比重平均在 60%左右，贵阳市养殖业比重最高，为 66.84%。养殖业在第一产业比重方面，占全省比例达 27.96%。安顺市养殖业比例最高，已经超过了 2020 年的目标值 30%。另外，从表 2.3 发现，贵州省的特色农产品具有较好的优势，特别是中药材在全国的种植面积比重不高，但产量比重却接近全国一半。

表 2.2　贵州与全国农业结构目标值比较　（单位：亿元）

产出结构指标	2016 年贵州实际值	2020 年全国目标值
畜牧业产值占农业总产值比重/%	25.70	＞30
渔业总产值占农业总产值比重/%	2.20	＞10
养殖业产值占农业总产值比重/%	27.0	＞40

注：数据整理于《贵州统计年鉴》(2017)和《全国农业现代化规划(2016—2020 年)》

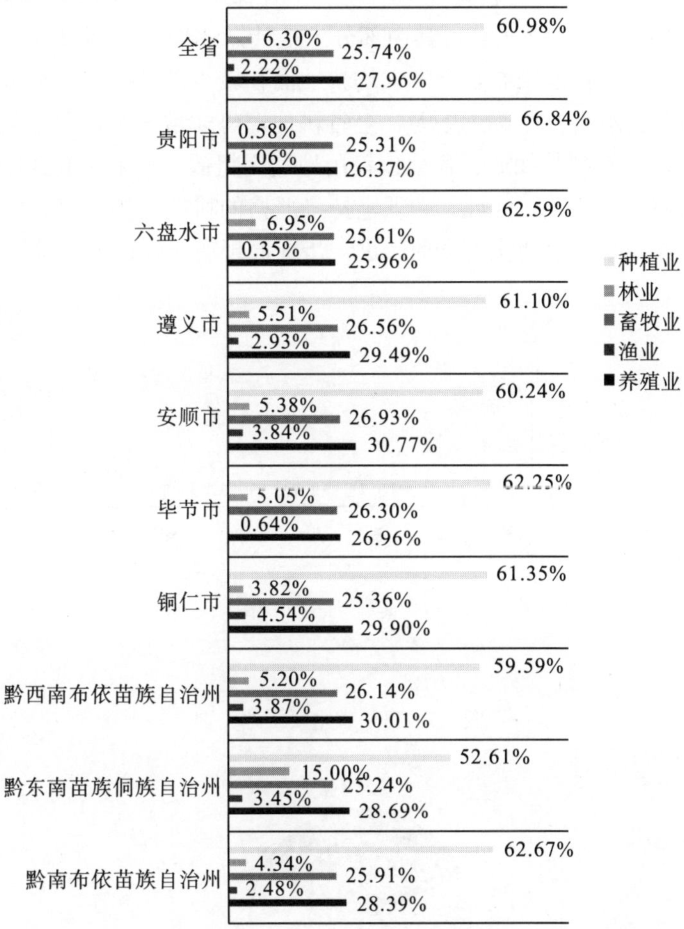

图 2.2　2016 年贵州各市(州)农林牧渔增加值占第一产业增加值的比重

表 2.3　贵州特色农产品种植情况

	辣椒	马铃薯	中药材	油料	茶叶	烤烟	猕猴桃
种植面积/万公顷	3287	7317.1	1683.02	5945	4398	1558.31	241
产量/万吨	515	233.35	165.79	90.25	14.13	27.5	6.89
生产效率/(万吨/万公顷)	15.7	3.2	9.9	1.5	0.3	1.8	2.9
种植面积占全国比重/%	8.40	10.70	7.23	4.20	15.20	12.92	12.30
产量占全国比重/%	4.10	9.10	49.76	2.80	5.90	10.76	2.90

3）投入结构

(1) 土地投入。土地资源是现代化农业发展的基础，据 2014 年发布的贵州省第二次土地调查数据显示，贵州全省耕地共 456.25 万公顷(图 2.3)。按区域划分，在贵州高原区占 61%，在川鄂湘黔浅山区占比 31%，总面积为 279 万公顷；云南和贵州高原山区也占 8%。全省 28%的耕地为无灌溉设施耕地，面积为 3.2652 万公顷；占 28%的为有灌溉设施耕地，面积为 1.2973 万公顷。从全省耕地质量看，有不含梯田的共 70.48 万公顷耕地是 25 度以上陡坡的用于耕地的土地(图 2.4)，其中部分土地计划逐步做出调整，原因是国家退耕还林还草的安排。从人均耕地来看，全省人均耕地面积较少，只略高于全国水平，但与此同时，耕地质量与全国水平相比远远不及。全省耕地形势非常严峻，无论从耕地的数量、耕地的质量还是需求来看都是如此。各地建设用地利用粗放，效率不高，格局不平衡，建设用地供需矛盾依然十分突出。因此，必须坚持最严格的耕地保护制度，执行最合理的土地节约制度。在严格控制土地增量的同时，进一步提高现有土地的利用率，加强全省生态文明建设。

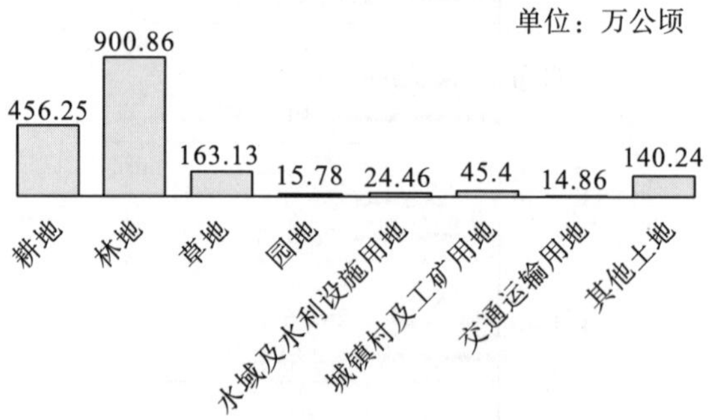

图 2.3　贵州省主要土地类别

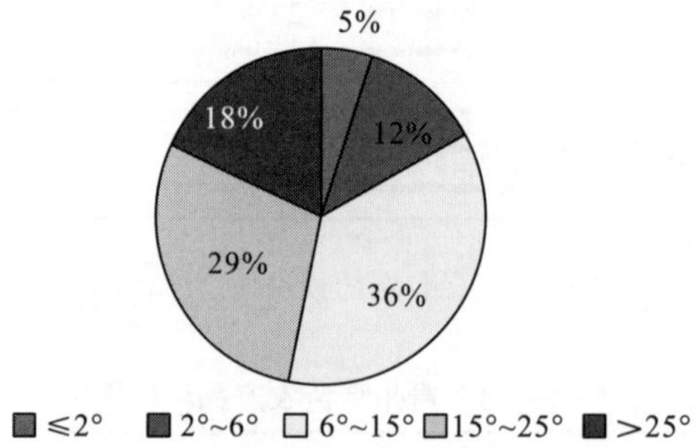

图 2.4　贵州省耕地分坡度面积占比图

(2) 人力资本投入。贵州省农业生产经营的人员分布主要从性别、年龄、地域结构和文化程度四个角度进行分析。第一，对农业生产经营人员性别进行分析。2016 年，在总人数 1153.15 万中，有 540.57 万人是女性。第二，对农业生产经营年龄进行分析。有 253.52 万人年龄在 35 岁及以下、有 583.72 万人年龄在 36～54 岁、有 315.92 万人年龄在 55 岁及以上。这说明在贵州农业从业人员中，青壮年仍占较大比例。第三，对地域结构进行分析。分析贵州各市(州)乡村就业结构不难发现，农业就业人数均占较大比例，其中黔西南布依族苗族自治州农业就业人数占乡村就业人数比例最高，达到了 54.8%(表 2.4)；另外，各市(州)的农业从业人员表现为以西南和西北区域偏高(图 2.5)。第四，文化程度方面。选择“初中及以上农业劳动力比例”这一指标来衡量贵州各市(州)农民文化水平，可以看出农业生产经营人员受教育程度普遍集中在小学和初中阶段，初中及以上农业劳动力比例高于 40%的市(州)有贵阳市、遵义市、铜仁市、安顺市和黔南布依族苗族自治州，但 2015 年我国初中及以上农业劳动力比例为 69%，表明贵州的比例远远低于全国水平(图 2.6)。

表 2.4　2016 年贵州各市(州)农业从业人员数及占比情况

地区	合计/万人	农业/万人	农业从业人数占总人数比例/%
贵阳市	111.1	45.59	41
六盘水市	148.85	74.65	50.2
遵义市	420.96	163.47	38.8
安顺市	154.23	78.75	51.1
毕节市	439.27	217.77	49.6
铜仁市	227.76	107.54	47.2
黔西南布依族苗族自治州	186.44	102.12	54.8
黔东南苗族侗族自治州	244.34	124.73	51
黔南布依族苗族自治州	222.71	102.42	46

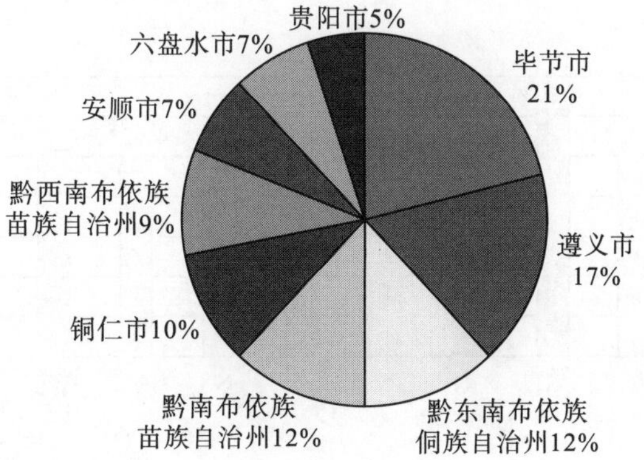

图 2.5　2016 年贵州省农业从业人数占全省总人数比例

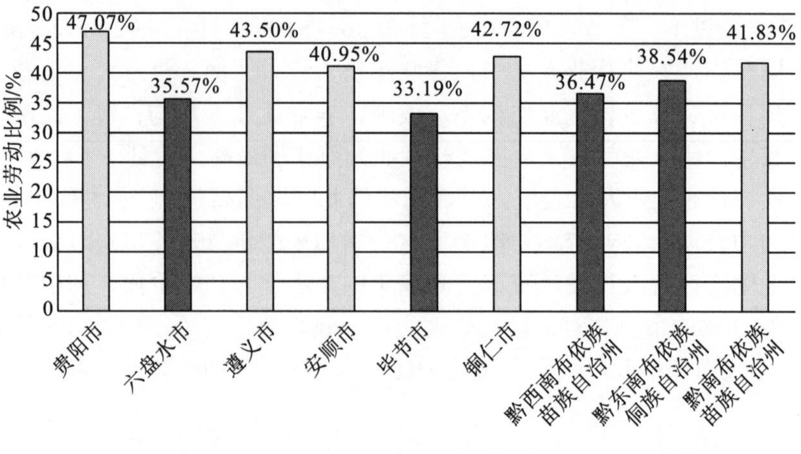

图 2.6 2016 年各市(州)初中及以上农业劳动力比例

(3)机械化程度。第一，通过“农林牧渔服务业增加值占农林牧渔业增加值的比重”这一指标来反映农业社会化服务水平。2016 年全国该指标达到 3.5%的比例，贵州省为 5.05%(图 2.7)，高于全国平均水平，但低于全面实现农业现代化 8%的指标。第二，在农田水利建设方面，到 2016 年底，有 12294 口可利用的机电井、3001 个灌排站和 19652 个灌溉池塘和水库①。各市(州)农田水利建设情况见表 2.5。第三，在农村通信设施方面(表 2.6)，在 2016 年贵州的农村宽带接入用户达到了 70.37 万户，这为贵州省发展现代化农业奠定了良好的技术基础。同时也需要认识到，基础设施的建设要以高效利用和高值回报为最终结果，避免资源浪费的“纸上工程”。第四，在农业科技进步贡献率方面(图 2.8)，“十二五”期间贵州科技进步对经济增长拥有 45.4%的贡献率②，其中农业科技的贡献率还要低于这个水平，而 2015 年全国农业科技进步贡献率达到 56%，预计 2020 年该指标将达到 60%。可见贵州在实现农业现代化过程中必须将农业科技能力的发展作为一项重要工作。

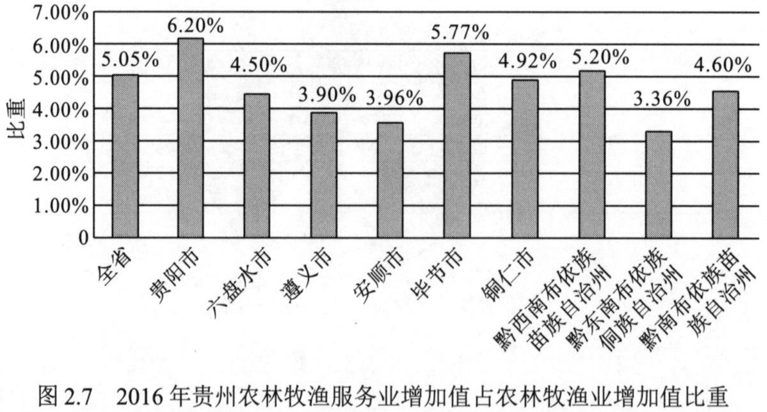

图 2.7 2016 年贵州农林牧渔服务业增加值占农林牧渔业增加值比重

① 数据来源于《贵州省第三次全国农业普查主要数据公报(第二号)》。

② “十二五”期间，贵州科技创新成果显著高新技术产业产值达 2820 亿元[EB/OL].http://news.gog.cn/system/2016/08/14/015071756.shtml[2018-06-12]。

表 2.5　2017 年贵州省农田水利设施

	全省	贵阳市	六盘水市	遵义市	安顺市	毕节市	铜仁市	黔西南布依族苗族自治州	黔东南苗族侗族自治州	黔南布依族苗族自治州
正常使用机电井的数量/眼	12294	425	235	2620	751	1725	627	4401	623	887
排灌站数量/个	3001	433	26	1022	433	139	288	90	247	323
能灌溉用的水塘和水库/个	19652	1367	292	5114	1118	2622	2295	872	2496	3476

表 2.6　2016 年贵州农村通信设施情况　(单位：%)

指标	全省	贵阳市	六盘水市	遵义市	安顺市	毕节市	铜仁市	黔西南布依族苗族自治州	黔东南苗族侗族自治州	黔南布依族苗族自治州
通电的村占比	99.95	100	100	99.89	100	100	100	100	99.83	100
通天然气的村占比	4.18	8.05	6.86	9.85	5.47	1.9	2.11	2.64	3.81	3.23
通电话的村占比	99.86	100	100	99.89	100	99.94	99.86	100	99.5	100
安装了有线电视的村占比	42.09	62.54	54.85	64.91	44.62	27.34	35.39	39.88	41.99	39.9
通宽带的村占比	70.37	90.3	78.16	86.46	83.77	57.13	58.8	75.23	73.44	64.84
有电子商务配送站点的村占比	28.69	43.34	24.49	50	27.6	24.39	24.11	25.6	22.66	31.59

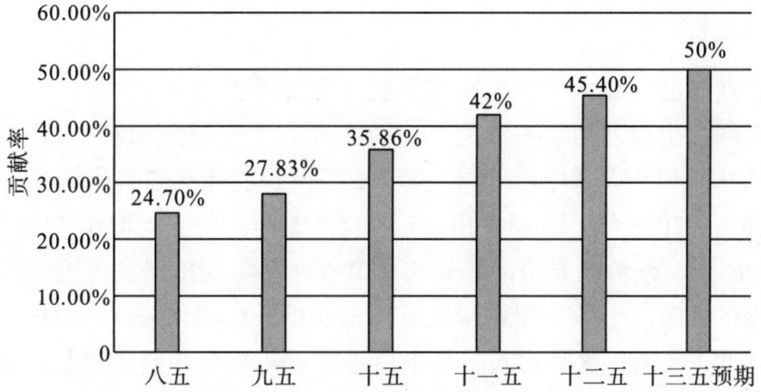

图 2.8　贵州省不同时期科技增长对农业经济增长的贡献率

(4) 研究开发程度。研究开发程度指在科学技术领域，运用知识去创造新的知识，发明新的事物，进行的系统性且具有创造性的活动，包括基础研究、应用研究、试验发展这三类。国际上通常采用研究与实验发展活动的规模和强度来衡量一个国家的科技实力，表述这个国家的核心竞争力。农业的科技研究开发工作具备研究对象复杂、研究领域广泛、研究周期长、地域性明显、非保密性和公益性等特点，但同时对于农业的发展起着至关重要的作用。科学技术是农业稳定快速发展的必要条件，是农业创新发展的第一推动力。田晓琴等(2010)研究表明，科技进步贡献率是反映科技进步对经济增长作用大小的一项重要综合指标，它能够反映产出增长中科技进步贡献的比例。这一指标对于分析区域经济发展情况具有重要参考意义。

贵州省人多地少，要实现农业持续稳定发展，就要改变农业粗放经营方式，提高农业的可持续能力，加强农业科技创新。农业现代化进程实质上是先进科学技术在农业领域中广泛应用的过程，因此技术创新对农业的发展起着至关重要作用。近年来，贵州省科技在支持农村发展、提高农业效益、增加农民收入等方面的作用显著增强。科学技术在引导贵州从传统农业走向现代农业中的重要作用日益凸显。“十二五”期间的“科技兴农”成效主要体现在“三提升、一支撑”四个方面。第一，贵州省主要农作物产量大幅度增加。例如，大规模水稻栽培示范的平均产量达到每平方千米 1059 吨，玉米高产栽培示范的平均产量为每平方千米 1217 吨，油菜高产试验平均产量为每亩 321.67 千克。第二，自育品种的比例大幅度提高。自交新品种比例如下：油菜占全省种植面积的 90%，玉米占全省种植面积的 80%，水稻占全省种植面积的 30%，蔬菜占全省种植面积的 25%，马铃薯占全省种植面积的 10%。自交双低杂交油菜品种占长江中下游 12 个省(自治区、直辖市)种植面积的 12%。第三，产值效益明显提升。示范推广 1.2 亿亩农作物新品种新技术，1 亿单位的畜禽水产，200 亿元的新增产值。第四，为现代农业园区提供技术支持。它向贵州省 326 个农业公园中的 125 个提供了服务和技术支持①。农产品的产业链引领农业科技创新，贵州省应将构建产业技术体系作为重点，以产业为核心，整合科研人才与资源。《贵州省十三五规划纲要》的目标中提出，要实现科技进步对经济增长贡献率提高到 50%，研究与开发发展(R&D)经费投入强度提高到 1.2%，每万人发明专利拥有量达到 2.5 件，人才资源总量达到 530 万人。

4) 输入输出结构

贵州省在农业产品的输入输出结构方面也存在显著的特征。

第一，在农产品出口方面。在种类上，2016 年，贵州粮食和农产品出口近 5 亿美元，比去年同期增长 90%以上。其中，白酒、烤烟、茶叶、调味品等贵州特种食品和农产品的出口率大幅度提高。2016 年，贵州省出口烟叶 2.8 万吨，比上年增长 55.6%，烟草种植户现金收入 73.81 亿元。在销地方面，贵州的出口农产品主要出口到美国、日本、欧洲和东南亚等国家和地区。向二十多个国家和地区出口烤烟、白酒、茶叶、调味品等，这四种产品是出口产品的四大支柱，食品和农产品出口连续五年实现跨越式增长，极大地增强了贵州省特色产品的品牌话语权。

优越的自然环境和因地制宜谋发展的思路使得贵州农产品出口量能够在进出口贸易大幅下降的情况下逐年递增。2016 年，贵州省出台了《关于推进出口食品农产品质量安全示范区建设的通知》，号召贵州企业和产品“走出去”。2016 年前十个月，贵州新增出口食品企业数量达到二十余家。截至 2017 年 3 月，贵州有 120 家出口食品备案企业，其中两家“三同”企业在 2016 年前十个月出口食品超过一百万元，帮助企业新增内销一亿多元。2017 年以来，遵义天阳食品股份有限公司和贵州国台酒业有限公司已上线认监

① “十二五”期间科学研究与服务三农成就颇丰[EB/OL].http://gz.people.com.cn/n2/2016/0131/c194827-27662385.html [2018-06-12]。

委出口食品企业内外销“同线、同标、同质”信息公共服务平台，并对接供港生鲜公共服务平台，同时作为首批企业入围供港生鲜公共服务平台准入名单。据贵州检疫局相关负责人介绍，截至 2017 年，贵州共有 11 个省级和 8 个国家级出口食品农产品质量安全示范区，对推动地方扶贫攻坚工作具有显著作用。例如，修文县建立出口猕猴桃质量安全示范区，猕猴桃产业被选为全县扶贫攻坚和促农增收的支柱产业。全县猕猴桃种植面积 15 万亩，产值接近 5 亿元，覆盖 30 个贫困村，10 个乡镇，其中贫困农户 1068 户，给贫困地区农户带来了看得见、摸得着的实惠①(表 2.7)。

表 2.7　2016 年贵州各市(州)贫困情况

地区	贫困村/个	农村贫困人口/万人	贫困发生率/%	贫困发生率比 2015 年下降百分点
贵阳市	67	1.52	0.8	1
六盘水市	615	41.65	15.7	3.9
遵义市	871	55.83	8.4	2.4
安顺市	583	34.39	13.7	4
毕节市	1981	115.45	16.5	3.3
铜仁市	1565	58.32	15.5	5.1
黔西南布依族苗族自治州	629	43.23	13.8	4.7
黔东南苗族侗族自治州	1853	84.32	21.7	4.9
黔南布依族苗族自治州	836	58.29	16.5	4.2

第二，在出口路径方面。截至 2017 年 12 月 20 日，中国(贵州)国际贸易“单一窗口”各类申报单据已达 2077 票，其中报关 1922 票，报检 114 票，报关检量均达到了国家口岸办要求的本地区业务 30%覆盖率的目标。企业通过“单一窗口”申办进口许可证，整个过程耗时少、速度快，降低了办事成本，工作效率也得到提高。贵州地处中国西南腹地，“不沿海、不沿边、不沿江”的贵州是中国内陆开放型经济试验区。作为国际贸易“单一窗口”标准版中国第二批推广试点地区，贵州依托贵州省电子口岸大数据、互联网等新一代信息技术手段，规范数据标准，搭建数据交换平台，全力助推贵州省贸易便利化和通关一体化改革。中国(贵州)国际贸易“单一窗口”于 2017 年集成了企业资质申报、货物申报、原产地申报等 7 项基本功能。在完成注册后，企业可直接登录贵州省电子口岸，在“单一窗口”页面中自行选择相应业务，办理对外贸易经营者备案、海关注册登记等业务。截至 2017 年 12 月，许可证有农业进出口登记管理放行、有毒化学品环境管理放行和机电产品自动进口许可证申请，原产地证有 18 种类别可供选择。海关税费支付和出口退税系统将在国家口岸办完成开发后进行开放。企业可以借助相关平台查询进出口货物状态、跟踪物流信息，企业选择的通关信息将会以短信或微信方式实时推送。同时，还在贵州省政务服务中心设立了自助终端，在手机移动端上，微信小程序中也有“掌上单一窗口”功能，企业都可以通过以上方式查询进出口通关状态、企业资质证书和许可证、原产地证等，帮助

① 2016 年贵州食品农产品出口近 5 亿美元[EB/OL].http://www.chinanews.com/cj/2017/03-13/8172896.shtml[2018-06-12]。

企业解决一次性申报问题。

贵州出入境检验检疫局在2017年11月1日在辖区范围内全面推行了“审单放行”模式。截至2017年12月下旬，贵州检验检疫验放平均时长缩减至一天半，为全国平均时长的1/4，位列全国第三。中国(贵州)国际贸易“单一窗口”的建设，对于优化口岸管理和服务、加快转变职能、深化口岸执法合作具有重要意义，为实现部门间数据共享，让企业少跑腿、数据多跑路，为贵州省积极服务国家“一带一路”、促进外贸稳定发展和贸易便利化打下坚实基础。下一步，贵州省将进一步深入探索开发符合本地企业实际需求的特色服务，深化跨境电子商务、关检“三个一”等系统建设，全力打造现代化口岸电子信息综合服务平台①。

2.2.2 县域农业结构分析

县域经济是一个省份良好发展的基本单位，对于贵州这个区县众多而发展不均的省份来说更是如此。近年来，贵州省委开始重视县域经济建设。2016年，贵州省政府印发《贵州省市州和县域经济发展综合测评办法修订意见》对《贵州省市州和县域经济发展综合测评办法》中有关生态环保、农产品加工、脱贫攻坚等测评指标和权重作出修订和调整，意在明确县域发展的重点方向。

贵州省的农业生产水平普遍偏低。加快贵州省农业技术推广信息化建设，大力推广应用型农业技术，显得尤为重要。目前，农业技术站、种子站、土壤肥料站、畜牧兽医站、植物保护站、农业经济站等已在省、地、县设置，其中，有的农业经济站设有水产品站、商品改造站、草原站、兽医站、药品检验站、经营站(或果蔬站、茶站、养蚕站)等。乡镇设有畜牧兽医站、农业技术站、水产站、农业经济站。已经进行或正在进行体制改革的城乡镇将把农业基站并入农业服务中心，或者在中心下设分站。2006～2008年全省种植业系统推广机构中，有1个省级推广机构、9个市(州、地)农技推广机构、87个县级农技推广机构和一千四百多个乡镇农技推广服务机构。2008年，全省有三千多个用以推广农业的系统、一千多个畜牧业推广系统、三百多个水产系统推广系统。此外，农机系统推广机构有90个，包括500名员工②。

表2.8 2016年贵州县城经济前20名产业情况分析

排名	县城名称	所属市(州)	地区生产总值/亿元	农业增加值/亿元	主要产业
1	云岩区	贵阳	689.94	0.55	商贸、旅游、文化、金融、物流等新兴服务业
2	南明区	贵阳	654.01	2.03	教育和文娱业
3	仁怀市	遵义	560.83	26.35	旅游业(自然、人文)、工业(白酒制造业)

① 中国(贵州)国际贸易“单一窗口”效率高[EB/OL].http://news.sina.com.cn/o/2017-12-22/doc-ifypxmsq9452180.shtml[2018-06-12]。

② 贵州省基层农技推广服务体系建设项目现状与发展对策[EB/OL].https://wenku.baidu.com/view/fbe58e6cf46527d3240ce026.html[2018-06-12]。

续表

排名	县城名称	所属市(州)	地区生产总值/亿元	农业增加值/亿元	主要产业
4	花溪区	贵阳	536.91	18.71	旅游业(自然环境)、文化产业
5	盘县	六盘水	520.19	50.18	工业(矿产资源开发)
6	红花岗区	遵义	425.90	31.26	旅游业(人文)
7	钟山区	六盘水	422.97	5.84	工业(原材料、煤炭、钢铁、建材)
8	兴义市	黔西南	366.90	37.06	交通运输、境外资源
9	七星关区	毕节	333.42	66.04	林业经济、水能资源
10	汇川区	遵义	285.15	22.91	工业(煤、锰、汞、铝土、硫铁矿)
11	清镇市	贵阳	280.11	23.97	水产养殖业、工业(铝土矿)
12	西秀区	安顺	274.51	30.70	现代化农业、特色产业
13	播州区	遵义	273.74	22.91	工业(煤矿)、旅游业(人文)
14	凯里市	黔东南	243.39	45.01	民族文化旅游、铝土矿、煤铁矿
15	水城县	六盘水	233.20	14.74	煤炭产业
16	金沙县	毕节	225.43	29.38	特色产业、工业(矿产资源)
17	威宁县	毕节	215.15	38.56	特色产业
18	开阳县	贵阳	208.14	29.54	工业(矿产资源)、生态旅游
19	大方县	毕节	199.01	71.83	种植业、旅游业(自然环境)
20	白云区	贵阳	195.10	5.93	工业(铝业)、大数据产业

表2.7和表2.8显示，在进行“十三五”建设之际，贵州县域经济发展存在的最大问题就是发展不平衡、不充分，贫困人口众多且集中在农村，同时资源主导型的发展方式会对脆弱的生态环境带来潜在危害，影响经济发展的可持续性。因此贵州县域经济的发展需要考虑采取生态导向性模式，结合“大扶贫”战略，实施区域带动战略以破解发展困境。

2.2.3 现代化农业体系结构的优化对策

基于以上数据分析，可以看出贵州省现代化农业的结构布局在不同角度上呈现出较明显的特点，并为贵州农业现代化发展做出了贡献。但不可回避的是，贵州的现代化农业结构存在优化的空间。根据分析研究，可从以下几个方面对贵州现代化农业结构进行优化。

1. 经营或种植结构优化对策

(1)根据农产品特性合理选择产业链。农产品产业链的选择应该遵循符合客观实际的规律，主要包括两种产业链类型。第一种是长链(销往国内或国外，易损耗)，即倡导延长产业链，在产业链的多个环节创造价值。这种方式适用于附加值多且适合深加工的农产品，如茶叶、中药材等；另一种是短链(内销，适用于时鲜农产品)，即根据产品和市场的属性和要求，就近销售，既保证产品的质量，同时又能够降低物流成本，如水果、蔬菜等农产品。

(2)加强产业融合。注重三次产业之间以及产业内部的融合。走产业融合的发展道路对于高效整合资源、提高资源利用效率和保持经济的良性循环起着巨大的作用。贵州省的农业发展离不开精深加工，同时也需要与生态休闲旅游结合起来，这样才能创造出更大的价值，并且也有利于保护贵州省脆弱的生态环境，实现长效可持续发展。

2. 产出结构优化对策

(1)增加养殖业在农业总产值的比重。随着经济发展，人们生活水平随之提高，对于禽、蛋、奶一类的产品需求日益旺盛。因此养殖业的发展也随之成为衡量现代化农业水平的一项重要指标。贵州省依靠自然环境，在发展山地特色畜牧养殖业方面具备了一定的自然优势和政策优势。

(2)因地制宜发展特色养殖业。贵州地区间地形差异较大，养殖业的发展也应该遵循因地制宜的原则。对于多山地的地形引进良种发展特色畜牧业，对于水资源充足的地区适当发展渔业，例如贵州从江县的稻鸭鱼生态养殖循环系统就是比较具有代表性的例子。

(3)注重区分口粮和饲料作物。通过数据分析发现，贵州省在粮食统计方面，将居民日常食用口粮与用作饲料的粮食作物归为统一统计口径，这样不利于贵州省粮食作物结构的优化。同时在处于产业链上游的粮食作物种植和收购方面，也要注重不同作物用途的区分。

3. 投入结构优化对策

(1)科技创新应该全面把握创新、推广和应用三个方面。农业、林业、畜牧、水产等农业部门的科技人员和乡镇干部要带头到农村去，采取领办承办、投资入股、技术承包、防疫承包、小分队服务和防疫特派员等方式，大胆探索结构调整和基地建设新路子，通过“干给农民看”，起到“带动农民干”的效果。

(2)土地合理利用。坚持红线原则，注意水土保蓄。贵州省的自然环境脆弱，地质复杂，土地的分配和利用必须同时考虑到经济效益、社会效益和生态效益。坚持土地利用的“红线”原则，合理规划作物种植，争取做到水土保蓄和环境改善。

(3)建立高水平的“三农”队伍。劳动力是财富的创造者和享用者，因此现代化农业发展必然离不开高素质农业人才的培养。2017年党的十九大报告提出实施“乡村振兴战略”，并要求“加强农村基层基础工作”“培养造就一支懂农业、爱农村、爱农民的‘三农’工作队伍”。此外，也要注重劳动者结构的分配，做到合适的人在合适的岗位做合适的事。

(4)加强农业科技投入，提高科技向农业产出的转换率。科技是第一生产力，科技创新能力对于农业产值的贡献率也是影响贵州现代化农业发展的一个关键要素。因此现代化农业的发展，必然要求农业科技创新在资金上大力投入，在制度上不断变革，在推广应用上不断加强。

4. 输入输出结构优化对策

(1)加强农产品的品牌建设，打通与国际市场的链接。贵州拥有着丰富的自然资源，同时现代化农业的要求之一就是要突破市场局限，包括时间和空间的局限，这就意味着贵州省的农产品要加快迈向国际市场。在这个过程中，对于农产品品牌的建设和优化就显得尤为重要。

(2)注重资金、技术和人才的全方位引进。走出去的同时也要引进来，在引进方面要注重投资、技术和人才兼顾，这就需要贵州省不断加强自身的硬件和软件建设，创造良好的发展环境，吸引更多对贵州的投资。

2.3　贵州省现代化农业体系的功能分析与优化

本小节基于农业多功能性角度，从经济功能、政治功能、社会功能、文化功能、生态功能等五个方面入手，分析贵州现代化农业的多功能性特征；基于相关数据对各市(州)进行聚类分析，划分农业功能区；结合贵州省大扶贫、大数据、大生态三大战略行动分析现代化农业体系的干扰因素，并针对此提出功能强化路径。

贵州是典型的喀斯特地貌分布区和多民族聚居区，也是全国脱贫攻坚主战场，其现代化农业的发展除了要考虑其经济社会功能之外，还必须重视政治、生态和文化功能。因此本书基于农业多功能性，结合贵州实际情况来讨论贵州现代化农业产业的功能体系。

农业多功能概念最早由日本学者提出，农业主要具有包括食品质量卫生、国家粮食安全保障、提供食品和纤维等商品产出的经济功能，除此之外还具有与农村生物自然环境、农村就业环境、农村传统文化等非商品产出相关的其他的社会功能(陈秋珍等，2007)。国内相关研究在借鉴国外对于农业多功能概念描述的基础上，结合我国现实的经济背景和发展环境，尝试将农业多功能性的含义归纳为：农业具有提供农副产品、促进社会发展，保持政治稳定、传承历史文化、调节自然生态、实现国民经济协调发展等功能。农业多功能性主要内容包括：政治功能、经济功能、社会功能、生态功能、文化功能，各功能又可以细化为多种具体功能，各功能之间彼此依存和制约(图 2.9)。

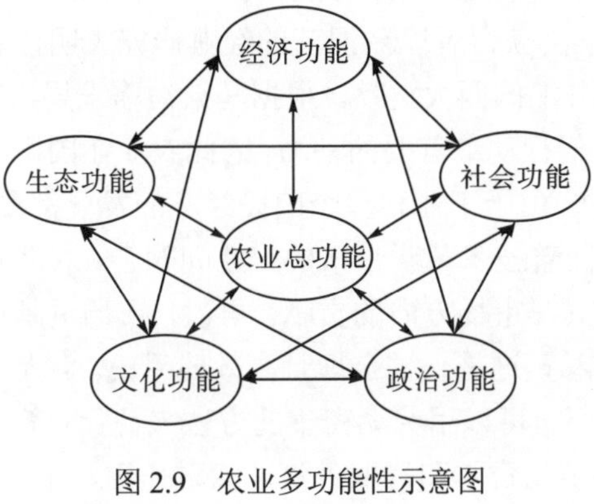

图 2.9　农业多功能性示意图

2.3.1　现代化农业体系的功能分析

本小节从政治、经济、社会、文化和生态等角度分别阐述现代化农业体系的功能。

1. 政治功能

现代化农业体系的政治功能主要体现在农业维持社会、政治稳定等方面发挥的巨大效用上。基本上可以这样说，在保持社会秩序状况的诸多要素中，农业的生产状况起到决定性的作用。一方面是因为社会组织制度的样式由农业生产方式决定，且农副产品是国家的战略储备物资；另一方面是因为农业发展的程度直接关系到中国绝大多数人的切身利益，而这将极大地影响其政治选择。因此农业具有意义非凡的政治作用。对于贵州而言，农业的政治功能主要表现为脱贫攻坚和粮食安全两方面。一方面，贵州省作为脱贫攻坚的主战场，加紧实施“大扶贫”战略，将发展产业作为脱贫的根本之策，其中农业产业扶贫已经成为贵州脱贫的主要项目。贵州 2014 年统计数据显示，扶贫开发重点县的农林牧渔总产值和粮食产量分别占到全省总值的 55.9%和 62.3%，可见扶贫这一手段对于实现农业政治功能从而推动贵州整体经济发展意义重大。2015 年贵州全省划定贫困县 39 个，其中深度贫困县 16 个；2016 年扩大为 66 个贫困县，其中深度贫困县减少为 14 个。对于贵州而言，走现代化农业产业的道路，是实现 2020 年完成脱贫任务这一政治目标、体现中国特色社会主义优越性的不二之选。另一方面，民以食为天，粮食安全是政治稳定的基础。粮食安全包括粮食的数量安全和质量安全，从个人层面看，保障粮食安全就是要提高人均粮食占有量(张利国，2011)。国际公认的粮食安全线指标是库存消费比最低达到 17%～18%。我国粮食安全的另一个指标是口粮自给率必须保持在 95%以上，这是我国粮食安全的红线(李旭，2015)。

2. 经济功能

现代农业体系的经济功能作为农业最基础的功能，主要是以价值形式表现出来的，首先体现在为全社会和消费者提供农产品农副产品以满足人类生存和发展的需要，同时还包括凭借农业服务获取的具有重要意义的经济价值，坚实地支持着国民经济发展。现代化农业体系的经济功能还在实现国民经济协调持续发展上起到越来越重要的作用。著名经济学家，1971 年诺贝尔经济学奖获得者库兹涅茨的经典研究表明，农业在国民经济发展中，具有产品、市场、要素和外汇的四大贡献。根据马斯洛需求层次理论，对食物、水等基本要素的生理需要是推动人们行动最首要的动力，因此农业在国民经济中的农产品及农副产品做出了重大的贡献。其次，由于工业和整个国民经济的发展都要依赖于市场需求的扩张，因此在市场经济条件下，随着技术革新带来的产业间融合，农业实质上就形成了一个庞大的市场体系，从而突出了其在市场方面的贡献。再次，市场贡献还基于工业及其他部门接收的来自于农业资源的转移，这是一种合理且高效的手段。最后，是外汇贡献。即在少量投资中，在资本短缺情况下，可以用劳动密集的方法来替代对资本品的需求。所以综合来看，农业的外汇贡献包括节约资本和换取外汇的双重作用。

3. 社会功能

现代化农业体系的社会功能主要体现在就业水平、食品安全和城市化进程等方面功能。一方面，农业是一个能够大量容纳劳动力，带动就业的产业。另一方面，农副产品在量和质的安全性方面本身就直接影响着居民的最基本生存需要、健康营养状况水平、优美的自然人文环境等一系列问题都与社会发展密切相关。因此，农业的社会功能在经济社会发展的持续性和未来潜力方面的巨大作用必须引起重视。对于贵州省，农业的社会功能首先体现在第一产业就业人数及结构，其次是农产品质量安全。2018 年 2 月，贵州省食品药品监督管理局公布了 2167 批次食品及食用农产品样品监督抽检结果，检验项目合格的样品 2113 批次，不合格样品 54 批次，样品总体合格率为 97.51%[①]。在就业方面，全省就业人数从 2010 年开始呈逐年上升趋势，在此过程中，三次产业的就业结构在不断优化，第一产业就业人数在逐年向第二、三产业转移，其中第三产业就业人数增加速度快于第二产业，说明贵州农业产业体系在朝着良性方向不断发展，社会功能不断凸显。最后是城镇化水平。城镇化水平是指随着一个国家或地区社会生产力的发展、科学技术的进步以及产业结构的调整，使其社会由以农业为主的传统乡村型社会向以工业(第二产业)和服务业(第三产业)等非农产业为主的现代城市型社会逐渐转变的历史过程。

4. 文化功能

农业这一产业蕴含着丰富的古老文化资源。在教育、审美等有关人类价值观、世界观和人生观的形成和塑造方面，以及促进人与自然的和谐发展上，始终发挥着积极的作用。与此同时，农业也正扮演着传承传统文化的重要角色。悠久的发展历史使得中国农业文化在体系和内容方面始终保持着稳定发展，持续更新的特性，表现出的层次丰富多样：既有例如哲学观念、政法思维、价值理念、民族性格特征等内在的抽象内容，也有如传统农耕方法、农业相关民间艺术、农事民俗文化等外在的物质行为(王亚新，2005)，简单来讲，就是主要表现在维护农业文化的多样性、提供教育、审美和休闲等的作用上，总结起来就是农耕文化、民族文化、休闲文化。贵州农业的文化资源丰富，能够在很大程度上体现以上三种文化的功能。

(1) 农耕文化可以以农业文化遗产数量来体现。农业文化遗产对于保存全球重要意义的农业生物多样性、维持可恢复生态系统和传承高价值传统知识和文化活动具有重要作用，它更强调人与环境共荣共存、可持续发展(李文华等，2006)。贵州的从江侗乡稻鱼鸭系统成为中国第四处全球重要农业文化遗产(GIAHS)保护试点地。2011 年 6 月 10 日，在北京举办的联合国粮农组织“全球重要农业文化遗产国际论坛”上，该项目正式获得批准。2016 年，贵州花溪古茶树与茶文化系统入选为第三批中国重要农业文化遗产。这些都体现了贵州农业卓越的农耕文化功能。

(2) 民族文化体现在少数民族人数、民族节日数量等方面。贵州省历史源远流长，民族类型多样且分布广泛，少数民族人口占全省总人口的 37%，截至 2016 年，共有 14 个民族自治州(县)，共有 49 个民族，其中包括布依族、苗族、侗族、水族等 17 个世居民族，不同的民族拥有不同的文化。

(3) 休闲文化体现在农业文化教育类产业产值方面，各地区农业都普遍存在着休闲文化功能。农业的居民休闲功能受城市规模、交通可达性、市场运作及人们的认识程度等因

① 贵州省食品药品监督管理局关于 2018 年 2 月食品安全监督抽检情况分析的通告[EB/OL].http://www.gzhfda.gov.cn/read_Article_86_15930.shtml[2018-06-12]。

素的影响，离城市中心越近越显著。例如，贵州毕节市百里杜鹃景区、黔西南布依族苗族自治州兴义市贵州醇风景区和万峰林景区荣获全国休闲农业和乡村旅游示范县(市、区)[①]。

5. 生态功能

生态功能可以最直观地从环境中表现出来。环境问题可以根据其产生原因分为第一环境问题和第二环境问题。前者是指自然界自身的变化造成的，如火山爆发、地震、海啸、洪水、冰川等，不能通过人力去控制而只能依靠科技发展来认识规律并加以预测防控的环境问题；后者是由人类活动，尤其是不恰当的开发利用和无限剥夺所造成的需要关注和缓解的环境问题(许坚，1994)。农业本身就是由生态环境中的各要素主体因子构成的，所以农业的生态功能可以直接表现出来。农业的生态功能实际上融入到了各个领域之中，以显性或隐性表现出来，但是无论如何，它都在维持农业经济持续发展、改善人类生存环境、保持生物多样性和防治自然灾害方面起到重要作用，同时还为第二产业和第三产业的正常运行和分解、消化生产过程中产生的外部负效用等提供了有效的途径和重要的保障，起到重大的正向效用。

农业的生态功能主要表现在农业对于生态的调节和改善作用方面，重点考虑耕地、草地、林地及园地等生态系统功能的空间差异，同时考虑资源环境保护和生态建设等问题。贵州位于世界三大喀斯特区域之一的中国西南岩溶地区中心腹地，其喀斯特面积比重大，生态环境十分脆弱。因此发挥农业的生态功能有利于维护生态脆弱性，实现贵州农业的可持续发展。对于贵州而言，发展节水节地型种植业、生态经济型林(果、药)业、食草型畜牧业、绿色产品加工业是在发挥农业经济价值的同时更好地体现生态价值(苏维词，2000)。2017 年 4 月 16 日，中国共产党贵州省第十二次代表大会将“大生态”确立为贵州第三大战略。另外，中共贵州省第十一届委员会报告指出，要“深入推进大生态战略行动，把‘绿色+’融入经济社会发展各方面，发展绿色经济、打造绿色家园、构建绿色制度、筑牢绿色屏障、培育绿色文化，让绿色红利惠及人民”。

2.3.2　现代化农业体系的功能强化机理

贵州现代化农业的多功能性与贵州发展过程中的其他因素关系密切，因此农业的多功能性也要服务于贵州建设的方方面面。2017 年 4 月 16 日，贵州省明确提出“全力实施大扶贫、大数据、大生态三大战略行动”，“大扶贫”“大数据”“大生态”三者的作用分别是补短板、抢先机、迎未来。贵州省“三大战略行动”有着统一的目标，方向明确，相互影响和作用，为“守底线、走新路、奔小康”描绘出清晰发展线路，即摒弃传统的发展与环保相抵触的陈旧落后思想，坚定不移走生活富裕，生态宜居两者有机统一的崭新道路。

1.“大扶贫”视域下农业功能的现状分析

(1)大扶贫格局的提出。2013 年 11 月习近平总书记在湖南考察时首次提出“精准扶

① 贵州省 3 地入选全国休闲农业和乡村旅游示范县(市、区)[EB/OL].http://www.gzgov.gov.cn/xwdt/gzyw/201804/t20180409_1112428.html[2018-06-12]。

贫”；2015 年 6 月 18 日习近平总书记在贵州召开的部分省区市党委主要负责同志座谈会上提出，“要坚持专项扶贫、行业扶贫、社会扶贫等多方力量、多种举措有机结合和互为支撑的‘三位一体’的大扶贫格局”；2016 年 1 月习近平总书记提出“找准‘穷根’，明确靶向”；2016 年 7 月习近平提出“真扶贫、扶真贫、真脱贫”；2017 年，党的十九大报告中明确指出，“坚决打赢脱贫攻坚战”“坚持大扶贫格局”“确保到 2020 年我国现行标准下农村贫困人口实现脱贫”。对于贵州省而言，脱贫时间紧且任务重。截至 2016 年，全省农村贫困人口数量达到 372.2 万人。贵州必须准确制定和实施脱贫攻坚的任务，以实现到 2020 年与全国同步迈入全面小康社会的目标。就目前来看，贵州省在大扶贫格局的构建上已经初见成效，但同时也出现一些问题。

(2)贵州省的大扶贫实践。中国共产党第十八次全国代表大会以来，贵州一直把重点放在精确扶贫上。在 2012～2017 年，减少了 776.8 万贫困人口，贫困率降低到 10.6%。在这个时期内，贵州减少贫困人口最多、贫困人口收入增加最快、农村面貌变化最大。20 多万驻村干部到全省贫困村去，促进发展，消除贫困，准确帮扶。多种扶贫举措齐头并进，助推脱贫攻坚工作的全面开展。2016 年 9 月，为了落实国家脱贫攻坚规划，贵州省通过促进精准扶贫、科学治贫、有效脱贫，推动大扶贫战略行动，帮扶贫困地区实现经济的快速全面发展，追逐全国同步全面建成小康社会的步伐。根据有关法律、法规的规定，结合贵州省实际情况，制定了《贵州省大扶贫条例》。该条例提出脱贫攻坚应当与区域发展相结合，通过脱贫攻坚促进区域发展，区域发展带动脱贫攻坚。贵州在扶贫机制创新方面做出了很多努力，除六盘水创造性提出“三变”改革外，还结合地域实际情况协调开展了产业扶贫、异地搬迁扶贫、教育医疗扶贫、生态扶贫等多项举措。

(3)贵州省“大数据”与“大扶贫”。为通过农业产业实现脱贫攻坚，推动省内农业产业结构调整，同时提高农产品的质量和知名度，《贵州省发展农业大数据助推脱贫攻坚三年行动方案(2017—2019)》(以下简称“方案”)在这样的背景下应运而生。按照方案的规划，在三年时间之内建立完善的大数据农业产业脱贫攻坚机制和体系；至少以大数据技术和方法建立五个特色优势产业的生产、加工、冷链物流、销售与市场价格的全生命周期数据库；重点解决农业产业脱贫攻坚过程中，大数据的来源、途径、共享、协同、应用和发展等核心问题。以大数据为依托，在政务管理和民生需求等多个方面对接扶贫资源，在脱贫攻坚成效方面取得了显著的成就。“大数据+大扶贫”相结合的战略举措，未来必将为贵州省带来巨大影响。

(4)贵州省“大扶贫”的发展侧重。当前，脱贫攻坚已经到了啃硬骨头、攻城拔寨的冲刺阶段，2012 年到 2017 年期间，贵州省大力开展各项高效的扶贫脱贫工作，脱贫速度不断加快，贫困人口减少了 776.8 万人，贫困发生率也降至 10.6%。同时也必须认识到扶贫工作的长路艰难，根据 2016 年的统计数据，贵州仍有 372.2 万建档立卡贫困人口[①]，扶贫和脱贫工作要牢牢把握住“精准”二字，坚决实现全面脱贫攻坚，确保 2020 年与全国同步全面建成小康社会。贵州将“大扶贫”和“大数据”协同发展，二者相互促进，双轮驱动，积极探索智慧扶贫新模式，通过大数据的方式，针对不同原因、不同类型的贫困对

① 2016 年贵州省各市(州)、县(市、区、特区)农村贫困人口统计表[EB/OL].http://www.gzfp.gov.cn/xxgk/zdgk/tjxx/201711/t20171106_2059137.html[2018-06-12]。

象，将各项指标整合形成脱贫指数，做到脱贫扶贫精准化。

2.“大数据”视域下农业功能的现状分析

大数据是指通过数据共享、交叉复用获取最大的数据价值。作为一个新兴产业，大数据发展模式甚至在全球都找不到可供复制的“模板”。贵州气候凉爽，能源丰富，大数据产业应运而生。如今，大型数据引入的企业包括国内外相关领域的龙头企业，如高通、苹果、微软、阿里巴巴、腾讯、百度和华为等。产业也向核心、相关和衍生产业迈进。实施大数据战略，是贵州在经济发展新常态现状中做出积极回应的重要表现。自 2014 年“贵州大数据”形成以来，贵州把发展大数据作为保持底线、走新路、全面建成小康社会的重大战略，在全国形成了领先探索的优势。基于此，贵州大胆地从省到地方采取了一系列政策措施，不断优化大数据产业的发展环境，吸引投资，引进大量项目和人才，完善产业链。贵州作为我国第一个大型数据集成试点地区，在引以为荣的同时，更要努力践行建设数据强国积累经验的责任与使命。

（1）“大数据”助力贵州发展外向型现代化农业。贵州省建设大数据综合试验区、内陆开放型经济试验区，政策要素聚集加快；加之交通基础设施的高度完善，贵州成为连接长江经济带，以及“一带一路”西南通道的重要枢纽，区位优势正在逐渐凸显出来；外向型经济载体不断增多，如国家级贵安新区、贵阳综合保税区、双龙临空经济区等。作为“不沿江、不沿海、不沿边”三不沿的内陆省份，贵州已经开始了内陆开放型经济的建设。2016 年中国·贵州内陆开放型经济试验区跨境投资与贸易合作洽谈会期间，海内外千余家企业、侨商协会、海外贵州商会、境外大型金融机构等都来贵州省寻求发展机会。会议召开的过程中，超过六百多家贵州省内企业与来自三十多家其他国家和地区的企业进行现场洽谈，达成合作并签约项目 193 个，签约总金额将近 1450 亿元。

（2）“大数据”助力贵州现代化农业实现产业结构调整。2015 年 6 月，习近平总书记视察贵州，深入调研贵州大数据产业发展，指出“贵州发展大数据确实有道理”。国家已经将大数据作为重要的战略规划，2015 年 8 月 31 日，国务院发布《促进大数据发展行动纲要》，之后农业部又相继发布了《关于推进农业农村大数据发展的实施意见》。作为经济欠发达地区，贵州不能走先污染后治理的老路，大数据产业是贵州后发赶超科学跨越的战略选择。在大数据的过程中，包括数据的制造和收集、管理和保存、分析和应用，是推动现有产业升级与新兴产业诞生的重要力量。2016 年 2 月 25 日，为加快实施国家大数据战略，促进区域性大数据基础设施的整合和数据资源的汇聚应用，发挥示范带动作用，国家发展改革委、工业和信息化部、中央网信办发函批复同意贵州省建设国家大数据（贵州）综合试验区。贵州省于 2017 年印发并公布了《贵州省数字经济发展规划（2017—2020 年）》，使贵州省经济数字化发展的规划更加系统、全面且具有针对性。规划期为 2017 年至 2020 年，具体内容为在三年之间探索并确立具有数字化特色的新型发展模式和道路。这项规划同时也是迄今为止我国发布的，首个以省为单位的经济数字化发展建设规划。2018 年 4 月贵州省大数据发展领导小组印发了《2018 年贵州省大数据发展工作要点》，深入实施大数据战略行动，加快国家大数据（贵州）综合试验区建设。

（3）“大数据”推动贵州现代化农业融合程度不断深化。大数据的最大价值包括各种要素的融合，例如促进大数据与实现乡村振兴、推动经济发展、助力精准脱贫、优化民生服务和社会治理等各行各业融合，努力探索发展效率提高，服务质量提高和管理理念升级的主要路径。大数据+实体经济的发展模式是保障经济发展同时具备现代属性、智慧属性、互联网属性的重要条件。而这样的转型对现代工业而言意义重大且是十分必要的。它能够保证产品的质量、提高产品的生产效率，从而降低成本，增强企业产品的竞争力①。大数据在现代化农业产业中具有理念革新、技术创新、市场拓展、品牌塑造、文化开发等方面的作用。大数据不仅为农业产业的发展提供了有效的技术工具，同时带来的思维革新也在引领人们不断进行农业产业发展的思维和理念创新。

3. “大生态”视域下农业功能的现状分析

大生态战略是实践“绿水青山就是金山银山”理念的举措，是贯彻习近平总书记关于贵州“守住发展和生态两条底线”的重要指示精神的具体行动。贵州省一直以来稳步迈向生态文明新时代，实践“两山”理念，加强大生态战略行动的实施，着力抓好生态建设。从山绿、天蓝、水清、土净四个方面，深入开发和利用“山”“水”的内涵及概念。加快国家生态文明示范区建设，在“绿色”概念的引领下，发展经济、保护环境、完善体系，努力实现“绿色”的可持续。截至 2016 年底，贵州省森林覆盖率达到一半以上，市、地中心城市集中饮用水源水质标准率稳定在完全合格范围，空气质量优天数比例达到 96.6%②。贵州经济在得到快速发展的同时也切实维护了生态环境。

“十二五”期间，贵州生态文明建设的不断推进，使得贵州省生态建设的成就卓越。森林覆盖率的增长速度超过每年一个百分点，空气质量优良。赤水河、乌江、清水江流域生态文明体制改革的突破效果显著。贵州被列入全国首批生态文明试验区，标志着贵州生态文明建设拉开了新的帷幕。近年来，贵州开展十余项环境保护改革试点，在赤水河和乌江流域，美丽宜人的景观就是贵州省开展生态文明建设成效的最佳证明。

“大数据战略”与“大生态战略”相互联系。从“十一五”建设时期到如今的“十三五”时期，贵州省的环境信息化经历了从基础设施建设到数字环保建设，再到“环保云”发展以及当前的“生态环保大数据”的飞速发展。政府借助“云上贵州”生态系统这一平台，对信息进行汇聚、联通和使用，推动大数据应用和产业发展，同时也被誉为“建设国家级大数据服务中心的重要孵化平台”，所起到的作用包括聚集数据资源、创造应用市场、提供创业环境、带动全社会产业发展等。2014 年，作为“云上贵州”生态系统的子平台，“环保云”率先在全国实施。环境数据汇聚，产业化应用是这一项目的重点。项目目前完成的平台建设包括环境地理信息云、自动监控云、移动应用云、公众应用云、电子政务云等五大“环保云”应用平台。贵州省依托互联网建设的旨在促进互联网与生态文明的深度融合绿色生态专项活动正在启动。建立在数字平台的基础上，结合贵州省环境污染治理设施建设三年行动计划重在加强资源建设、环境动态监测、深化生态环境数据的共享和利用、促进环保服务的发展和生产和生活方式的绿色化。

---

① 贵州：坚定不移推进大数据战略行动[EB/OL].http://www.gz.xinhuanet.com/2018-04/08/c_1122647244.htm[2018-06-12]。

② 《人民日报》八个版面点赞贵州，快看看都说了啥[EB/OL].http://www.sohu.com/a/190394017_119665[2018-06-12]。

4. 现代化农业体系的功能强化路径

贵州现代化农业对于“三大战略”的推进起到重要作用，同时，现代化农业体系中农业多功能性的强化也依赖于大扶贫、大数据、大生态三大战略行动之间的协同驱动。首先，在大数据扶贫方面，信息对称性是扶贫过程的一个重要问题。大数据对贫困人口的识别更准确、需求理解更充分、原因分析更到位、方案匹配更精确、资源整合更有效、资金监管更合理、结果评估更准确、预测追踪更有效。其次，在大数据生态方面，依托数据收集可以做到更加精准的生态评估和环境优化。最后，在大扶贫和大生态结合方面，贫困的减少和消除有利于缓解对环境的破坏。按照这种思路对三大战略行动进行组合和优化，对于加快实现农业的现代化具有重要意义。

2.3.3 现代化农业体系功能的优化对策

本小节基于贵州现代化农业的政治功能、经济功能、社会功能、文化功能和生态功能五项功能的解释分析，结合贵州省“三大战略”实施过程中农业多功能性的制约因素，将农业多功能性中的指标细化至三级，建立聚类评价的指标体系，通过数据收集对贵州九个市(州)进行聚类分析，最后提出具有针对性的优化策略。

1. 研究方法和指标选择

本书采用聚类分析的方法划分功能区。聚类分析(群分析或点群分析)是研究对象聚类的多元统计方法。其基本思想认为，样本与我们研究的指标(亲缘关系和稀疏性)之间有一定的相似性。因此，根据一批样本的观察指标，我们可以找出能够度量样本与指标之间的相似性的统计量。基于这些统计数据，我们可以划分类型，并使一些相似性更大的样本和指标汇总为一组。

在众多聚类方法中采用Ward系统聚类法，先将 n 个样品各自成一类，然后每次缩小一类，每缩小一类离差平方和就要增大，选择使 S 增加最小的两类合并，直至所有的样品归为一类为止(刘克春，2007)。其思想来自方差分析，若分类正确，则同类样品的离差平方和较小，且异类样品间的离差平方和较大。具体操作方法是：将 n 个样本分为 k 类，G_p 表示第 P 类（$P=1,2,\cdots,k$），X_pj 表示 G_p 中的第 j 个样本，np 表示 G_p 的样本个数，在类 G_p 中的样品的离差平方和 S_p 是

$$S_\text{p}=\sum\nolimits_{j=1}^{np}(X_\text{pj}-\bar{X}_\text{p})'(XM_\text{pj}-\bar{X}_\text{p})$$

其中，$\bar{X}_\text{p}$ 是 G_p 的重心。

整个类内平方和 S 是

$$S=\sum\nolimits_{p=1}^{k}\sum\nolimits_{pj=i}^{n}(X_\text{pj}-\bar{X}_\text{p})'(X_\text{pj}-\bar{X}_\text{p})-\sum\nolimits_{p=1}^{k}S_\text{p}$$

2. 指标体系的构建

在指标体系的构建过程中，应该遵循系统性、代表性、针对性、可操作性、科学性等原则，同时结合贵州省实际情况，据此构建出一个有目标层、准则层和指标层的贵州现代

化农业评价指标体系。根据可量化原则和数据的可得性，选取主指标三项，分别为政治功能、经济功能、社会功能(生态功能和文化功能通过量化衡量)，进而通过内涵分析确立以描述主指标的二级指标 7 项，以及能够实现量化的对应三级指标 11 项(表 2.9)①。借助聚类分析方法，对农业功能区进行划分，实现生产区域化、经营规模化、资源配置市场化。综合评价不同功能区的特点，明确发展方向，确定各区域农业的主导功能，实现区域农业发展布局的调整和优化，使得农业发展格局呈现区域化特征，这样一来，有利于乡村振兴，提高农业效率，增加农民收入，促进贵州农业现代化。

表 2.9　贵州农业多功能性指标评价体系

一级指标	二级指标	三级指标	指标解释
政治功能	扶贫效果	*X*1：农村贫困人数/万人	农民人均纯收入低于或等于 2800 元
		*X*2：贫困发生率/%	贫困人数/总人口数×100%
	粮食安全	*X*3：人均粮食产量/千克	粮食总量/年末常居人口数
		*X*4：粮食产量/吨	年末粮食总产量
经济功能	产品贡献	*X*5：农林牧渔业增加值/万元	农业增加值+林业增加值+畜牧业增加值+渔业增加值
		*X*6：农村居民人均可支配收入/元	农村住户获得的经过初次分配与再分配后的收入
	市场贡献	*X*7：农林牧渔服务业增加值/元	与农林牧渔业相关的服务业产值
		*X*8：第一产业增加值占地区生产总值的比率/%	第一产业增加值/地区总产值
	资本贡献	*X*9：第一产业劳动力向二三产业转移的比例/%	第一产业从业人数向二三产业转移数量占总从业人数比例
社会功能	就业水平	*X*10：第一产业就业人数/人	第一产业吸收社会就业人数
	城市化水平	*X*11：城镇化程度/%	地区城镇人口/地区人口总量

3. 目标值的确定

由于期望值的大小将直接关系到现代化农业最终目标的实现，因此确定期望值是指标体系建立的关键和难点。一方面，现代化农业的目标值过低则缺乏激励作用；另一方面，目标值过高则会挫伤农民发展现代化农业的积极性。目前权威专家在衡量农业可持续发展、两型农业、农业现代化、循环农业等评价指标体系中，从相近或类似的相关指标规定的期望值等方面，来确定现代化农业的发展目标，理论结合实际构建出中部地区现代化农业评价指标的目标值。在借鉴相关研究的基础上，本书主要参考《全国现代化农业发展规划(2016-2010 年)》和《十二五期间全国现代农业发展规划》中对相关指标的设定以确定期望值。贵州省县城功能聚类分析见图 2.10。

① 数据来源于《贵州统计年鉴》(2017)、《省粮食局 2016 年工作总结及 2017 年工作打算》、《贵州省食品药品监督管理局关于 2016 年 12 月食品安全监督抽检情况分析的通告》。

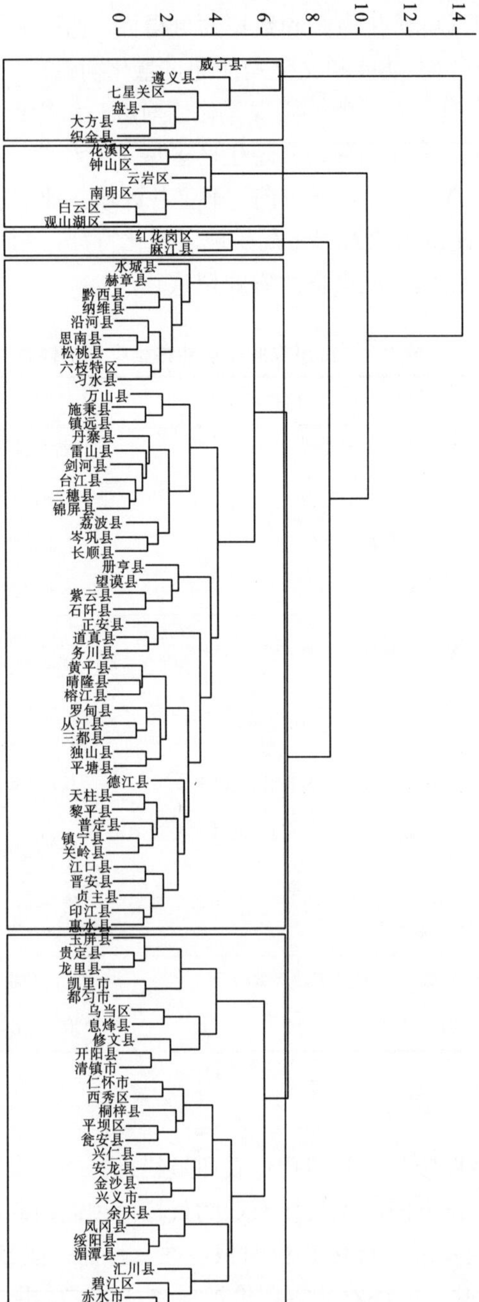

图 2.10 贵州省县域功能聚类[①]

4. 聚类分区和结果评价

以贵州省 88 个县级行政区为对象，基于上述标准体系，划分为五个类型。第一类为社会功能导向型，包括的县级行政区有威宁县、盘县（2017 年更名为盘州市）、遵义县（2016

① 由于聚类数据来源于《贵州统计年鉴》(2016)，故根据年鉴中标注的县级行政区名称进行聚类分析。

年更名为播州区)、七星关区、大方县、织金县；第二类为经济功能导向型，包括的县级行政区有花溪区、钟山区、云岩区、南明区、白云区、观山湖区。第三类为其他导向型，包括的县级行政区有红花岗区、麻江县。第四类为政治功能导向型，包括的县级行政区有水城县、赫章县、黔西县、纳雍县、沿河县、思南县、松桃县、六枝特区、习水县、万山县、施秉县、镇远县、丹寨县、雷山县、剑河县、台江县、三穗县、锦屏县、荔波县、岑巩县、长顺县、册亨县、望谟县、石阡县、正安县、道真县、黄平县、务川县、晴隆县、榕江县、罗甸县、从江县、三都县、独山县、平塘县、德江县、天柱县、黎平县、普定县、镇宁县、江口县、关岭县、晋安县、贞丰县、印江县、惠水县。第五类为经济功能和社会功能导向型，包括的县级行政区有玉屏县、贵定县、龙里县、凯里市、都匀市、乌当区、息烽县、修文县、开阳县、清镇市、仁怀市、西秀区、桐梓县、平坝区、瓮安县、兴仁县(2017 年更名为兴仁市)、安龙县、金沙县、兴义市、余庆县、凤冈县、绥阳县、湄潭县、汇川区、碧江区、赤水市、福泉市。

5. 功能优化策略

1) 从政治功能层面来讲

农业的政治功能主要体现在扶贫目标的实现程度和粮食的自给程度上。在扶贫方面，要将农业产业扶贫作为扶贫的主要手段，根据不同县域的自然状况、经济发展情况和社会人文状况选择不同的农业产业扶贫发展模式。以显著的扶贫效果和扶贫目标按期或超期实现增强农业政治功能的目标。在粮食安全方面，发展特色产业要以保证粮食安全为前提，提高粮食生产效率，提高人均粮食产量和人均粮食占有量。出台相关政策提高农民粮食生产的积极性。

制度体系的建立需要大力发挥法律法规的引导和监督作用。针对“三大战略”来讲，首先，大数据作为一类新兴技术，其发展和应用过程中涉及很多不确定性，因此需要加强顶层设计，提前作出规划、限制和防范，避免潜在的风险。其次，大扶贫作为一项目标明确、过程复杂的时代任务，需要各级县(乡、镇)政府根据实际情况做出长远规划和引导，加之细节的监督改进，充分发挥制度的作用。最后，大生态作为一项利在千秋的战略，需要在深化社会认识的同时对个人和企业组织等采取强制性措施，保证良好的生态环境，将生态保护纳入贵州农业现代化评价体系。贵州省生态环境十分脆弱，而发展农业本身也会伴随土地开垦、化肥使用、水资源不合理利用等活动给自然环境带来一定的负效应。因此，贵州现代农业的发展过程中，除了倡导绿色循环发展外，同时也应该将农业调节保蓄和环境保护的生态功能量化，包括水田面积占耕地比例、乡村人均草地面积、水质合格率、生物多样性等多项指标，纳入贵州农业现代化的评价体系当中，以实现贵州现代农业的良性发展。

2) 从经济功能层面来讲

农业作为国民生产总值的一个重要组成部分，其经济功能十分显著。提高农业的经济功能需要从产品贡献、市场贡献、资本贡献和外汇贡献四个方面入手。在产品和市场贡献方面，首先要以制度保障良好的市场环境，奠定现代化农业发展的市场基础；在资本贡献方面，发挥区域优势，吸引投资，使得农业市场形成良性循环；外汇贡献方面，强化“黔货出山”战略，通过品牌建设、食品安全、物流优化等措施实现农产品规模化和集约化的“走出去”，强化现代化农业经济功能。

从20世纪70年代开始，现代信息技术革命打破了工业经济时代三大产业的隔阂，产业边界日渐模糊，农业发展开始与第二、三产业实现融合，农业的多功能性体现出来，世界各国逐渐将信息、生态、旅游等产业形态与农业相结合，产生众多农业新业态。现代化农业倡导多功能性的探索和挖掘，追求集经济、政治、社会、生态和文化多重功能的高效整合，而这种效用的实现需要同时发挥国民经济中不同行业的作用，这就对农村第一、二、三产业的融合提出了一定的要求。具体来讲，首先需要细化产业，明确产业间的界限和交叉，以此为基础探索融合模式。其次要强化价值链，延长产业链，如对于时鲜类农产品考虑产地加工，边角料就地再利用。这样既减少了运输过程中的耗损，又能将农业生产、农业加工和农业管理的环节保留在农村，增加农民就业机会和劳动收入，同时还可以减少资源浪费和环境污染。

3）从社会功能和生态功能层面来讲

农业的社会功能主要体现在以下几个方面。第一，就业水平方面，实现现代化农业的产业化，适当延长产业链既能够增加农产品的附加值，同时也可以创造更多的就业机会。第二，食品安全方面，农业技术的应用推广，产业链的模式可以提高食品安全率，体现了现代化农业的社会功能。第三，城市化方面，合理规划土地利用能够促进城乡一体化发展；此外，乡村农业发展要响应城市市场需求，如此一来才能做到引资兼引人，使得资源得到整合和合理配置，资源利用效率得到有效提升。

由于农业现代化发展中对农业的生态功能提出了一定程度的要求，因此在农业生态功能方面的重视也将成为必然趋势。基于复杂的自然环境，贵州现代化农业对于农业生态功能更要进行保护和强化。一方面体现在农业的调节保蓄作用，这就强调在农业开发利用的过程中要注重生态导向，坚持生态底线，根据区域自然状况进行产业种类和规模的选择，如适当发展林业调蓄气候等。另一方面体现在农业的环境保护功能，强调发展循环可持续的产业类型，如从江县稻鸭鱼生态养殖系统就起到了保护当地生态环境的作用。

4）从文化功能层面来讲

贵州现代化农业一个重要的特征就是充分发挥贵州农业文化资源的作用。对于贵州农业文化功能的优化须从农耕文化、民族文化和休闲文化三个方面着手。第一，保护贵州独特的农业文化遗产，提高对农业文化的保护意识。第二，加强产业融合发展，使得农业产业“接二连三”更好地发挥基础农业与农业文化的耦合价值。第三，打造区域文化品牌，使贵州农业文化成为能够代表贵州农业和贵州产业的崭新名片。

农业的各项功能之间相互影响并发挥不同程度的作用。农业文化源远流长，因此对于长期从事农业生产的群体来说，无论在生产还是生活上都起着巨大的作用。在人才政策的实施上，既要吸引外来人才，但同时也要注意加强对当地基层干部、民间企业、种植大户、个体农民等农业主体的培育，利用少数民族强大的民族凝聚力来促进农业文化功能的实现。例如，在激发和培育现代农业经营主体的积极性和主动性方面，得到龙头企业、合作社、经营大户等主体的多样化支持，确保当地人才的培养和外来人才的引进协同推进。新型农业经营主体的特征主要体现在规模经营、合理组织性、多元来源以及明显的社会性。《浙江省人民政府办公厅关于大力培育新型农业经营主体的意见》中对新型农业经营主体的内涵描述较为全面，即“新型农业经营主体是指在家庭承包经营制度下，经营规模大、集约程度高、市场竞争力强的农业经营组织和有文化懂技术会经营的农民”（郭庆海，2013）。

2.4　湄潭县茶旅一体化建设实践

贵州省现代化农业建设中也涌现出许多成功的案例。贵州省湄潭县茶旅一体化建设是现代化农业体系建设一个较为成功的案例，对于研究西部喀斯特地区的农业体系现代化也具有参考价值。湄潭县通过农、文、旅融合模式，开发了以“茶旅”为主题的休闲养生、休闲旅游、诗画江南为主线的“全景域”旅游格局和业态，先后获得并荣获“国际生态休闲示范县”“中国名茶之乡”“中国茶文化之乡”等美誉。本小节通过研究贵州省湄潭县农业产业的发展历程、建设思路和建设成就，以期为贵州整体的现代化农业发展提供有效的借鉴和启示。本节首先分析现状与问题，其次依据对问题的理解剖析、解决应用的逻辑来展开系统研究。

本书从以下几个方面对湄潭县的基本状况进行介绍①。

1）地理位置

湄潭县是贵州省遵义市下属的一个县城，距离遵义市区 58 千米，是贵州省北部的一个行政县域，地处北纬 27°20′18″～28°12′30″，东经 107°15′36″～107°41′08″。东与遵义市凤冈县、余庆县毗邻，西与遵义市播州区、绥阳县接壤，南与黔南布依族苗族自治州瓮安县相连，北与遵义市正安县、凤冈县交界。全县地域南北狭长，最长距离 96.5 千米，东西最宽距离 25.5 千米。

2）自然气候

县城平均海拔 972.7 米，森林覆盖率达 60.08%，属亚热带季风性湿润气候，年平均气温 14.9℃。四季分明，雨量充沛，气候温和，年无霜期 284 天，年平均气温 14.9℃，年均降水量 1141 毫米。

3）行政区划

湄潭县全县总面积 1864 平方千米，总人口 50.31 万（2015 年末），其中农业人口 42 万人，辖 12 个镇、3 个街道办事处、133 个村（居、社区），总人口 50 万。

① 湄潭县政府门户网站[EB/OL].http://www.meitan.gov.cn/[2018-06-12]。

4) 产业发展

作为贵州省最大的茶叶生产县，湄潭县的“湄江翠片”已经成为全省四大名茶之一。近年来，湄潭县依靠科技发展、品牌建设和先试点后推广模式逐渐形成独特的市场优势。在科技发展方面，湄潭已经成为贵州茶叶的科研和试验中心，同时还建立了生产基地。在品牌建设方面，湄潭县通过开展品牌战略，有七个品种在2005年春季贵州省名优茶评审会上被评为“贵州省名优茶”。此外，在2008年8月份由国际茶叶科学文化研究会主办的“国际名茶”评比中，湄潭县芸香茶业公司生产的“国翠飘香”和“湄潭翠芽”被授予金奖，并在同年相继获得中国茶叶学会授予的“中国名茶之乡”称号。主打品牌“湄潭翠芽”曾先后28次获国家级金奖，这不仅为湄潭的茶叶开拓了广袤的市场，还带动了湄潭县茶产业的不断发展，全县有1.5万平方千米茶叶种植面积，年生产茶叶7000多吨。

5) 旅游文化

湄潭县境内有天下第一壶、浙江大学西迁旧址、湄江风景名胜区等景点。被誉为“贵州茶业第一县”，闻名国内的茶叶品种有“遵义红”“湄潭翠芽”“湄江翠片”“贵州针”等，口感细腻，味道清香，深受全国甚至国外消费者喜爱；土地肥沃、山川秀丽、生态良好，被誉为“贵州高原上的一颗明珠”和“云贵小江南”称号；曾荣获“全国健身球操之乡”、2016年度“中国十大最美茶乡”等称号。

6) 交通运输

湄潭县交通便利，区位优势明显。326国道和204省道、杭瑞高速交会于湄潭县城，全县100%的村镇通了油(砼)路，已融入遵义半小时经济圈。黔北高速、威吉铁路、沿江渡港口等重大基础设施项目已规划建设，未来随着立体交通体系全面形成，湄潭县将逐渐作为遵义东部重要的交通枢纽和卫星城市出现在人们的视野之中。湄潭县城与遵义新舟机场相距30千米，距遵义市区和省会贵阳分别是58千米和188千米。杭瑞高速与326国道、204省道在县城交会，是黔北东部地区重要的交通枢纽，伴随近年多项重大基础设施项目的建设开通，将更加凸显湄潭的区位优势。

2.4.1 湄潭县农业产业体系的发展历程

1. 种茶历史的发展

湄潭是古茶树的主要产区之一，素有“茶乡”之称(喻丹，2009)。唐宋以后，黔地茶叶种植甚广，元明后以黔北地区为代表的大片地区盛产茶叶。茶叶从清朝以来就被作为土特产和贡品专供皇家享用；到民国时期，有五十多个地方种植茶叶，茶区每户平均种茶为一亩多，茶农有九千多户，湄潭县全县有茶园1.2万亩，亩产约4.6公斤。到1939年9月，有四十多位茶叶专家及相关学者建立起开辟中国茶叶新天地的湄潭县民国中央实验茶场，使得贵州悠久多彩的茶文化更加瞩目，也是我国难得的茶文化遗产。中华人民共和国成立后，政府又进行了茶场建设，茶叶生产一直没有间断，至1978年全县茶叶产量为1093

吨(田维祥，2012)。

作为贵州茶产业第一县，湄潭在“全国重点产茶县”中排名第二，是“中国名茶之乡”“中国十大最美茶乡”，所产“湄潭翠芽”“遵义红”屡获国家级和国际名茶金奖。一直以来，湄潭县坚持做优质茶、干净茶，并在此基础上融合发展第二、三产业，实施茶旅一体化发展，提升茶产业综合效益。现有茶园分布于全县众多乡镇、村、茶场，面积较大的乡镇有永兴、复兴、兴隆等，面积分别达到 4.8 万亩、3.8 万亩、4.1 万亩。无性系良种茶园面积占到百分之九十以上，远高于百分之四十二的全国平均水平。其中，福鼎大白茶、黔湄系列、湄潭苔茶系列等是主要的培育种类。截至 2010 年，湄潭县已经达到一千六百多亩的茶苗培育范围，产出茶苗包括福鼎大白茶苗和黔湄系列大叶种茶苗共 2.46 亿株，其中前者占比达到 65.85%，后者占比 34.15%。2010 年，全县前三个季节共产茶 1.5 万吨，其中属秋茶数量最多，占到总产量的 41.2%；此外，名优茶 0.32 万吨，占总产量的 21%。

2. 土地结构的变迁

贵州省从 1979 年开始实行包产到户政策，作为全国最早实行包产到户改革的省份，全省农民在改革初期的人均年可分配收入仅 46 元，远远低于当时的全国水平。改革开放两年后，全省绝大多数的生产队选择各式各样的生产责任制，其中有一半以上农户实行“包产到户”的模式。

湄潭县 1987 年被国务院确立为全国首批 9 个农村改革试验区之一，在推进土地管理制度改革方面，经历了从“增人不增地、减人不减地”到“均衡减负、户户减负”的改革过程，期间形成的宝贵经验也成为统筹城乡发展的重要内在动力。如“增人不增地、减人不减地”的试验政策所做的，将土地承包期稳定不变的时间定为二十年且土地承包权在承包期内可以依法继承等规定，是初次在全国范围正式提出的。“增人不增地，减人不减地”的经验被写进了中央农村工作会议文件并在全国范围内进行广泛推广。此后，按照贵州省委 1997 年下发的文件，湄潭土地承包期从 1994 年 1 月 1 日起算，耕地延长 50 年，到 2043 年底止，非耕地延长 60 年，到 2053 年底止(刘燕舞，2009)。

随着近年来统筹城乡发展的不断推进，用地需求迅速上升的土地瓶颈日益凸显。基于此，湄潭县通过创新农耕用地和集体建设用地流转以及土地资源市场配置的机制，实现土地总量的控制、土地存量的挖掘、土地流量的盘活，提高土地利用效率，抓好土地利用在城镇化、工业化、农业现代化、乡村振兴等方面的作用，为经济、社会的发展提供强大的推动力(张雷等，2014)。

贵州省湄潭县于 2015 年年中成为中国农村集体经营性建设用地的首个示范点。在湄潭这个示范基地中，土地在出让、使用规范、平等入市和同权同价等方面突破了现有法律(张玉梅等，2016)。例如，2017 年湄潭县铁瓦村计划建成老鹰茶种植专业合作村，拟建成老鹰茶基地 2000 亩以上。后期实行品牌化经营战略，采取“合作社+村集体经济+农户+基地”模式。湄潭的这种土地制度取得了很大的成效。第一，吸引了城市资金投入，从而增加农民收入；第二，缓解了城乡建设无地的困境；第三，实现了土地利用的节约集约；第四，实现了土地空间开发的优化布局；第五，实现了人与自然的和谐发展。

3. 科技投入的进步

湄潭县建立了现代高效茶业示范园区，其中规划建设茶园涉及永兴镇、兴隆镇、抄乐镇、湄江镇等，总面积60万亩，其中核心区和拓展区均为4万亩，辐射区面积为52万亩。同时享有“省级重点现代高效农业示范园区”和湄潭“十大现代化农业示范园区”等荣誉。该园区还同时规划布局“一城五园”(其中“一城”指的是中国茶城，“五园”则包括中国茶海休闲度假中心、核金龙茶树良种繁育和科技推广示范园、云贵山有机生态茶示范园和茶产品加工产业园、全程机械化管理示范园、象山茶旅游公园)①。贵州省茶叶研究所位于湄潭，始建于1939年，其前身是国民政府实力部中央农业实验所湄潭实验茶场，是我国成立较早的茶叶科研机构之一。其在茶树育种、栽培、植保等方面的研究居于国内前列，是湄潭县政府茶产业发展的技术依托单位。茶业局始成立于2000年，为县政府直属正科级事业单位，主要负责全县茶产业的规划、指导、服务，在主产茶乡镇设有茶叶站，服务网络健全。同时，农业局、林业局等相关部门也加大了对茶产业的技术服务。

4. 产业链的延伸发展

湄潭县的茶产业经历了从发展效率低的第一产业，演变为发展与服务业紧密结合的高效乡村旅游产业。湄潭县的乡村旅游主要依托吃、住、游、玩在农家的理念，在茶区周围建设新型村落民居，融合乡村振兴战略中各项要求及乡村生态休闲旅游。当前已经形成了诸多条观光旅游风景线，如永兴万亩茶海、核桃坝、田家沟新村新貌等；打造了“观茶—采茶—制茶—品茶—茶艺”表演一条线的乡村旅游发展模式。2009年末，湄潭县着手打造的乡村旅游点和农家乐数量分别达到八十余处和两百余家的规模。上海大世界基尼斯总部授予该地标志性建筑“天下第一壶”以“大上海基尼斯之最”中“最大实物造型”的称号。此外同时进行建设的景区还包括龙凤景区和浙大西迁文化广场。为乡村旅游业的发展奠定坚实的硬件基础。

在全县三百余家茶叶企业和个体加工户中包含有将近百分之十五的国家级、省级注册茶叶加工企业。截至2017年10月，共拥有固定资产2.72亿元，年生产能力1.6万吨，已经有12家规模企业达到年产值500万元以上的生产标准。全县有多家茶叶企业通过了省级、国家级、甚至世界级食品检验标准，产品真正做到绿色可靠，安全放心。主要加工品、产出品品种包括湄潭翠芽茶、贵州针茶、毛尖、毛峰茶、红茶、大宗炒(烘、晒)青绿茶、茶籽油、茶多酚等②。

随着湄潭县建设发展力度持续加大，湄潭县茶产业“接二连三”效应逐步显现，借力“互联网+”，茶产业与电子商务相融合，与创意产业相融合，与文化旅游相融合，与专业力量相融合，茶文化、茶旅游红利进一步释放。2017年，湄潭县新增星级酒店6家、驿站8个、茶庄6家、生态餐厅122家，旅游从业人员突破7000人，旅游收入17.88亿元，全县旅游业增速连续两年位居遵义市第一位(陆文荣，2002)。

---

① 湄潭县现代高效茶业示范园区[EB/OL].http://www.meitan.gov.cn/doc/2017/09/01/9718.shtml[2018-06-12]。

② 湄潭入选第二批国家现代农业产业园创建名单[EB/OL].http://gz.people.com.cn/n2/2017/1024/c194827-30852586.html[2018-06-12]。

2.4.2　湄潭县茶旅一体化的建设思路

湄潭县在 2010 年和 2017 年相继入选国家现代化农业产业园创建名单。2017 年建立的农业产业园以茶产业为主导产业，园区中茶园面积 20 万亩。按良种繁育及高新技术示范区、有机食品生产示范区、优质茶叶生产示范区、茶叶全程机采机收示范区、农产品加工区、农产品贸易及综合服务区、休闲养生观光度假区等 7 个分区进行规划。到 2020 年，产业园预计累计建设投资 120 亿元，总产值达 196 亿元以上，农民人均可支配收入达 5.1 万元以上。湄潭将根据农业部、财政部“打造高起点、高标准现代化农业发展先行区”的要求，进一步加强规模种养、加工转化、品牌营销等全产业链开发，创新农民分享第二、三产业增值收益机制，做大做强主导产业，促进现代要素集聚，推进适度规模经营及三产融合(谷中原，2007)。

当前，湄潭县主要将范围划定在西河、马山、复兴等 11 个乡镇来重点打造 5 条茶叶产业带、100 个基地。涵盖马山、洗马、西河三个乡镇范围内 46 个基地的清江茶叶产业带目前的规划面积是 8 万亩；涵盖湄江(双江)、鱼泉(金桥)、永兴(除德隆外)和复兴四个乡镇 60 个基地的湄江湖茶叶产业带的规划面积达到 12 万亩；涵盖湄江(除双江、兰江外)、永兴(德隆)、兴隆(龙凤、太平)和天城四个乡镇 43 个基地的核桃坝茶叶产业带规划面积为 7 万亩；涵盖湄江(兰江)、抄乐、兴隆(除龙凤、太平外)三个乡镇的 62 个基地的云贵山茶叶产业带有 9 万亩的规划面积；涵盖鱼泉、黄家坝二个乡镇 8 个基地的仙谷山茶叶产业带其规划面积 2 万亩。

茶文化生态旅游的概念是指以茶及其文化为核心，与名茶产地的自然景观、人文情怀、茶俗茶艺、茶歌茶舞、茶史茶事等多种因素进行结合，从而达到实现休闲娱乐和获得知识与体验等价值目的，其呈现多种形式，活动方式丰富多样(罗时琴等，2010)。茶产业是湄潭实现全面小康的重要产业支撑。湄潭县茶旅一体化的建设思路基本上围绕“茶叶种植、茶叶加工、茶园旅游”的这一体系展开。湄潭县依托 60 万亩生态茶园和 62.8%的森林覆盖率，巩固和加强茶产业生产、加工环节的同时，湄潭深度挖掘茶产业在第三产业中的可能性，不断推进茶旅一体化发展，探索茶文化内涵。以产业融合的方式不断延伸茶产业的产业链，如引导茶区茶园开发为可供观赏的自然景区，在此过程中实现茶叶价值链的上移和农民增收，探索一种可行性和可持续性兼具的创新模式。在基础设施建设方面，规划象山茶植物博览园、“天下第一壶”、“一城五园”等在内的外观独特、意义深刻的茶文化旅游景点，与此同时，建立可以将零散茶文化景点连接成线的，长度达到一百余千米长的茶园木栈道，以此构建茶旅的全景域格局。

随着经济发展，人们的消费结构发生了相应变化，旅游市场也不例外。人们的旅游需求由观光旅游发展到休闲旅游，再到现在的体验旅游。而茶文化旅游产品设计的基本原则：承载力控制原则、原汁原味原则、社区居民参与原则、环境教育原则、依法开发原则、节约资源原则、资金回收原则(陆文荣，2002)。因此湄潭县以市场为主导，依据资源优势开发出湄潭的 5 张特色名片，即“茶村”“茶海”“茶壶”“茶汤”“茶城”(罗时琴等，2010)。

“茶村”指“中国西部生态茶叶第一村”——核桃坝村，作为湄潭县新农村建设示范点，核桃坝村以基础设施和文化开发两个方面进行重点建设。在基础设施方面，修建具有休闲作用的垂钓池、茶文化体验园和百茶图广场以及茶礼茶俗雕塑小景，同时还包括满足基本需求的具有乡村茶文化的主题宾馆。在文化开发方面，深度挖掘和开发茶饮食文化，传承和传承茶风情文化，为游乐、商务、采风、体验、餐饮、娱乐等活动提供一个良好的空间平台。

“茶海”指的是“中国茶海”(或“万亩茶海”)，是耗资十亿打造的具有高标准的国家5A级度假景区，将游乐、运动、养生、会展融合于一体。这里的连片茶园占地面积达到六万余亩，被评为“世界面积最大的茶文化度假景区”和“贵州十大魅力景区”。

“茶壶”指天下第一壶茶文化博览园景区的“天下第一壶”。作为国家4A级旅游景区，天下第一壶茶文化博览园的面积为400亩。此外，壶高、壶身横向直径以及茶壶建筑的占地面积分别为73.8平方米、24平方米和5000余平方米，是目前世界上最大的茶壶实物造型，上海大世界基尼斯总部将其认证为“大世界基尼斯之最”。

“茶汤”指面积达到3万平方米的国际温泉度假城，主要进行温泉养生、旅游度假、休闲娱乐、住宿餐饮、商贸会议等活动，是一个大型的综合性以茶文化为主旨的温泉旅游度假中心。温泉园区有40余个室内外泡池，可同时容纳1400余人泡温泉，是经国家权威部门检测的优质、纯天然温泉，出水温度达63℃，舒适而健康。

“茶城”是指上文多次提到的，“一城五园”中的一城——中国茶城，是目前国内最大的绿茶交易中心，主要涉及的展示内容包括茶叶发展史、中国茶俗展示、茶业机具展示，以及茶文化旅游、商务休闲、科研培训等，是茶城内的贵州省茶文化生态博物馆。

2.4.3 湄潭县现代化农业体系的建设成就

湄潭县现代化农业体系的建设成就可归纳为以下几个方面。

1. 经济成就

第一，产值方面。湄潭自古产茶，是贵州第一、全国第二重点产茶县，有生态茶园60万亩。闻名全国的“湄潭翠芽”先后48次获得国家级金奖的荣誉，2016年，其品牌价值达102.17亿元。“遵义红”红茶荣获全国十大红茶。在2015年第42届米兰世博会上，“百年世博中国名茶”金奖颁发给了“湄潭翠芽”和“遵义红”这两个品牌。全县涉及茶产业的人员有35万余人，茶产业综合收入达88.5亿元。2016年出口茶叶1300吨，创汇1500余万美元。截至2015年，当前茶叶产业基地占地48万亩；此外，湄潭县茶园面积排全国第三、产量第四、产值第二。2015年茶旅游产业接待的游客总数达到了112万人次，创造总营业收入四亿多元。

第二，出口创汇方面。2017年，贵州茶叶出口2852.6吨，货值7730.8万美元。而湄潭全年茶叶总产量达到6.16万吨，产值42.71亿元，综合收入102.7亿元。截至2017年，在湄潭县的60万亩茶园中，无性系良种达99%以上，无公害茶园认定面积45.39万亩，有机茶园6.35万亩，绿色食品茶园0.9万亩。茶园集中度高，分布在全县15个镇(街道)，涉及 8.8 万农户共 35.1 万余人。

第三，产业优化方面。湄潭县通过组织团队优化、管理理念革新、基础设施强化的方式来促进产业优化。例如在团队管理方面，成立了专职的现代高效农业园区管理委员会；在管理理念革新方面，以“商品化生产、市场化运作、企业化管理”为产业建设和发展的基本理念；在基础设施建设方面，2013 年和 2014 年园区的投入资金均超过十亿元，实施园区主体、项目、科技和信息等基础设施建设项目。接下来园区将按照湄潭县委、县政府茶产业“6456”提升战略和建成“两地三区十强县”的目标，重点采取三十三项措施推进建设(刘燕舞，2009)。

2. 社会成就

贵州省统计局数据显示，2016 年湄潭县第一产业增加值为 28 亿元，其中农业增加值为 17.6 亿元，占第一产业增加值的 62.8%。基于良好的自然环境和森林资源，湄潭县主导发展第一产业和第三产业，因此也就逐渐形成了“茶旅一体化”的高效现代化农业发展模式。但与此同时，湄潭县的主要劳动力结构也随着产业模式的演变而逐渐发生变化(图 2.11)。2008 年全县投产茶园 10 万亩，茶叶总产量 4500 余吨，总产值近 4 亿元，茶业从业人员达 15 万人[①]。2011 年，茶叶涉及全县 15 个乡镇，107 个村，5.5 万余户，25 万茶农，2010 年投产茶园面积 16.5 万亩，全年茶叶产量 1.506 万吨，同比增长产值 9.128 亿元，茶业综合收入 13.7 亿元，茶农收入 6.578 亿元。全县茶叶企业如雨后春笋，注册的茶叶加工企业达 48 家、个体加工户 329 家，年产值 500 万元以上的规模企业有 24 家，从业人员约 5000 人[②]。截至 2011 年，湄潭县茶园总面积突破 35 万亩，茶叶无性系良种接近全覆盖，共有 27 万茶农，有机茶园 3.8 万亩。有 5 个以上乡镇、51 个村具备人均 1 亩以上茶园，截至 2012 年，已有环状生态茶叶长廊 300 千米，其中包括流河渡、随阳山、核桃坝、金花、龙凤、接官坪、云贵山在内的 70 余个建设基地已实现规模化[③]。

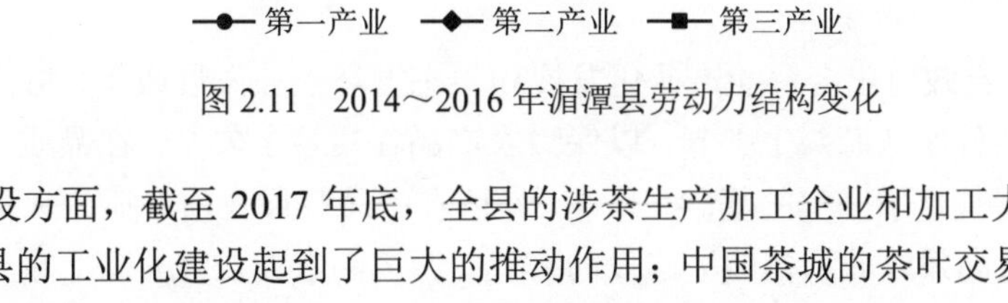

图 2.11　2014～2016 年湄潭县劳动力结构变化

城镇化建设方面，截至 2017 年底，全县的涉茶生产加工企业和加工大户数量将近五百家，对湄潭县的工业化建设起到了巨大的推动作用；中国茶城的茶叶交易和永兴古镇的

① 湄潭翠芽获“凯捷杯”中华名茶称号[EB/OL].http://www.foods1.com/news/365865[2018-06-12]。

② 市场俏茶农笑湄潭茶产业链上的多赢格局[EB/OL].http://www.chinaguizhou.gov.cn/system/2011/05/06/011081380.shtml [2018-06-12]。

③ 贵州湄潭重点抓“六化”建设助推茶业发展[EB/OL].http://www.agronet.com.cn/News/717940.html[2018-06-12]。

茶产业发展，极大地带动了湄潭县的城乡一体化发展进度。永兴镇已被列为“贵州省100个小城镇”，其中具有代表性的湄潭小城镇建设有永兴镇和复兴镇。永兴镇以“拉路网、兴市场、建新区、改老城”小城镇建设和“打基础、兴产业、建民居、焕新颜”新农村建设为抓手，围绕“茶海古镇、生态永兴”的发展定位，结合自然条件、区位优势和经济社会特点，在基础设施完善、产业发展、精细管理等方面下足功夫，加快小城镇建设，取得了喜人成效。复兴镇以“市列示范小城镇”为抓手，大力实施小城镇建设“8+X”项目，集镇特色更加鲜明、功能更加完善，小城镇的承载力、带动力进一步增强，形成集镇与村庄协同发展的良好格局，集镇经济水平明显提升，人口从2005年的3800多人增加到2017年的5900多人。

3. 政治成就

茶产业发展极大地促进了湄潭县的产业转型，为精准扶贫提供了可供参考的案例。相继出现的如茶叶、青田鱼、优质米等一系列特色专业村，多方面、多角度着手打造出湄潭特有的农业品牌，借此也促进了农民实现脱贫增收。

黄家坝街道铁瓦村属省级二类贫困村，辖8个村民组，总人口456户1668人，贫困度较深，建档立卡贫困户较多。该村地势偏僻，原产业结构单一，群众居住和出行条件落后。自开展脱贫攻坚工作以来，驻村小分队紧紧围绕产业发展助推脱贫攻坚，在各级领导的关心帮助下，尤其在市图书馆、县旅游局、县档案局、县中西医结合医院、县四品君茶业公司的大力支持下，截至2017年，协助流转土地354亩发展老鹰茶基地建设，成立老鹰茶专业生产合作社。大力发展老鹰茶产业，建立老鹰茶核心基地200余亩，涉及农户128户474人，预计每亩年产值达5000元。现已经带动就业16户28人(其中贫困户15户26人)，每人每天务工收入为100～120元，贫困人口实现年人均增收6000元[①]。

4. 生态成就

湄潭县茶产业在生态方面也取得了巨大成就。优质稻基地、标准化稻田青田鱼养殖、稻蟹共生基地引领着湄潭生态农业的发展，“茶旅互动、稻鱼、稻蟹共生系统”等立体生态循环农业在湄潭基本形成，其中具有代表性的企业包括生态茶园和“茅贡米”等。生态建设与经济效益的相互转化，既可以在提升产业附加值的同时增加收入，又有利于促进传统农业的转型和升级。湄潭在生态农业建设道路上为其他地区的发展提供了有效的经验和借鉴。

湄潭县委、县政府出台农业产业化发展和生态循环农业发展政策，将控制和规范化肥农药施用的重要程序从源头上抓起，以保障农产品在质量上安全，在品质上优秀，为生态农业的大力发展奠定了坚实的基础。此外，特色农产品等重要项目抓住规范和标准两个原则，以实现现代高效农业示范园区建设的模式。湄潭的农业已经具备了现代、生态、标准化、无公害的特征。2016年“国家生态县”称号授予湄潭县，湄潭现代化农业产业园又在2017年入选国家现代化农业产业园创建名单，明确了湄潭现代高效农业在全国范围的

① 湄潭县黄家坝街道老鹰茶托起贫困村的致富梦[EB/OL].http://fpb.zunyi.gov.cn/xqcz/201711/t20171106_678388.html [2018-06-12]。

重要地位。

5. 文化成就

在 2013 年建成开放了贵州省唯一的以茶文化生态为主要内容的专题博物馆——贵州茶文化生态博物馆中心馆之后，又依托自抗日战争以来保留下来的与原民国中央实验茶场有关的湄潭茶场，制茶工厂旧址里有红、绿茶初制、精制，红茶萎凋等茶叶生产加工车间和数千件实物，并收集贵州各地茶工业生产包括茶园开垦、种植，茶叶制作、加工、科研、产品等在内的部分茶工业机具，在保持了当年的各种生产场景的基础上，建立了“贵州茶工业博物馆”。其中，拥有的两套保存完好的木质出口红碎茶生产线，不仅在全国属于唯一，在全世界也十分罕见。“2018 中国·贵州国际茶文化节暨茶产业博览会开幕式”在贵州省遵义市湄潭县茶博会展中心隆重举行。开幕式上，湄潭县荣获中国国际茶文化研究会授予的“中国茶工业博物馆”称号。与此同时，茶叶旅游产业的整合也有助于推动建设茶叶的品牌。以农业、生态、环保为依托，发展茶园，加工茶叶，不断延伸茶叶产业链，推动湄潭县茶叶产业向高端、优质、高效农业发展。湄潭县茶叶的综合利用在全省名列前茅，开发生产了茶树花、茶籽油、茶多酚、茶粉。“兰馨茶”和“湄潭翠芽”作为“中国驰名商标”越来越多地出现在消费者视野，与此同时，“遵义红”的品牌也正在逐渐打造升级中。

2.4.4　湄潭县现代化农业体系的发展蓝图

茶旅一体化发展模式是湄潭县主要的方向。通过树立“农业发展、农村宜居、农民富裕、产业壮大”的目标，借助村级土地承包经营流转合作社的平台，整合物质和人力等多项资源，统一思想、规划、管理、发展路径等要素，基础设施由政府实施兜底。在接下来的时间内，湄潭计划建成 2 个 5A 级景区，5 个 4A 级景区，实现茶文化旅游资源的效益化和规模化，使旅游业能够逐渐成长为产业重要支柱和新的经济增长点，打造湄潭的全景域开放式生态文化旅游成为全国甚至全世界的知名品牌。

湄潭县委县政府将茶叶的初级生产、产业链的延伸、相似产品的生产作为湄潭产业发展的重点，提出湄潭以茶为先的发展理念，助推茶产业和旅游产业发展，积极探索茶旅一体化发展之路。具体包括发展茶旅游以吸引外部资源投入、搭配茶旅游与文化活动以挖掘内涵、探索产业融合以促进农民增收、严格控制质量以实现绿色生产。

1. 发展茶旅游以吸引外部资源投入

建设一系列如湄潭茶海休闲度假旅游景区等具有带头作用强、效益显著的茶旅游项目，有利于湄潭县更好地发展茶旅游，壮大茶叶经济，同时吸引外部资源加入，共同推动湄潭县经济的建设和发展。

2. 搭配茶旅游与文化活动以挖掘内涵

国际茶文化研讨会暨中国（贵州 • 遵义）国际茶产业博览会已经在 2014 年、2015 年连续两年在湄潭县选址并开展活动，其内容主要有项目洽谈、茶文化与茶产业的研究和利用、茶艺品茗大赛、茶器皿展销等。这些活动在宣传和弘扬贵州茶产业方面具有重要的意义，同时也使得湄潭茶叶的品牌形象、品质得到了极大的推广。

3. 探索产业融合以促进农民增收

湄潭县依托茶景区、茶观园、田园风光、特色餐饮等优势，发展茶叶旅游和农村旅游，鼓励当地农民提高收入、改善生活水平，发挥旅游在扶贫中的重要作用。湄潭县地绿色工业园以茶叶企业为主，有众多著名茶叶公司已落户于此。部分茶叶企业依托茶叶资源、高新技术、地理位置优越等优势，开辟了专门的旅游体验生产路线，开发了多种茶叶旅游商品。湄潭县绿色产业与茶文化旅游的结合是一种“绿色+技术+创新”的旅游方式。

4. 严格控制质量以实现绿色生产

茶博会期间，贵州省质监局发布了最新修订的湄潭翠芽茶、绿宝石－绿茶、遵义红－红茶、都匀毛尖茶等 4 个省级地方标准，并于 2018 年 11 月 1 日起正式实施。

第3章　贵州省大数据产业体系的系统分析与优化

大数据产业是近年发展迅猛的新兴产业，也是贵州省实施“后发赶超”的引擎。研究贵州省大数据产业体系的结构和功能，对于贵州省快速实现产业的转型升级和提升贵州省产业的综合竞争力等具有重要的支撑作用。

3.1　理论基础与文献综述

大数据产业的发展对经济、社会发展具有重要战略意义。在大数据产业的发展下，信息资源利用率得到提高、产业结构得到优化、人民生活得到改善、经济社会发展转型升级进程加快，同时，对新一代信息技术产业而言，其发展的主动权也很大程度取决于大数据产业发展①。对大数据产业体系进行系统分析与优化，首先要把握大数据产业的内涵与特征，了解大数据产业体系的研究现状。

3.1.1　大数据产业的内涵与特征

1. 大数据产业的内涵

在中国信息通信研究院发布的《中国大数据发展调查报告(2017)》中，大数据产业主要包含大数据硬件、大数据软件和大数据服务三个方面。大数据硬件指支撑大数据相关业务的基础设施，包括存储设备、网络设施等；大数据软件指新型分布式平台软件及以此为基础的应用软件，其基础架构主要是以Hadoop、Spark等技术为主；大数据服务包括与大数据相关的数据分析、信息咨询、系统设计和集成服务等。关于大数据产业的定义，目前存在较多的说法。国内学者一般围绕“数据”这一主题来界定大数据产业的内涵。一些学者认为，从技术属性上来说，大数据产业实质是一类信息服务产业，包含数据的存储、传输、处理以及价值挖掘等服务，是基于物联网、互联网以及各行业的海量数据的一系列服务(周曙东，2017)。还有些学者认为，大数据产业是包含了与大数据产生、组织、价值挖掘等相关主体的经济活动的集合，这些经济活动共同构成以数据价值为核心的产业链(周曙东，2017)。国内有媒体指出，大数据产业是指以互联网、物联网为渠道，通过采集广泛、海量的数据资源，对数据进行存储、价值提取、智能处理和分发的信息服务业。迪莉娅(2014)认为，大数据产业主要指存储、分析和应用自身生产或获得数据的产业。陈立枢

① 中关村率先布局大数据产业[EB/OL].http://news.163.com/12/1214/11/8IMA7RN000014JB5.html[2018-06-12]。

(2015)认为大数据产业是计算、移动互联网和物联网等新一代信息技术创新和应用普及的产物。池莲(2015)基于国际视角认为大数据产业是数据服务业的总称，具有广义和狭义之分：广义上指信息产业，主要为数据服务提供硬件制造、软件研发、网络工程建设等；狭义上指对海量数据进行采集、加工、处理并转化为客户需要的数据产品的一系列数据服务业。朝乐门等(2016)指出，大数据产业是以互联网为主导的信息产业，并能够迅速向传统产业拓展。孙鑫认为，数据及其所含信息价值共同构成大数据产业生态环境，包括与大数据管理和价值实现相关的一系列经济活动集合，核心要素主要包括数据基础能力、数据资源、数据分析和显示以及数据应用[①]。数据基础能力部分负责提供基础设施和技术要素，提供数据处理和价值提升所需的工具手段，包括数据库、数据存储等角色；数据资源部分负责供给和交换原始数据，是数据资产的直接表达，依据不同的数据来源，可分为数据资源提供者和数据交易平台；数据分析和显示部分负责挖掘数据的内在价值、相关关系和可视化等，集中体现数据价值中的智力要素，包括传统的 BI、可视化和数据分析工具，以及语音、图像等非结构化数据的媒体识别服务；数据应用部分通过对数据进行分析和加工，为电子商务、金融等行业提供信用评估、精准营销等服务。周曙东(2017)认为大数据产业就是关于“大数据”产生、传输与组织管理以及创造价值的经济活动部门。总的来说，国内学者对大数据产业的内涵界定还未形成一个统一的标准，但从以往学者对大数据产业的研究中，我们可以总结出以下几点：大数据产业为信息产业的衍生产业；大数据产业涵盖数据收集、处理、应用等环节以及相关软硬件、专业服务等一系列与数据相关的产业；大数据产业的核心是大数据管理和数据价值实现。

要对大数据产业的内涵进行深入挖掘，还需要了解大数据产业链，两者之间是密不可分的。有的学者基于大数据生命周期，认为大数据产业链贯穿了整个数据的生命周期过程。西凤茹等(2014)认为，大数据产业链可体现出大数据的应用，其价值实现是由多个环节连接而成，即数据从采集到存储，再到经过处理提取价值，最后被应用的整个过程，其中，大数据产业链具体包括数据的采集、存储、处理和应用等主要环节。王伟玲(2015)基于生态学角度提出大数据产业链主要包括基础层和应用层，且大数据产业链贯穿大数据从生成到应用的整个生命周期，其中基础层涉及数据的采集、预处理、存储与管理以及数据安全等；应用层涉及基础和商业算法、行业应用等。施利萍等(2015)则详细阐述了大数据产业链中数据应用部分，数据应用指数据交易、数据运营与管理、数据市场开发等细分应用，用户遍及政府和众多利用大数据技术进行生产经营的企业。也有学者围绕数据价值这一核心对大数据产业链进行研究。周曙东(2017)从大数据产业的价值实现流程的角度，将大数据产业链分为数据资源的生产集聚层、组织管理层、传输层、分析发现层以及应用服务层，同时每一层都有相应的 IT 基础设施和技术服务。廖劲为等(2018)对大数据产业链从横向和纵向两个维度进行探讨，认为横向是基于大数据产品价值链从数据采集、存储、分析到应用逐级递进，纵向是基于大数据技术从底层基础硬件设施、软件技术到顶层 IT 解决方案。

① 孙鑫. 我国大数据产业发展态势如何？[EB/OL].https://www.sohu.com/a/123223074_465915[2018-06-12]。

2. 大数据产业的特征

整理文献发现，国内对大数据产业的特征研究可以概括为两类，一类是围绕数据，从技术、应用、价值等方面探讨大数据产业的特征；另一类是从产业发展进程，对大数据产业在发展过程中所体现的特征进行研究。迪莉娅(2014)和廖劲为等(2018)认为，大数据产业具有数据资产化、决策智能化、服务个性化和技术高创新性四个特征。产业数据资产化指处于大数据时代的企业，数据将逐渐成为企业资产，企业通过对自身海量数据资产的处理挖掘，分析用户行为，以期达到生产、营销和盈利模式个性化和精准化；决策智能化指大数据产业为行业决策智能化提供数据、技术与管理平台，无论是处于底层的业务层，还是处于高层的战略层，都需要数据来支持决策，利用数据来克服决策者的主观性，使得决策更智能化、科学化；服务个性化指利用数据挖掘用户的兴趣及偏好，提供个性定制服务以更好满足需求，以此获取高效益；技术高创新性指需要不断创新的大规模数据处理技术，以实现高效的数据收集、存储、整合和服务，大数据产业发展离不开创新。除此之外，韩先锋等(2016)认为，大数据产业还具有技术密集化、成长潜力大、扩散带动作用强等鲜明特征。在对我国大数据产业竞争优势的研究中，刘岩(2015)指出，大数据产业不仅具备显著的规模性、多样性、高速性和价值性，同时还具有我国独有的复杂性、特殊性和创新性。邓子云等(2017)认为，大数据主要是围绕拥有海量数据的企业和政府提供服务，所涉及的技术含量较高，且能快速与区域特色产业相结合，产业培育和带动作用强。朝乐门等(2016)提出，我国人数据产业目前存在以下 5 个特征：人数据浮夸现象的存在，具体表现为人数据产业缺乏系统的理论研究，对大数据产业寄予过高期望；大数据产业以“条数据”为基础，广泛存在“信息孤岛”现象，各部门之间没有充分实现信息交换和数据共享；大数据产业结构具有我国特色，即内部结构不尽合理，具体体现在交易对象的单一性、集中于“商用”价值挖掘、开发对象时间分布不均；大数据产业生态体系不健全，表现为我国大数据产业发展不平衡、各行业内部缺乏相应的标准和规范；大数据交易的规范化程度低。

3.1.2 大数据产业的研究述评

通过整理文献发现，大数据产业研究主要集中于发展现状和产业分类两个方面，大致从发展机遇、影响因素、竞争优势、矛盾问题以及发展建议这几个角度进行研究。

1. 产业分类

目前大数据产业还未形成统一分类，国内主要采用定性的方法进行研究。迪莉娅(2014)总结出大数据产业共分为以下三种：(1)二分法。根据大数据占有情况将大数据产业分为大数据产业和大数据衍生产业。大数据产业指存储、分析和应用自身生产或获取的数据的一类产业；大数据衍生产业指提供大数据基础设施和技术支撑类产业。(2)三分法。根据数据营销模式将大数据产业分为三类：①通过大数据分析用户行为以实现企业产品广告宣传的产业；②通过大数据集成为用户提供软硬件服务和整体解决方案的产业；③数据产品销售和提供针对性解决方案服务的产业。(3)五分法。根据产业价值模式将大数据产业分为五类，即大数据内生型、外生型、产品型、寄生型和云计算服务型价值模式。曾宇

(2015)认为，大数据产业可分为大数据资源提供商、大数据平台提供商、大数据处理服务商和大数据解决方案提供商四个部分。崔小委等(2016)指出，数据应用体现了大数据的价值，国内大数据产业企业可分为技术、服务、应用、流程四类。周曙东(2017)以“大数据”作为统计分类标识，将各产业组成部分加总得到大数据产业统计分类，并以此作为出发点对《国民经济行业分类》(GB/T 4754-2011)中行业进行分类，得出大数据产业包括核心活动和拓展活动两类。核心活动指大数据产品为主要产品或支持大数据从生成到价值实现的产业。拓展活动又分为两类：一是指主要产品不仅包括大数据产品还包括其他产品的部门，即主业中与支撑大数据从生成到价值实现有关但并未纳入核心产业部门的单位；二是指大数据在各行业中的应用，包括利用大数据技术对传统产业进行改造升级以提升价值的经济活动。陈加友(2017)认为，大数据产业具有关联、核心和衍生业态等三类业态，关联业态是指与大数据核心业态紧密联系的智能终端、软件开发与信息技术服务等相关业态；核心业态指围绕大数据关键技术和大数据核心业务所形成的产业形态，包括数据的采集、存储、分析、可视化、数据交易和云平台等业态；衍生业态指大数据与各行业或领域的融合应用所形成的产业业态，包括互联网金融、智慧物流、电商等业态。

2. 产业发展现状

总的来说，国内大部分学者认为我国大数据产业还处于起步阶段。迪莉娅(2014)从政策与法律、产业、人才等三个层面探讨了我国大数据产业发展现状。在政策与法律层面，我国已出台部分与大数据技术与发展相关的战略规划，如《“十二五”国家战略性新兴产业发展规划》和《物联网“十二五”发展规划》等，但这只是庞大大数据产业链的一部分。到目前为止，还缺乏系统的整体性纲领政策。政府制定数据开放政策会进一步推动大数据产业的深入发展。定义信息主权和保护在线用户隐私，能够为国家安全和数字经济发展创造有利环境。目前中国在相关法律中也有提及在线用户隐私保护问题。在产业层面，我国大数据主要集聚北京、上海等经济较发达的地区，拥有良好的信息技术基础。据赛迪顾问中国云计算产业研究中心报告显示，2012 年我国初步形成大数据产业链雏形，国内许多信息技术企业也开始转向数据管理、应用和服务。在人才层面，随着大数据产业的迅速发展，数据科学家也应运而生，人才短缺会成为制约我国大数据产业发展的重要因素(迪莉娅，2014)。彭程等(2014)通过对我国大数据产业的现状调查，结合我国东中西部信息化发展情况，从政策扶持、投入力度，结合产品功能融合、网络融合、制造与服务融合、ICT技术向其他产业交叉渗透等角度，分析我国大数据产业区域发展现状。中国大数据产业仍在初期阶段，数据积聚区主要集中于经济相对发达的区域，如珠江三角洲、长江三角洲、环渤海及西部地区。陈立枢(2015)对中国与欧美发达国家在大数据产业发展方面进行分析比较发现，中国大数据产业仍处于初期发展阶段，在社会认知、扩大市场规模、强化产业支撑能力和优化政策环境等方面已取得一定成效，有利于大数据产业的可持续发展，发展态势良好。朝乐门等(2016)认为，我国大数据产业整体处于初步发展阶段，较发达国家相比仍有差距，还存在许多问题与挑战，并且发展趋势呈明显的垂直化趋势，仅限于区域与本部门数据的开发利用，缺乏条状结合，即跨部门、跨地区的应用不足。王伟玲(2015)指出，近年来我国大数据产业市场发展迅速，不断涌现出新技术和新应用，政府也越来越重视大数据的发展，大数据产业正逐渐由探索起步期迈入时间推进阶段，具体体现在政策环境逐步优化、市场规模高速增长和新技术新应用不断涌现。国外也有学者定义大数据产业的发展阶段。Yoo 等(2015)将大数据行业的发展定义为三阶段，即引入阶段、成长阶段和成熟阶段。在第一阶段——引入阶段，有数据的公司直接通过与服务和基础设施提供商签订的单独协议来开展服务，但这只适用于大公司。在第二阶段——成长阶段，服务和基础设施提供商与提供综合服务密切相关。在第三阶段——成熟阶段，有数据的公司直接开展服务并收费。为了振兴大数据行业，数据持有者在第一阶段扮演着非常重要的角色。

在发展机遇及竞争优势研究方面。总体而言，学者们普遍认为我国的市场、社会以及地理环境都为大数据产业提供了巨大的发展空间。李国杰等(2012)认为，政府、经济和文化等多个方面的因素综合在一起共同形成发展机遇，且这种机遇主要来源于产业外部。从经济和产业发展来看，宁家骏(2014)认为，大数据及其相关行业发展潜力巨大，我国生态地貌的独特性、经济发展的高速化和社会环境的日趋稳定化等方面，为大数据及其发展应用提供了巨大空间。刘岩(2015)认为，中国创新企业将在服务器、数据中心、应用软件等行业迎来全新机会，中国也有望在未来的 5～10 年成为全球最大信息技术市场。国内部分学者采用迈克尔·波特的“钻石模型”，从生产要素、市场需求、相关产业和支持产业、技术研发、发展机遇以及政府作用等六个方面研究我国大数据产业的竞争优势(迈克尔·波特，2012)，指出我国在高级生产要素、市场需求、相关产业和支持产业、政策支持等方面具有一定的优势，但在技术与研发能力方面还存在不足，缺乏大数据研发的主导企业与核心技术(张明哲，2010)。汪晓文等(2016)运用波特的钻石模型理论，通过对中、日、美三国大数据产业的生产要素、市场需求、相关产业和支持产业、技术研发、发展机遇、政府作用等六个方面的概述、分析及对比，指出我国大数据产业还处于发展的初级阶段，与美国、日本相比还存在着一定的差距，但我国大数据产业因发展基础良好并具备了某些领域的竞争优势，具有广阔的发展前景。

在影响因素、矛盾分析及优化研究方面。周瑛等(2017)指出影响大数据产业发展的因素包括宏观、中观以及微观等三个方面。宏观因素主要包括政府因素、经济因素、赎回因素、技术因素和市场因素五个方面；中观因素主要包括行业竞争因素、行业标准因素、行业特征因素及行业内部沟通因素四个方面；微观因素包括企业的组织管理方式、研发资金投入、企业人才比重和企业创新战略四个方面。在大数据产业发展过程中还存在着矛盾。杨倩倩等(2016)指出，从全球来看，大数据产业发展中存在数据洞见与隐私保护、数据规模与使用率、数据交易与数据主权之间的矛盾。国内对大数据产业的优化研究主要体现在发展矛盾和发展战略两个方面。彭程等(2014)认为，东部地区应专注于现代高科技信息技术，引入创新性商业模式并扩宽应用市场，重视顶层设计和方法论等研究，积极引导大数据产业快速发展；中部地区积极发挥在信息化、物联网研发和应用方面的领先优势，继续因地制宜认真实施相关发展规划，依据实际情况积极推动网络平台交流和共享建设，注重消除在利益分配等方面的差异和分歧，在区域内实现大数据产业有序发展；西部地区应参考中部和东部大数据产业的规划和建设经验，建设示范园区作为现代大型数据中心的工业园区，“以点带面，共同发展”，完善产业基础设施建设，引进更多有影响力的企业和运营商入驻，基于“硬件+软件+终端+服务”产业链的纵向整合，推动在信息产业组织方式上的深刻变革，开辟新的产业增长点，营造适合大规模数据产业发展的生态环境。陈立枢(2015)基于发展战略层面对中国大数据产业发展提出优化意见，即完善大数据产业发展战略规划，优化产业布局；依托大众创新、创业政策优化大数据产业发展环境；加强大数据共享平台与安全保障体系建设；实施融合发展战略，构建大数据产业发展生态体系。杨倩倩等(2016)认为要想解决大数据产业发展中存在的矛盾问题，首先需要推进产业政策、法律法规、标准体系等方面的建设；其次，要扶持大数据产业的软实力；最后，要确保产业结构的合理性。喻炜等(2016)从网络外部性和异质信息产品的角度构建了一个由政府、企业和消费者所组成的三阶段博弈模型，以解释大数据产业政策问题，并同我国大数据发展战略相结合，提出具体的产业政策意见，即实施准入扶持政策，降低信息使用成本、扩大信息采集范围、扩大用户规模、创新机制保护、鼓励基础研发与创新等。

3.1.3 贵州省大数据产业研究现状分析

在全国范围内，贵州首次将大数据作为省级发展战略，贵州大数据产业发展随着战略的实施越来越受到学者的广泛关注。归纳整理发现，国内学者主要集中于研究大数据产业的发展路径、应用实践、发展优势等。在发展路径方面，吴桂华(2014)认为，贵州大数据产业应坚持政府推动和市场主导相结合、培育形成完整的大数据产业链、适时申报国家级大数据科技产业园(产业基地)、加快培养大数据技术人才、促进大数据前沿技术创新的发展路径。在应用实践方面，贵州通过完善顶层设计、建立高效推进机制、搭建发展创业平台、扩大产业规模总量等手段来促进大数据产业应用落地，推动数据惠民(《中国信息安全》编辑部，2016)。在发展优势方面，贵州发展大数据产业主要有两大优势：具有气候凉爽、电力充足等先天优势和先发优势(马宁宇，2017)。此外，雷庭(2017)认为，影响大数据产业发展的因素主要有生产要素因素、市场因素和外部环境因素，生产要素因素包括技术、人才、资金三要素；市场因素主要指依托贵州大数据交易所的商业模式；外部环境因素指贵州拥有的生态和能源优势、政府制定的一揽子产业发展规划。贵州省政府提出以“344533”发展思路为引领，绘制大数据建设蓝图。“344533”即围绕回答“数据从哪里来、数据放在那里、数据如何使用”这三个大数据发展的核心问题，坚持“数据是资源、应用是核心、产业是目的、安全是保障”四个发展理念，建设“国家级大数据内容中心、服务中心、金融中心、创新中心”四个中心，打造“基础设施层、系统平台层、云应用平台层、增值服务层、配套端产品层”五个层级产业链，发展“大数据核心业态、关联业态、衍生业态”三类业态，实现“大数据提升政府治理能力、推动转型升级、服务改善民生”三个目的，统筹指导推动全省大数据发展(陈加友，2017)。根据《贵州省大数据产业发展应用规划纲要(2014—2020 年)》，贵州省大数据产业发展的基本原则为“应用驱动、创新引领、政府引导、企业主体、聚焦高端、确保安全”。陈加友(2017)指出，贵州精心培育大数据核心业态、关联业态、衍生业态(图 3.1)，应谋划推进一批引领性、应用性、支撑性的大数据项目。到 2017 年，贵州省关联业态企业、核心业态企业、衍生业态企业分别有 383、39、409 家，其中有 184 家亿元以上企业(图 3.2)。2016 年贵州大数据三类业态业务总收入达 1264 亿元，同比增长 46%，占全国比例为 3.8%(图 3.3)。

图 3.1　大数据产业三类业态圈层图[①]

图 3.2　2014～2021 年贵州大数据三类业态业务收入(陈加友，2017)

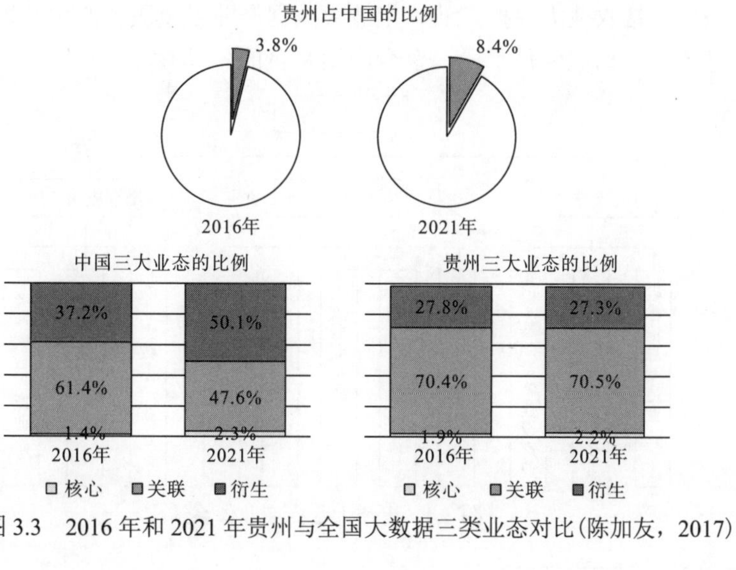

图 3.3　2016 年和 2021 年贵州与全国大数据三类业态对比(陈加友，2017)

① 图片来源于贵州省大数据发展管理局。

3.2 贵州省大数据产业体系的结构分析与优化

本节将重点分析大数据产业体系的结构，并在此基础上提出贵州省大数据产业的优化对策。

3.2.1 大数据产业体系的结构分析

2017 年发布的《中国大数据产业生态地图》将大数据产业分为数据服务产业、技术支撑产业和融合应用产业，它们分别以数据增值服务、数据处理软件和数据应用为代表①。在此之前，国外学者 Yoo 等(2015)提出，大数据产业是由数据持有者、服务用户、服务提供商和基础设施提供商构成的有机网络。国内学者党倩娜等(2015)指出大数据产业体系为“两纵三横”结构，“两纵”即基础开源层和商业应用层，“三横”包括分析系统、基础设施和应用工具，与大数据产业相关联的产业涉及电子信息、生物、高端装备制造等领域。朝乐门等(2016)认为，大数据产业主要由数据资源提供者(包括结构化和非结构化数据)、基础设施生产者和 IT 服务提供者构成，其产业链包括上游的数据源和下游的数据应用。邓子云等(2017)指出，大数据服务供应和行业应用共同构成大数据产业。

基于大数据产业的三类业态分布，根据与大数据关联的紧密程度，结合贵州大数据发展现状及相关政策文件，可将贵州大数据产业也分为三部分，即以基础支撑产业为主的关联产业、以数据服务产业为主的核心产业和以融合应用产业为主的衍生产业。同时每一部分可进一步细分：数据服务产业主要包括大数据存储业、大数据交易业、大数据采集加工业、大数据安全业和云平台服务业；基础支撑产业主要包括软件与信息技术服务业、电子信息制造业、信息基础设施建设产业；融合应用产业指大数据与三大产业相融合并广泛应用于各个领域，包括农业大数据产业、工业大数据产业以及服务业大数据产业(图 3.4)。基础支撑是基本，数据服务是手段，融合应用是目的(李坤，2016)。

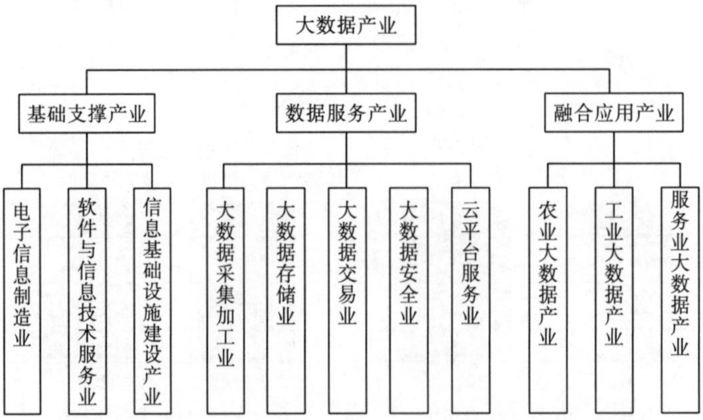

图 3.4 贵州大数据产业体系结构

① 《2017 中国大数据产业生态地图暨中国大数据产业发展白皮书》[EB/OL].https://www.sohu.com/a/162207248_783417 [2018-06-12]。

下面从基础支撑产业、数据服务产业和融合应用产业三个层面对大数据产业体系结构进行分析。

1. 基础支撑产业

基础支撑产业是大数据产业发展的基本，它与大数据核心业务紧密相连。基础支撑产业具体包括电子信息制造业、软件与信息技术服务业、信息基础设施建设产业。电子信息制造业主要是指计算机、通信和其他电子设备制造业，包括显示器、智能终端、集成电路以及电子材料和元器件制造。软件与信息技术服务业包括软件产品和数据库技术、软件外包等信息技术服务。信息基础设施建设产业指与大数据产业有关的通信工程建设，包括光缆建设、基站建设、互联网出省带宽建设等。这些细分产业围绕大数据产业发展所需的硬件设施和软件技术而展开，是大数据产业发展的前提条件。

1) 电子信息制造业

2014 年 3 月 1 日，“贵州・北京大数据产业发展推介会”在北京正式拉开序幕。同时，贵州把目光瞄准大数据“蓝海”，把发展大数据作为弯道取直、后发赶超的战略引擎，这一年也被誉为贵州大数据元年①。“云上贵州”系统平台也于同年 10 月正式开通上线，成为全国第一个省级政府数据统筹存储、管理、交换、共享的云服务平台(孙琳佳等，2018)。《贵州省大数据产业发展应用规划纲要(2014—2020 年)》指出，贵州省将日益重视电子信息产业，与大数据密切联系的物联网、下一代互联网、云计算、软件、集成电路等均被列为发展重点，从而为贵州大数据产业发展提供产业基础②。根据 2017 年国家统计局发布的《国民经济行业分类》(GB/T 4754-2011)，计算机、通信和其他电子设备制造业包含计算机制造、通信设备制造、电子器件制造等，涵盖了大数据产业所需的硬件设备制造。图 3.5 收集了 2014～2017 年贵州省计算机、通信和其他电子设备制造业的增加值及增长率数据，并将这几年贵州省计算机通信和其他电子设备制造业的增长数据与全国同期电子信息制造业增长数据作对比，对贵州省自大数据产业兴起以来发展至今的电子信息制造业发展现状进行分析。

从图 3.5 中可以看出，自 2014 年贵州省大数据产业兴起，截至 2017 年，全省规模以上计算机、通信和电子设备制造业增加值持续增长，每年增速均在 20%以上，并于 2015 年达到最高。这一年贵州大数据探索开始向全社会铺开，贵阳・贵安大数据产业发展集聚区的获批建设，标志着中国首个国家级大数据发展集聚区正式在贵州“落户”(孙琳佳等，2018)。同时贵州省人民政府也印发《贵州省信息基础设施建设三年会战实施方案》等相关文件，以支持大数据基础项目建设(薄文广等，2017)。在大数据产业的推动下，以计算机、通信和其他电子设备制造业为代表的电子信息制造业正迅速发展。增速虽有所回落，但绝对值一直保持持续增长，说明随着贵州大数据产业的发展，其计算机、通信和其他电子设备制造业也在不断向前发展。

---

① 大数据成为世界认识贵州的新名片[EB/OL].http://www.gzdsj.gov.cn/xwzx/gzpd/201801/t20180130_2986870.html[2018-06-12]。

② 贵州省大数据产业发展应用规划纲要(2014-2020 年)[EB/OL].http://www.gzjxw.gov.cn/zwgk/xxgkml/ghjh_40769/zqfzghgy_40770/201611/t20161110_1346926.html[2018-06-02]。

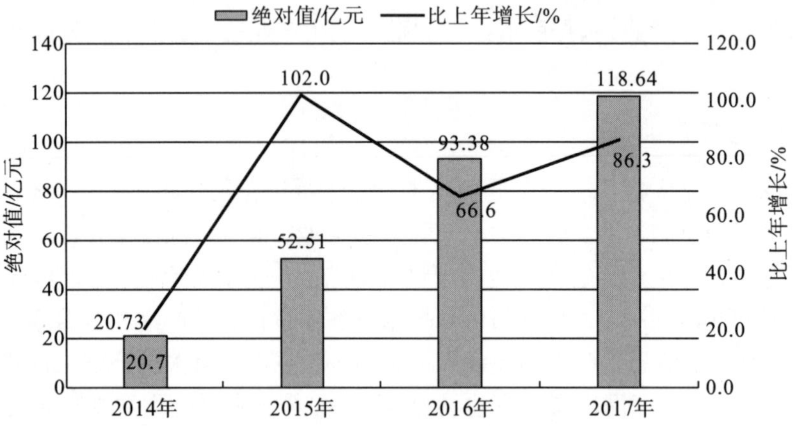

图 3.5 2014～2017 年贵州省规模以上计算机、通信和其他电子设备制造业增加值及增长速度①

从全国来看，2014～2017 年规模以上电子信息制造业增加值增速稳定，均维持在 11%左右(图 3.6)。与全国增速相比，贵州省规模以上计算机、通信和其他电子设备制造业的增加值增速均大于全国增速。目前我国大数据产业发展还处于初步阶段，且区域分布明显，中部和西部渐渐成为产业发展的新增长点(廖劲为等，2018)。贵州抓住大数据产业发展契机，抢先布局大数据战略，使贵州以服务大数据为主的电子信息制造业发展进入了快车道(廖劲为等，2018)。

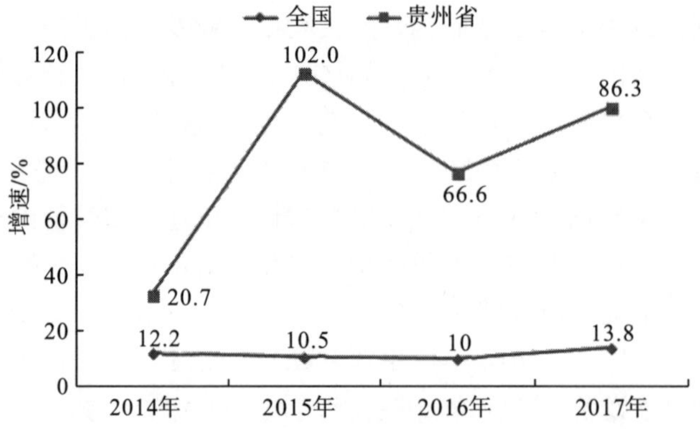

图 3.6 2014～2017 年全国与贵州省规模以上电子信息制造业的增长速度①

2) 软件与信息技术服务业

2017 年《国民经济行业分类》(GB/T 4754-2011) 把软件和信息技术服务业划分为软件开发、集成电路设计、信息系统集成和物联网技术服务、信息技术咨询服务、数字内容服务等，涵盖大数据产业发展所必需的软件开发和技术服务。图 3.7 显示，2017 年 1～7 月我国软件和信息技术服务业持续平稳。从累计完成收入来看，以东部地区为主，西部地区次之。从累积增速来看，东部及东北地区略低于全国平均水平，中、西部地区仍较快。

① 数据来源于《贵州统计年鉴》(2018)。

我国东部地区经济发展起点比其他各地区高，拥有良好的产业环境和政策环境，并逐渐形成良好的产业基础，其软件业发展水平远超过其他地区，但近年来由于受到区域经济发展水平、信息化环境、政策支持等因素的制约，其软件业发展进程较西部而言相对缓慢(表 3.1)①。西部地区软件业与东部地区相比，起步明显较晚、起点低、产业规模弱小，因此西部地区软件业发展水平远不如东部地区。但随着国家对西部地区的投资和优惠政策的逐步开放，东部工业正向西部转移，从而推动西部地区软件业的发展。因此，西部地区软件业虽累计完成业务收入占比远不如东部地区，但其增长速度已超过东部地区。

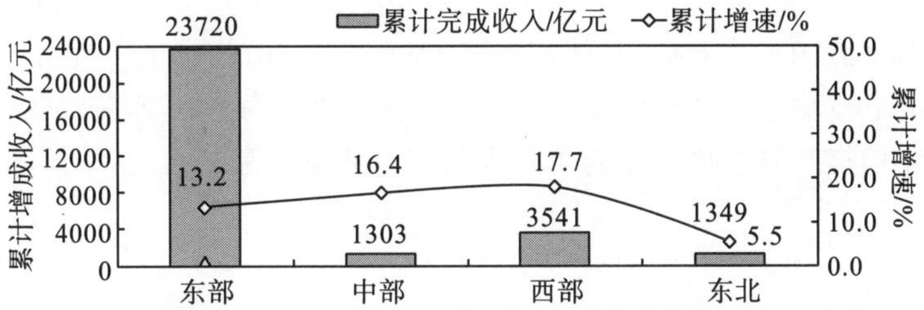

图 3.7　2017 年 1～7 月全国软件业收入分区域增长情况②

表 3.1　2018 年 1～4 月西部地区软件业主要经济指标完成情况

地区	软件业务收入		(一)软件产品收入		(二)信息技术服务收入		其中：运营服务收入		集成电路设计		(三)嵌入式系统软件	
	本期累计/万元	同比增速/%	本期累计/万元	同比增速/%	本期累计/万元	同比增速/%	本期累计/万元	同比增速/%	本期累计/万元	同比增速/%	本期累计/万元	同比增速/%
内蒙古	48936	-54.9	28998	38.1	19339	-77.8	360	125.0	129		599	9.9
广西	389008	13.1	38808	-67.7	312575	42.2	199371	388.8	989		37625	892.5
重庆	4760740	18.5	1151613	15.3	2751476	19.4	480660	29.3	12946	11.8	857651	20.3
四川	8573574	10.8	3534424	6.0	4918841	13.1	891911	160.1	174866	2.4	120309	131.8
贵州	502384	28.7	53209	-70.6	426713	105.0	126886		11949		22462	1612.0
云南	125965	8.9	25059	7.1	99038	8.8	26813	50.8	545	-96.0	1869	55.9
陕西	6135100	17.9	1713700	18.5	3935700	18.0	254500	18.5	243100	16.5	485700	15.0
甘肃	85252	7.6	27188	5.7	57784	8.5	22678	19.2	228	29.5	281	0.1
青海	1364	-48.6	395	25.5	529	-65.6	50	-67.5			439	-45.0
宁夏	35862	17.7	13456	8.2	19358	23.7	2357	56.8			3048	27.4
新疆	97835	-1.6	31235	26.9	64005	-13.2	12800	-40.8	6339	-38.3	2595	147.8

位于中国西部的贵州省，近年来在大数据发展战略的推动下，软件和信息技术服务业正蓬勃发展。根据贵州省大数据发展管理局发布的数据显示，2017 年 1～7 月(图 3.8)③，贵

① 2018 年 1－4 月软件和信息技术服务业主要经济指标完成情况表(一)[EB/OL].http://www.miit.gov.cn/newweb/ n1146312/n1146904/n1648374/c6196075/content.html.[2018-06-12]。

② 图片来源于《贵州统计年鉴》(2018)。

③ 数据来源于中国工信部、贵州省大数据发展管理局。

州省软件和信息技术服务业(全口径)收入高于 2017 年度目标 6.1 个百分点，同比增长 36.1%，占全年 260 亿元目标任务的 64.2%，进度快于预期。贵州软件业取得初步成效，但就整个西部地区而言，贵州省完成收入占比并不高，仅 4.7%[①]。软件业具备高效益、高产出、污染少等特点，能够推动传统产业向现代产业改造和升级。根据中国工信部最新发布的数据，在 2018 年 1～4 月全国各省软件业主要经济指标完成情况中，贵州省软件业总体呈增长趋势，软件业务收入为 502345 万元，同比增长 28.7%，其中信息技术服务收入、嵌入式系统软件收入增长较快，但软件产品收入同比下降 70.6%。在除西藏外的整个西部地区中，以陕西省、四川省、重庆市为主，占比分别为 31%、37.3%、24.2%[②]。贵州省在信息技术运营服务方面占比 6%，其他均占比 1%～3%[②]。由此可见，贵州省软件业虽发展较快，但发展水平与发达地区相比差距较大。而软件业作为基础支撑产业之一，是大数据产业发展的基本前提，其发展水平与贵州大数据产业发展密切相关。

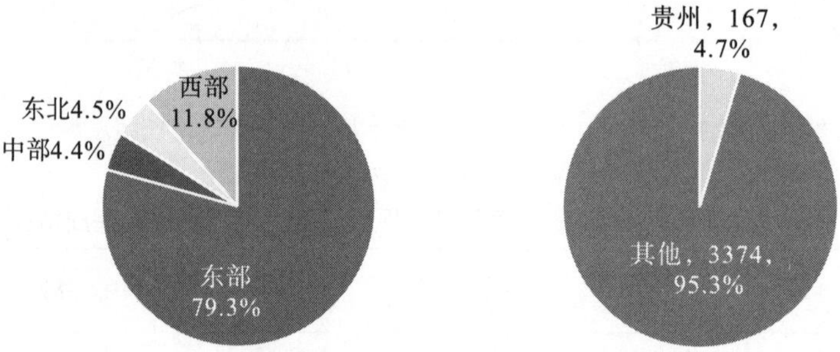

图 3.8 2017 年 1～7 月全国软件业收入分区城占比情况[①]

3)信息基础设施建设产业

2016 年 2 月 25 日，贵州被批准建设全国第一个国家级大数据综合试验区。贵州紧抓这一时代机遇，以基础设施和平台建设为切入点（廖劲为等，2018），全面发展大数据，在数据资源“聚通用”等方面取得了一定成果（陈加友，2017）。图 3.9 收集了 2016 年贵州省获批建设全国首个国家级大数据综合试验区以来以光缆建设、基站建设、互联网建设为主的信息基础设施建设产业的相关数据。

同 2015 年相比，2016 年末贵州省互联网出省宽带提升 49.7%，光缆线路长度、互联网宽带接入端口数、移动电话基站数分别增长 24.2%、19.5%、35.5%。在政府的引导下，大数据产业的数字设施建设正持续稳定推进。根据贵州大数据发展管理局统计的数据显示，到 2018 年 3 月份，贵安新区完成 30 户以上自然村 4G 网络全覆盖，贵阳、遵义 30 户以上自然村 4G 网络覆盖率达 80%以上；4 月份全省新增通信光缆 1.07 万千米，总长度达 91.62 万千米，新增广电光缆 2.4 万千米，总长度达 21 万千米，双双创历史新高。虽然近年来贵州在信息基础设施建设方面卓有成效，但较发达地区相比仍显不足，主要体现在缺乏充足的资金投入、基础建设较薄弱以及信息网络覆盖面有待拓展(陈加友，2017)。

① 2018 年 1—4 月软件和信息技术服务业主要经济指标完成情况表(二)[EB/OL].http://www.miit.gov.cn/ n1146312/n1146904/n1648374/c6196068/content.html[2018-06-12]。

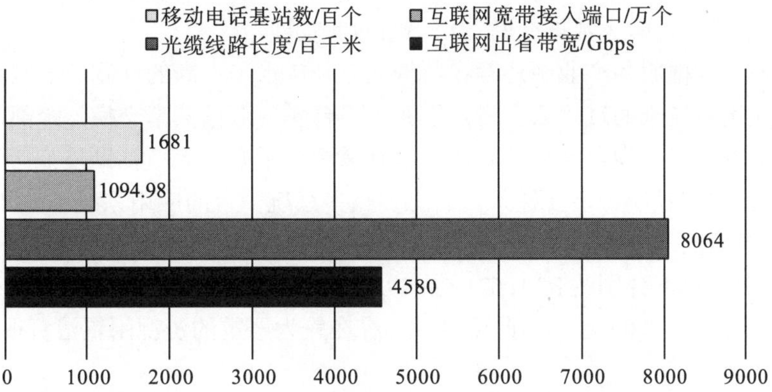

图 3.9　2016 年贵州省大数据信息基础设施建设情况①

2. 数据服务产业

从国内外有关学者关于大数据产业的研究中可以发现，大数据产业的核心在于大数据管理和数据价值实现。数据服务产业是指围绕数据生命周期提供相关数据增值服务的一系列产业，对大数据的收集管理，运用相关信息技术发现和挖掘数据价值，正是大数据产业的核心体现。数据服务业主要指与大数据采集、加工、存储、交易、安全、云平台服务等相关的产业。到 2017 年，贵州省核心业态企业共 39 家，共引进国家部委、行业及标志性企业各类数据资源 45 个，三大电信运营企业在贵安新区的数据中心正式商用，苹果、华为、腾讯等大型龙头企业纷纷将数据中心定位贵州(陈加友，2017)。

"云上贵州"系统平台是全国第一个省级政府数据统筹存储、管理、交换、共享的云服务平台(李坤，2016)。通过政府数据整合、共享、开放，带动企业、社会数据集聚及开发应用，从而提升政府治理现代化水平能力，推动产业发展，服务改善民生(陈加友，2017)。云上贵州系统平台可对外提供多媒体大数据的视频云服务：即面向政府和企事业单位提供视频基础业务、增值业务等云计算服务(陈加友，2017)。贵州省通过"云上贵州"平台促进数据资源向开放共享方向发展，同时围绕电子政务、工业、智能交通、食品安全、智慧旅游、电子商务和环保等方面全面建设"7+N"朵云，推动云计算和大数据服务平台面向公众、政府和企业。目前，在贵州省政府数据开放平台中，面向公众开放数据资源的省直部门已达 57 个(陈加友，2017)。全球第一个大数据交易所——贵阳大数据交易所的建成，推动着大数据交易业发展。截至 2017 年 10 月，累计实现交易金额突破 1.2 亿元，交易框架协议接近 3 亿元，签约交易会员超过 2000 家，已成功接入了 225 家累计超过 150PB 的数据源，并与 100 多个省市政府进行了业务交流与合作，在政府数据开放方面发挥了重要作用②。并且，这 2000 多家会员中涉及金融、农业、通信等 20 多个行业，其中金融、互联网、营销、IT 类会员数量位居前四，会员数量占 47.81%，占据了所有会员的近半壁江山。而从数据的成交率来看，排在前三位的分别是：金融数据(22.6%)，行为数据(10%)，

① 数据来源于贵州省统计局。

② 贵阳大数据交易所[EB/OL].http://www.gbdex.com/website/view/aboutGbdex.jsp[2018-06-15]。

企业数据(9.6%)[①]。贵阳大数据交易业正不断向前发展。

但在贵州省数据服务产业中还存在数据共享开放水平不高的问题。一些地方和部门、大部分核心应用系统未通过“云上贵州”系统平台实现数据共享交换，跨部门、跨行业、跨层级的“数据壁垒”现象严重，还出现云计算资源浪费、系统活跃度低等诸多问题(陈加友，2017)。据文献统计，在迁入“云上贵州”系统平台的应用系统中，开通的云服务器CPU利用率偏低，在2017年5月份申请使用的2108台ECS云服务器中，CPU及内存利用率10%、20%以下分别达339、621台；297台RDS数据库服务器中，内存利用率10%、20%以下分别达153、207台，由此可见，仍存在较为严重的资源闲置浪费现象(陈加友，2017)。

表3.2 贵阳大数据交易所发展成就[②]

指标	成就
交易额/亿元	＞1.2
交易框架协议/亿元	3
发展会员/家	>2000
优质数据源/家	225
可交易数据产品/个	4000
可交易数据总量/PB	>150

3. 融合应用产业

融合应用产业是指大数据与各行业、各领域相结合并应用而产生的衍生产业。融合应用产业几乎可以涵盖到三次产业的各个产业，可进一步细分为农业大数据产业、工业大数据产业和服务业大数据产业。农业大数据产业是将大数据与传统农业相结合，以智慧农业为代表；工业大数据产业是将大数据与传统工业制造相结合，以智能制造为代表；服务业大数据产业是将大数据与医疗健康、金融、旅游、教育、交通运输业等服务业相结合，主要有智慧健康、互联网金融、智慧旅游、智慧教育、智慧交通、智慧物流等产业(陈加友，2017)。

贵州大数据产业正逐步向三次产业、产业链各个环节不断延伸，并取得了初步成效。大数据在工业领域融合性较为突出，尤其在装备制造业等新兴产业领域，突出地区当属贵阳、遵义；在与服务业融合过程中，容易衍生出新的发展业态和发展模式，在旅游、电商、金融和物流四大行业中尤为突出；同时，农业也成为大数据融合应用的重点方向，农村电商得到广泛关注[②]。据贵州大数据发展管理局的数据显示，2017年1～6月，贵州省大数据与服务业融合取得实效。上半年服务业增加值增长11.5%，比一季度加快0.1个百分点。以云计算、大数据为代表的新信息技术快速渗透，与服务业深度融合，促进营利性服务业增加值增长18.8%，比一季度加快2.6个百分点，并拉动经济增长1.3个百分点。现代金融、现代物流等生产性服务业也在加速发展。全省规模以上服务业企业营业收入同比增长

① 贵阳大数据交易所会员突破2000家[EB/OL].http://www.gzdsj.gov.cn/xwzx/gzpd/201803/t20180319_3007350.html[2018-06-15]。

② 数据来源于贵阳大数据交易所；数据截止时间为2018年3月。

13.6%，其中体育业、娱乐业和文化艺术业增长尤为迅速①。表 3.3 为贵州省 2017 年上半年大数据与服务业融合发展情况。

表 3.3　贵州省 2017 年上半年大数据与服务业融合发展情况②

行业		营业收入增加值同比增长/%
服务业		11.5
营业性服务业		18.8
生产性服务业	金融业	13.0
	交通运输、仓储和邮政业	9.3
全省规模以上服务企业		13.6
体育业		103.7
娱乐业		91.5
文化艺术业		220.1

尽管贵州省大数据在如此短的时间内与服务业融合取得了一定成就，但从总体上来说，贵州省大数据与传统产业、实体经济融合仍不够，还处于起步阶段。根据贵州省大数据发展管理局对全省 13390 家企业、120 万条数据条目的分析得出，目前贵州大数据与实体经济融合发展水平较低，仅 33.8%，尚处于起步阶段③。如图 3.10 所示，尚处于融合起步建设时期的企业达 62.1%，32.5%的企业处于单项覆盖的融合中级阶段，5.4%的企业进入了集成提升和创新突破的融合高级阶段④。

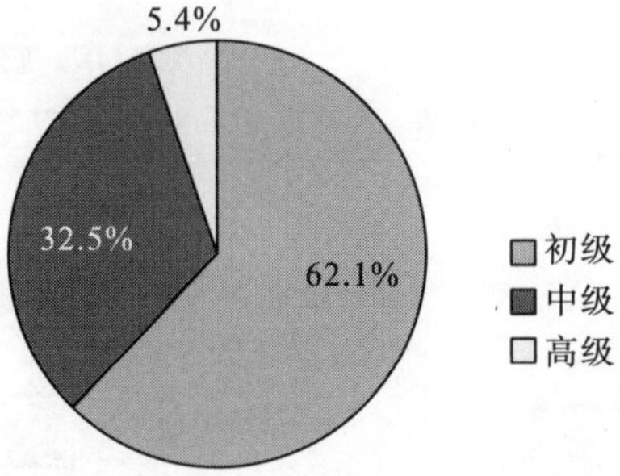

图 3.10　贵州省大数据与实体经济深度融合发展阶段分布⑤

从三次产业融合发展水平看，大数据与工业、服务业、农业融合水平分别为 35.6、31.6、31.3（图 3.11）。贵州融合发展水平从高到低依次为工业、服务业和农业，其中领军企业主

① 2017 年 1～6 月贵州大数据与服务业融合发展取得实效[EB/OL]. http://www.gzdsj.gov.cn/zwgk/xxgkml/tjsj/201709/t20170917_2672378.html[2018-06-12]。

② 数据来源于贵州省大数据发展管理局。

③《贵州省大数据深度融合发展研究报告》[EB/OL].https://www.gzdata.com.cn/c70/20171220/i4332.html[2018-06-15]。

④ 贵州大数据与实体经济深度融合实践[EB/OL].http://www.cbdio.com/BigData/2018-03/21/content_5692914.htm[2018-06-15]。

⑤ 图片来源于贵州省大数据与实体经济深度融合诊断服务平台。

要集中于工业[①]。在大数据与工业融合发展中，采掘业、制造业处于初级阶段，电力呈现由中级向高级的发展态势(图 3.12)；在大数据与服务业融合发展中，交通物流业、产品批发服务业处于发展初期，软件和信息技术服务业、信息传输服务业发展较均衡，以中级阶段为主(图 3.13)；在大数据与农业融合发展中，大数据与农产品种植业、林业、畜牧业发展处于初、中级阶段(图 3.14)。总的来说，目前贵州大数据与三次产业的融合发展水平低于全国平均水平。

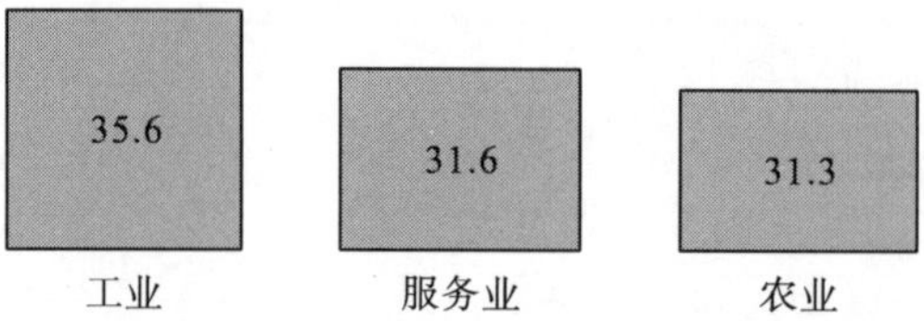

图 3.11 大数据与三次产业融合水平[②]

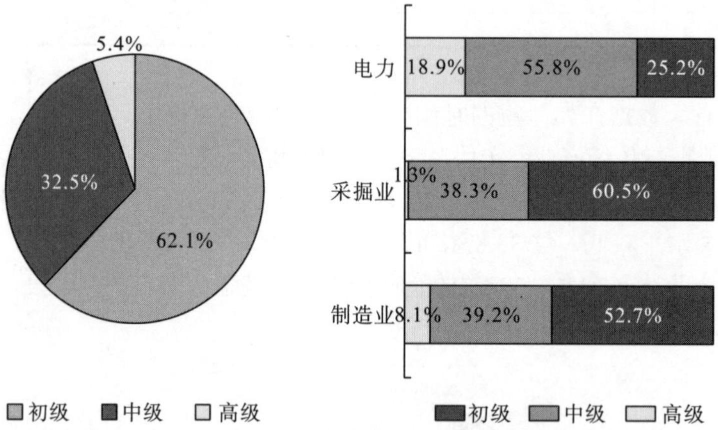

图 3.12 大数据与工业融合发展

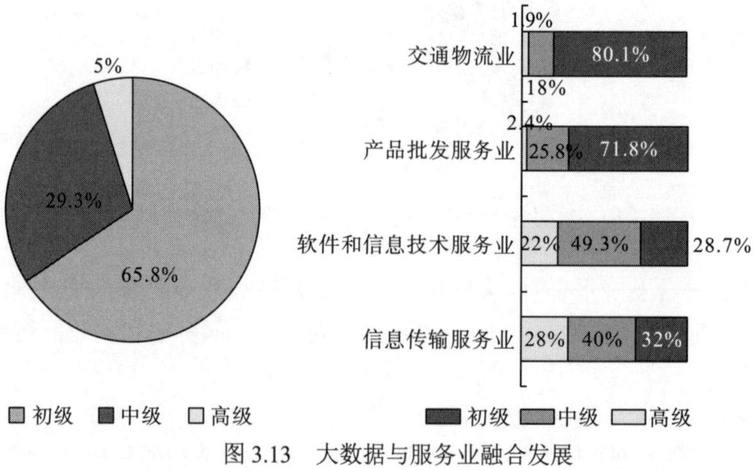

图 3.13 大数据与服务业融合发展

① 贵州大数据与实体经济深度融合实践[EB/OL]. http://www.cbdio.com/BigData/2018-03/21/content_5692914.htm[2018-06-15]。

② 由于融合水平是通过数据归一化测算得出，用以衡量大数据与三次产业之间的融合程度，因此没有具体单位；数据来源于《贵州省大数据深度融合发展研究报告》。

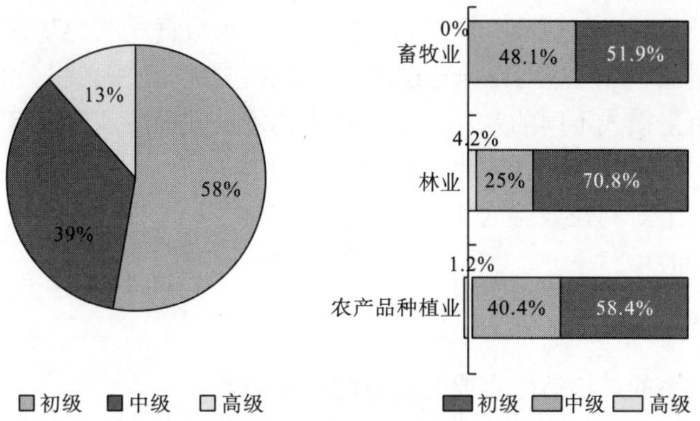

图 3.14　大数据与农业融合发展阶段[①]

3.2.2　贵州省大数据产业体系的结构衍生机制

探讨大数据产业体系的结构衍生机制，有助于提出产业体系的优化对策。

1. 衍生条件

大数据产业和其他任何事物一样，都有产生、发展和衰退的过程，即具有自己的生命周期。在大数据产业的整个生命周期中，随着环境、技术等因素的变化，其产业结构会不断变化以适应自身发展的需要。下面从产业集群、技术进步两方面对大数据产业体系的结构衍生条件进行分析。

产业集群是指相同、相近与相关产业的企业聚集在某地区，并吸引为其服务的相关机构也进驻该地区，从而共同构成的群体；或指在特定的领域中“一群在地理上集中”且相互关联性的企业、专业化供应商、服务供应商、相关产业的厂商以及相关的机构，如大学、制定标准化的机构、产业协会等(房海鹏，2007)。产业集群是一种处于中间并具有专业性、网络性、集中性以及地域性特征的组织形态(房海鹏，2007)。产业集群的形成主要有两种方式：一种是利用软硬件的区域优势，吸引区外企业集群；另一种是随着专业化分工精细化和生产环节碎片化，区域内企业不断衍生出新企业，各企业分工协作共同构成相互关联的企业网络集群(郭普松，2014)。在产业集群的形成过程中，产业内部形成新的分工，衍生出更适合自身发展需求的结构。

技术进步是结构衍生的重要推动力。科学技术是第一生产力，现代科技在生产力中所占的比重越来越大，也被各产业经营者广泛重视。技术的进步不仅仅局限在本产业，而且很容易形成技术外溢效应，广泛地扩散到紧密度较高的相关产业或者不相关产业中(房海鹏，2007)。而新的科技与原有产业的结合要么促进产业的升级，要么催生新的产业，从而推动产业结构衍生，形成新的产业结构。

2. 衍生模式

对比企业衍生，产业结构也可向横向和纵向两个维度衍生。在横向衍生模式中，同一

① 图片来源于贵州省大数据与实体经济深度融合诊断服务平台。

产业链节点由于技术外溢效应而延伸至相关产业。在大数据产业的基础支撑层这一节点，不仅包括电子制造业、信息基础设施建设产业，还应包括与之密切相关的软件与信息技术服务业。与横向衍生模式不同的是，纵向衍生模式重点强调产业链前后节点的相互关系，考虑到分工和技术的专业化和合理化，要保持差异互补的专业技术、交叉错合的市场空间、协同配套的生产环节等利益兼容的相互合作关系，是一种专业化分工衍生模式(郭普松，2014；房海鹏，2007)。

3. 影响因素

大数据产业体系的结构衍生主要有两方面影响因素。

(1)产业集群区域内产业分工。产业集群中各企业间相互合作并进行专业化分工，它们相互依赖并在价值链中实现价值共享。产业化分工的生产方式能够适应动态变化的复杂市场环境，并且一大批专门从事一项或少数几项工序的企业随着分工深入和产业链延长而不断涌现，进而影响产业结构衍生。这种专业化分工衍生模式加强了产业集群对市场变化的适应能力，能够增加原料、设备等供给的规模效益，从而促进大数据产业发展规模化(吴士健等，2010)。同时，分工的深入化又带来了新的产业价值链，使产品逐渐向高技术含量、高附加值的方向发展，从而实现产业集群价值链的升级(吴士健等，2010)。

(2)政府政策。虽然在市场机制下产业集群能够自发形成，但政府的作用不容忽视，具体体现在政府为产业集群和结构衍生提供了良好的发展条件和外部环境，引导其合理有序发展(吴士健等，2010)。政府可以发挥带头作用，增强区域内制度创新力和技术创新力，强化区域创新创业机制，为产业集群即结构衍生的健康发展提供保障(吴士健等，2010)。

3.2.3 贵州省大数据产业体系的结构优化策略

从大数据产业的结构分析以及结构衍生机制的角度，对贵州省大数据产业体系结构中存在的问题进行分析，从而进一步提出相应的优化建议。

1. 贵州省大数据产业体系结构存在问题分析

发展大数据产业主要有三个环节，首先要具备硬件设备、基础软件和技术服务等基础设施，这是必要前提。其次围绕数据的生成、采集、存储、应用的整个生命周期，运用相关技术分析并发现数据价值，为数据的增值服务。最后将提取到的数据应用于各个领域。三个环节之间相互联系、层层递进。近年来，贵州大数据产业发展迅速，但产业链还需完善，仍存在以下问题。

(1)产业支撑环境尚不健全[①]。随着大数据上升为国家战略，贵州省获批建设国家级大数据综合试验区以来，电子信息制造业进入快速发展时期，但目前电子信息制造业还存在规模偏小、企业数量少、市场占有率低等问题，软件与信息技术服务业发展不均衡。根据2018 年 1 月中国工信部发布的全国各省区市软件业主要经济指标完成情况的数据来看，

① 《贵州省“十三五”以大数据为引领的电子信息产业发展规划》[EB/OL].http://www.yunzhengwu.net/Soft/jhfa/2018/04/20/0933279363.html[2018-06-15]。

贵州省软件业总体上呈持续增长趋势，其中信息技术服务、嵌入式系统软件增长迅速，尤其是嵌入式系统软件，收入同比增长 16.12%。而软件产品出现负增长，呈下降趋势。作为大数据产业发展的基础支撑产业，软件与信息技术服务业贯穿整个大数据产业链，其发展的不平衡也会在一定程度上阻碍大数据产业的发展。同时，信息基础设施尚不完善，与发达地区相比仍然薄弱，这与日益增长的大数据应用需求有很大差距。由于受经济发展水平、人才素质等因素的制约，导致贵州省的产业基础较薄弱、产业结构基础支撑能力较弱。

(2) 数据开发利用水平偏低，“数据壁垒”仍然存在。截至 2017 年，部分单位迁入云上贵州系统平台应用系统，开通的云服务器 CPU 使用率低，空置浪费现象严重，数据开发利用的水平还不高(陈加友，2017)。截至 2018 年 4 月，在贵州省政府数据开放平台中，开发数据集已有 1604 个，开放文件有 1318 个，开放部门总数达 57 个，涵盖财政金融、交通运输、医疗卫生、生活服务等领域，但仍有些地方和部门大部分核心应用系统未实现数据开放共享，“数据壁垒”现象仍然存在[①]。

(3) 融合应用水平较低。贵州大数据与三次产业的融合主要集中于工业大数据，但即便是在工业领域，也应重点关注研发生产等相关环节[②]。大数据与传统产业融合仍不够，近年来在贵州开展的“千企改造”大数据助力企业转型升级专项行动、“大数据+产业深度融合行动计划”中，除一些传统大型企业外，其他企业的积极性并不高，效果并不理想(陈加友，2017)。因此，贵州省在大数据融合应用方面还有待深入。

2. 贵州省大数据产业体系优化建议

(1) 加强产业基础建设。目前贵州大数据产业虽得到快速发展，但产业基础薄弱。贵州省在设备制造、数据库技术和通用数据分析工具等基础性通用数据技术方面与东部发达地区相比差距较大，产业结构基础支撑能力相对薄弱(周瑛等，2017)。加强产业基础建设应首先从基础支撑产业入手，主要从三方面展开：发挥优势大力发展智能手机、芯片与集成电路、电子材料和元器件等电子信息制造业，同电子信息制造业设计相结合，主要是提高当地基础配套产业的支撑能力，在大力引进培育高端企业的同时，还要努力扩大产业范围(吴桂华，2014)；加大力度培育和发展软件产品研发，保持信息技术、信息系统集成等信息技术服务业的良好发展态势，促进软件业各个细分产业协调发展；加快推进大数据产业基地、信息基础设施建设。

(2) 加快推进大数据基础平台建设，提高数据共享开放水平。在基础的数据服务方面，最显著的特点就是数据开放程度不高，其原因主要归结于政府对大数据产业开放引导力度不足、大数据行业资源共享意识不强及由于经济发展因素所导致的大数据基础平台建设不完善(周瑛等，2017)。针对此现象，贵州省应加强大数据内容中心、服务中心、金融中心和创新中心建设，持续推进数据的采集与管理工作，确保全省公共数据“统筹存储、统筹规范、统筹共享、统筹安全”，实现与国家平台互联互通，从而提高数据共享开放水平[①]。同时，要以贵阳大数据交易所为载体，加快打造全国大数据交易中心，建成中国南方数据中心；推

① 贵州省政府数据开放平台[EB/OL].http://www.gzdata.gov.cn/index.html[2018-06-15]。

② 贵州大数据与实体经济深度融合实践[EB/OL].http://www.cbdio.com/BigData/2018-03/21/content_5692914.htm[2018-06-15]。

进贵阳·贵安国家级互联网骨干直联点建设，争取建设国际通信专用通道，提升网络骨干传输和交换能力，进一步扩大信息网络覆盖面①。

(3) 推进大数据国际合作，提高大数据融合应用水平。大数据产业市场分工不够细化等因素都可能制约大数据交易市场的规模发展，阻碍大数据产业结构和产业集群的形成(周瑛等，2017)。在大数据与传统产业、实体经济融合时，要明确大数据产业和传统产业、大数据与实体经济之间的关系，尤其在利用大数据产业来推动传统产业的升级和发展时，要避免片面追求大数据产业的畸形发展(周瑛等，2017)。在与三大产业进行融合应用时，对工业大数据要重点关注研发生产等关键环节，把握机遇并强化大数据在工业领域的应用，还要积极推进大数据在农业和服务业的融合应用。此外，贵州省应积极开展大数据国际合作，借鉴国外大数据产业发展的先进经验、模式和制度体系，引导企业加强大数据关键技术、产品的研发合作，为大数据融合应用奠定基础①。

(4) 积极引导大数据企业发挥龙头性、标杆性、带动性作用。贵州大数据产业中龙头性企业不多，2017 年贵州大数据核心业态企业仅 39 家左右，而核心产业又是大数据产业中最为重要的部分。部分国内外知名大数据企业虽然已落地贵州或在贵州建立分公司，但大多数以开拓市场或建设数据中心(备份中心)为主，影响力有限，很多大公司在贵州未布局研发团队、未建区域性总部。基于此，政府应健全以数据采集与分析、挖掘、可视化等为关键环节的大数据产业全生态链，积极引导大数据企业稳步发展，加强对经济社会转型升级的引领带动能力；大数据企业要积极参与支撑性、带动性强的大项目，充分发挥带头作用(陈加友，2017)。

3.3 贵州省大数据产业体系的功能分析与优化

各地区的大数据发展水平不同，其体现的功能也有差异。本节通过研究贵州省大数据产业体系的功能体系和影响机理，提出其功能优化的对策和建议。

3.3.1 大数据产业体系的功能分析

根据 2018 年 5 月发布的《中国大数据发展报告》，各地区的大数据发展指数不同，省域间差距明显。东部地区大数据发展优势突出；西部地区内部差距较大，其中，贵州进入总排名前十位，大数据发展指数为 40.24，位居第 7(连玉明，2018)。本书在大数据发展指数评价指标体系的基础上，归纳并整理出贵州大数据产业体系的功能评价指标，总体分为经济功能、社会功能、政治功能以及生态功能四个方面。

1. 经济功能

大数据产业的经济功能主要体现在市场贡献、商业及应用普及等方面。据贵州省大数据发展管理局统计，在 2017 年，贵州大数据产业发展节节攀升，大数据主体产业拉动工

① 《贵州内陆开放型经济试验区建设规划》[EB/OL].http://www.gzhjbh.gov.cn/zwgk/zfxxgk/ szfwj/806963.shtml.[2018-06-15]。

业增长 1.5 个百分点，与电力并列成为工业第二大增长点，并且 2018 年 1～2 月，大数据主体产业拉动工业增长 0.3 个百分点，对工业增长贡献率达 2.7%。同时，大数据产业与信息产业密切相关，软件和信息技术服务收入占 GDP 的比重也可作为市场贡献的衡量指标。市场贡献还体现在数字经济与电子商务发展方面。数字经济是指数字技术被广泛应用，信息和商务活动数字化的经济系统，具体业态包括电子信息制造业、信息通信业、软件服务业等。大数据产业的发展推动着传统的技术经济范式向创新应用推动的数字经济范式转变。数字经济发展指数是新经济发展的重要衡量杠杆，也是大数据产业促进地区经济转型发展的最佳体现。根据 2018 年 5 月发布的《中国电子商务发展指数报告(2017)》，在全国省级行政区域电子商务发展指数排名中，贵州居第 12 位，电子商务发展指数为 23.49，属于中间省份。排名前三位依次为广东、浙江、北京，电子商务发展指数分别为 66.36、53.74、47.12。贵州的电子商务发展的规模指数、支撑指数以及渗透指数均不高，但成长指数位居第二，表明贵州电子商务在大数据产业的驱动下发展前景巨大①。

2. 社会功能

大数据产业的社会功能主要体现在信息水平、就业水平和公共服务领域。大数据产业的发展正推动着人类自农业社会、工业社会之后，迈向更高的社会发展阶段——数字社会②。在信息水平方面，大数据产业发展正推动着信息技术不断进步，社会的信息水平也在不断提升。从 2012～2015 年，贵州省大数据电子信息产业年均增长达到 64.6%，大数据信息化水平也在全国名列前茅，并且在 2015 年贵州省信息化发展指数达 9.99，位居全国第四(雷庭，2017)。信息水平主要体现在信息基础设施建设。截至 2018 年 3 月，贵州省移动电话基站数达 12.9 万个，移动电话用户数达 4003.9 万，信息化水平正在不断提升。以大数据为核心的数字社会有助于推动社会管理及服务水平显著跃升，催生社会新型服务，为整个社会的产业发展和民众生活提供真正的助力。因此便民服务指数和智慧城市试点数可作为公共服务领域的代表指标。大数据产业的社会功能还反映在就业水平上，大数据产业的发展带动信息传输、计算机服务和软件业、电子信息制造业等行业从业人员增加，从而提高就业水平。

3. 政治功能

大数据产业的政治功能主要体现在数据开放以及在线政务等方面。数据开放指在大数据产业的驱动下，各地区、各部门数据开放程度以及开放的公平性显著增加。开放政府数据，有利于提高政府透明度，促进经济发展和社会创新。在数据可获取的前提下，选取的代表指标为政务信息无障碍平台建设单位数、开放共享数据集总量、开放文件数和开放部门数。在 2017 年中国地方政府数据开放指数排名中，贵阳的政府数据开放指数为 83.2，仅次于上海，位居第二。在线政务反映在大数据发展背景下政府的在线服务水平，其代表指标“在线服务成熟度”用于衡量政府服务在线一体化办理程度①。

---

①《中国电子商务发展指数报告(2017)》[EB/OL]. http://www.100ec.cn/detail--6451814.html[2018-06-15]。

②《2017 贵州内陆开放型经济试验区建设规划》[EB/OL].http://www.gzhjbh.gov.cn/zwgk/zfxxgk/szfwj/806963.shtml[2018-06-15]。

4. 生态功能

生态环境是否良好牵涉到与人们密切相关的民生福祉问题①。随着经济的飞速发展，生态环境问题也日益突出，社会各界已开始广泛关注经济发展与环境之间的矛盾。在数据大爆炸的时代，大数据在环境数据收集、监测分析方面的应用，为环境治理提供新思路和解决方案，能够利用大数据产业建设“数字环保”①。“数字环保”是利用数字技术、信息技术和虚拟现实技术手段，整理和挖掘环保数据以支持环保业务的开展，同时推进环保信息化、监控执法等水平的提高，使环保工作朝着规范化、科学化和公众化方向发展(刘德权等，2016)。因此，大数据产业的生态功能主要体现在环境治理方面。发展大数据产业可以为环境治理提供参考，提高治理效率及准确率。2013～2014 年，贵州省“数字环保”项目已取得一定成果，贵州省环保行业数据资源目录已经建立，并完成了对环境信息资源的统一建库，实现已入库省重点污染源 53778 家，环保统计企业 40000 多家(刘德权等，2016)。

根据以上四个方面的阐述，整理贵州省大数据产业体系的功能指标如表 3.4 所示。

表 3.4 贵州大数据产业功能评价指标体系

一级指标	二级指标	指标含义	代表指标	指标类型
经济功能	市场贡献	反映大数据促进相关产业发展情况	拉动工业增长/%	质量指标
			软件和信息技术服务收入占 GDP 比重/%	质量指标
			电子商务发展指数	综合指标
			数字经济发展指数	综合指标
	商业及应用普及	反映地区数据化水平及大数据应用成熟度	网站数量/个	数量指标
			APP 应用的网民占全国网民的比重/%	质量指标
政治功能	数据开放	反映数据开放程度及开放的公平性	政务信息无障碍平台建设单位数/个	数量指标
			开放共享数据集总量/个	数量指标
			开放文件数/个	数量指标
			开放部门数/个	数量指标
	在线政务	反映政府在线服务水平	在线服务成熟度	综合指标
社会功能	信息水平	反映网络信息基础设施建设情况	互联网普及率/%	质量指标
			移动电话普及率/%	质量指标
			光缆线路长度/万千米	数量指标
			移动电话基站数/万个	数量指标
			互联网宽带接入端口数/万个	数量指标
			互联网网络(平均)下载速率/(Mbit/s)	质量指标

① 《贵州内陆开放型经济试验区建设规划》[EB/OL]. http://www.gzhjbh.gov.cn/zwgk/zfxxgk/szfwj/806963.shtml[2018-06-15]。

续表

一级指标	二级指标	指标含义	代表指标	指标类型
社会功能	公共服务	反映利用大数据提供公共服务和改善民生的能力	便民服务指数	综合指标
			智慧城市试点数/个	数量指标
	就业水平	反映大数据产业解决就业人数情况	大数据产业就业人数/万人	数量指标
生态功能	环境治理	反映利用大数据对环境进行监测和治理的能力	环境统计企业数/家	数量指标

3.3.2　贵州省大数据产业体系的功能提升机制

大数据产业体系功能发挥必将受到资源环境、经济环境、技术环境以及政治环境的制约，以下将从这四方面对大数据产业体系的功能提升机制进行分析。

1. 资源环境因素

资源条件是产业功能发挥的基础，产业功能的发挥必须考虑地区的资源条件。资源环境因素主要包括要素支撑、配套支撑以及资源配置。要素支撑指的是在区域可利用范围内的人力、土地、资金等要素，配套支撑主要指交通、基础设施等硬件配套(熊德威，2015)。只有具备了各种资源条件的足够支撑，才能保证产业功能具备可持续发展能力，不断促进产业的发展。在具备足够的资源条件基础上，如何对资源进行有效配置也是影响大数据产业功能发挥的重要因素。资源优势是形成产业的基础，资源有效配置有利于发挥本地区的资源优势，实现资源的有效组合(熊德威，2015)。

2. 经济环境因素

经济环境因素是指影响产业功能发挥的一个国家或地区的宏观经济情况，主要包括经济发展水平和产业发展规模(周瑛等，2017；连玉明，2018)。区域经济发展水平是对产业经济效益的反应(邹葆焕，2014)，而产业经济效益又是产业功能发挥的体现，尤其是在经济功能方面。因此，经济发展水平的高低影响着产业功能是否能够得到有效发挥。产业规模涉及某一产业的产出或经济规模，产业发展到一定规模后能够通过某种关联效应带动周围相关产业发展，这些产业又能够进一步推动其他产业发展，由此衍生出一系列广泛而深入的连锁反应(邹葆焕，2014)，从而为促进产业功能发挥提供更多的空间。

3. 技术环境因素

大数据产业功能提升离不开技术的支持，技术支撑是大数据产业形成的动力，也是大数据产业功能发挥的关键因素(雷庭，2017)。技术环境因素主要指与大数据产业相关的技术水平。技术水平是推动产业发展的内在动力，同时也是影响大数据产业功能提升的重要因素(周瑛等，2017；连玉明，2018)。虽然大数据对于世界各国来说都是新生事物，但是西方国家经过几十年的基础研发和技术攻关，为大数据的发展奠定了坚实的技术基础，很多传统的技术公司依靠自身强大的技术优势转变成今天的大数据公司(吴丹，2107)。

4. 政治环境因素

政治环境因素主要指与产业发展有关的政策支撑，是产业功能提升系统中必不可少的组成部分，起着支撑和保障作用。政策支撑包括政府为了保证产业能够健康可持续发展，通过调整、控制和引导某一产业作用于环境的行为而制定的一系列法律法规、行政标准、经济政策。目前，政府主导已经成为贵州省大数据产业发展方式的重要特点之一。政府是国家产业发展中必不可少的角色，其对产业发展的促进作用主要是通过各种政策的实施来实现的，为产业功能提升提供政策保障。

资源环境因素、经济环境因素、技术环境因素以及政治环境因素作为影响大数据产业体系功能提升的四大因素，涵盖了大数据产业功能发挥所需的资源、经济、技术以及政策领域，是大数据产业功能提升机制的重要组成要素(表 3.5)。任何系统都是由多个要素组成的整体，并且系统的构成要素之间必然相互联系、相互作用。因此，在影响产业功能提升系统中，资源环境、经济环境、技术环境、政治环境也是彼此联系、相互作用的(图 3.15)。

表 3.5 产业功能提升的影响因素

一级影响指标	二级影响指标
资源环境因素	要素支撑、配套支撑、资源配置
经济环境因素	经济发展水平、产业规模
技术环境因素	技术水平
政治环境因素	政策支撑

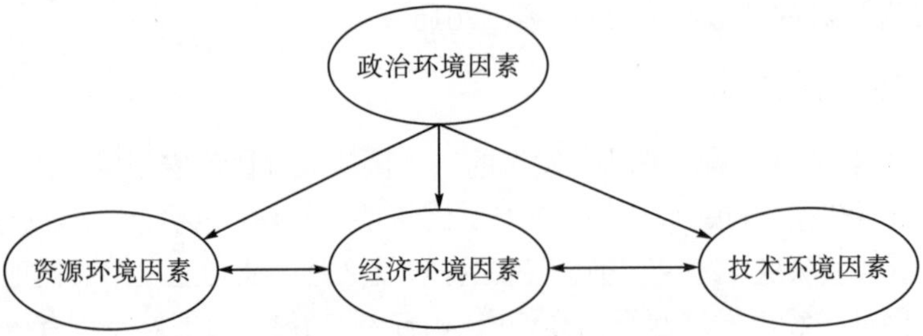

图 3.15 各影响因素间相互作用关系

在整个功能提升机制系统中，资源环境因素是功能提升的基础，为提升大数据产业功能提供了所需的资源要素并进行有效配置。对有限的资源(即人力、物力、财力)进行合理配置是经济发展的基本条件。因此，资源环境在很大程度上影响着经济环境。同时，良好的经济环境也会促进资源环境的可持续。技术水平与经济发展存在着长期的相互影响关系。技术水平的提高会推动经济的增长，提高区域经济发展水平。特别是对大数据产业来说，技术水平的提高会扩大产业发展规模；反过来，经济发展水平的提高以及产业规模的扩大对技术水平的提高有着明显的拉动作用。无论资源环境、经济环境、技术环境如何相互联系并共同影响大数据产业功能提升，都离不开政治环境的保障。政治环境因素贯穿产业功能的整个发挥过程。大数据产业功能的提升离不开政策保护，产业政策、技术政策等都为大数据产业功能提升提供支撑保障。

3.3.3　贵州省大数据产业体系的政策分析

大数据能否得到充分推广和应用很大程度上取决于相关政策是否完善(张勇进等，2014)，政策的顶层设计能够推动大数据产业健康蓬勃发展。因此，对大数据产业体系的政策进行研究，具有十分重要的意义。为了更好地研究我国大数据产业体系政策，以下将从国内和国内外两个方面进行分析。

1. 国内政策分析

自 2013 年以来，中央层面出台了一系列有关大数据产业发展的政策指导意见。2014 年，“大数据”首次写入李克强总理所作的《政府工作报告》；2015 年，国务院正式发布《促进大数据发展行动纲要》，社会普遍开始关注大数据发展，这一年成为大数据国家战略的顶层设计年；2016 年，国家发改委、工信部等陆续出台有关大数据产业发展的政策文件，各项促进大数据发展的政策细化落地；2017 年，有关大数据产业发展的相关政策开始从早期的顶层设计阶段，向应用落地阶段加速迈进。根据中华人民共和国中央人民政府政策文件库中的数据显示，截至 2018 年 1 月底，我国涉及大数据发展与应用的国家政策规定已多达 94 个(连玉明，2018)。

从我国已经出台的相关大数据产业体系政策来看，已经初步形成目标合理、重点明确、相互支撑的较为完善的政策体系。根据《中国大数据发展报告(2018)》的数据，我国涉及大数据发展与应用的国家政策 94 个，涉及重点行业领域的大数据应用政策达 51 个，其中涉及数据开放共享与政务服务领域的最多，并且围绕国家大数据战略政策，各地区各部门也在积极落实推进大数据的发展政策(连玉明，2018)。

2. 国内外政策对比分析

大数据作为基础性战略资源正逐渐发展成为一个国家、区域或企业的竞争优势，能够引领传统产业转型升级，推动技术与商业深刻变革，催生新型产业业态(王能强，2017)。

在战略目标方面，英国、韩国、中国、美国、德国、澳大利亚等国家基本都集中在创新、经济、就业、公共管理等方面，其中美国无论是在大数据研发战略还是开放战略上，都更加强调创新；英国重视建设数据能力；美国、韩国等都把就业作为一个重要目标；中国则更加强调产业和应用的培育和发展。世界各国大数据战略内容主要围绕开放和应用两条主线，推动政府数据开放和加快推进大数据应用，成为各国大数据战略文件中的主要内容。此外，各国大数据产业体系政策的重点领域也各不相同。例如，德国针对 ICT 行业、能源、新能源汽车、电子通信、数字化基础设施等推进大数据研究与创新；而日本则更关注于智能城市、零售业、制造业和医疗等产业；我国大数据产业体系政策涉及的方面更广，主要应用范围涵盖了基础研究、交通运输、医疗卫生、公共服务等领域(连玉明，2018)。

表 3.6 总结了国际大数据产业的政策情况。总体看来，国内外在大数据产业体系政策措施方面，均通过战略规划指导整体布局，以此把握大数据发展先机，提升国家在大数据

发展中的国际领先地位(王能强，2017)。但我国大数据政策体系还存在不足，表现在：中央和地方适配度不够；政策供给与需求不平衡；大数据发展应用政策可操作性不强；大数据法制进程较为缓慢等(连玉明，2018)。

表 3.6 世界主要国家大数据政策概况①

国家	主导机构	战略文件	战略定位	战略重点
美国	美国科学技术政策办公室、大数据研发高级指导小组	《开放政府指令计划》(2009)；《美国创新战略：确保国内的经济增长和繁荣》(2011)；《数字政府：构建一个 21 世纪平台以更好地服务美国人民》(2012)；《“数据—知识—行动”计划》(2013)；《大数据：把握机遇，保存价值》(2014)；《美国开放数据行动计划》(2014)；《联邦大数据研发战略计划》(2016)	大数据研发开放数据数字政府	基础设施、生命科学、教育、军事、能源环境、地质科学、气候、国土安全与情报、医疗与疾病预防、航空航天、基础研究、经济发展、交通、社会
中国	中华人民共和国国务院、中华人民共和国工业和信息化部	《促进大数据发展行动纲要》(2015)；《关于运用大数据加强对市场主体和服务监管的若干意见》(2015)；《关于促进和规范健康医疗大数据应用发展的指导意见》(2016)；《大数据产业发展规划(2016—2020 年)》(2017)	数据开放大数据产业	信用、交通、医疗、卫生、就业、社保、地理、文化、教育、科技、资源、农业、环境、安监、金融、质量、统计、气象、海洋、健康、国土、城乡建设、收入分配、电力及产业运行、质量安全、节能减排等
德国	德国联邦政府、德国联邦经济技术部、德国联邦经济和能源部	《ICT 战略：数字德国 2015》(2010)；《数字议程(2014—2017)》(2014)；《数字化战略 2025》(2016)；《德国 5G 战略》(2017)	数字化社会数字强国	ICT 行业、能源、新能源汽车、电子通信、数字化基础设施等
英国	英国商务、创新和技能部、信息经济委员会、研究部门透明委员会、开放数据研究所、信息化基础设施领导委员会	《英国数据能力发展战略规划》(2013)；《英国数字化战略》(2017)	开放政府数字战略数据能力	人力资本；基础设施、软件和研发能力；数据资产
法国	法国数字经济部、工业部、生产振兴部、投资委员等	《八国集团开放数据宪章行动计划》(2013)	数字化路线图开放数据	交通、文化、旅游和环境等智慧城市管理
日本	日本总务省 ICT 基本战略委员会	《活力 ICT 日本》(2012)；《创建最尖端 IT 国家宣言》(2013)；《个人信息保护法》和《个人号码法》修正案(2015)	开放数据 IT 国家战略	智能城市(能源管理、智能家庭、交通安全)、零售业、制造业、医疗等
韩国	韩国未来规划部、国家信息社会局、韩国大数据中心、未来新产业网络部	“智慧首尔 2015”(2011)，《大数据发展战略》以及《第五次国家信息化基本技术(2013—2017)》(2013)	政府数据公开大数据发展	智能城市管理、安全、自然灾害、交通安全、国民人身安全、网络犯罪、食品安全、国民医疗、国家信息安全、残疾人就业、养老等
澳大利亚	澳大利亚政府信息管理办公室	《公共服务大数据战略》(2013)	公共服务	公共服务

3. 贵州省大数据产业体系的政策现状分析

目前在已出台大数据政策的省市中，贵州省拥有较为完整且典型的大数据政策体系

① 数据来源于《2018 中国大数据发展报告》。

(孙志煜等，2017)。2014 年 2 月，贵州省政府印发《贵州省大数据产业发展应用规划纲要(2014—2020 年)》(以下简称“纲要”)，旨在推进全省信息技术产业集聚发展、经济社会跨越发展，推动工业结构调整、新型工业化和城镇化进程，为打造贵州经济社会发展升级版提供指导。“纲要”为贵州大数据发展应用进行整体布局，还在总体目标、指导思路、阶段目标、重点任务、发展机遇和发展优势等方面提出了明确要求①。为配合“纲要”的实施，贵州省政府还印发了《关于加快大数据产业发展应用若干政策的意见》(以下简称“意见”)。该“意见”从大数据基地建设、大数据企业培育、创新机制培育市场、大数据科技创新、信息基础设施建设、大数据产业投融资体系建设、人才队伍建设和组织领导等八个方面对大数据产业发展应用提出意见②。随后一系列关于大数据发展应用的具体政策陆续出台，如 2014 年 5 月 1 日，贵州省第十二届人民代表大会常务委员会第八次会议通过《贵州省信息基础设施条例》。该法规是全国首部信息基础设施地方法规。表 3.7 对贵州省大数据产业相关政策文件作了简要统计。

表 3.7　2014～2018 贵州省关于大数据发展及应用的代表性相关政策文件

文件名称	政策内容、性质	发布时间
《关于加快大数据产业发展应用若干政策的意见》	按照“基础构建、集群聚集、创新突破”的思路，科学规划大数据产业布局，建基地、引人才、聚企业、抓应用、保安全、促创新，建设信息资源聚集地，打造大数据产业发展应用新高地，推动大数据产业成为贵州省经济社会发展的新引擎	2014/02/25
《贵州省大数据产业发展应用规划纲要(2014　2020 年)》	明确提出了贵州大数据产业发展应用的发展机遇及发展优势、指导思路、总体目标、阶段目标和重点任务，为贵州大数据发展应用进行了整体布局	2014/02/25
《贵州省信息基础设施建设三年会战实施方案》	全国首部信息基础设施地方法规	2014/05/01
《贵州省信息基础设施建设三年会战实施方案》	按照“一年补短板、两年不落后、三年要领先”的要求，围绕“出省宽、省内联、覆盖广、交费低”的目标，坚持适度超前、重点突破，推动信息基础设施加快建设，以基础兴产业，以基础促消费，推动以大数据为引信的信息产业发展水平和信息消费能力迈上新台阶，为全省经济社会加快发展提供强有力的支撑	2014/11/21
《关于加快大数据产业人才队伍建设的实施意见》	大数据产业人才队伍建设将以数据中心、呼叫中心为切入点，充分发挥高校、职业院校培养储备人才的基础作用和园区、企业集聚用好人才的主体作用，加大创业资助力度和企业聚才支持力度，健全科技创新服务体系，吸引大数据领军人才、高层次人才创新创业，支持大数据企业引进专业人才和急需人才，政、校、企联动订单式培养大数据中高级人才和基础人才，为把贵阳打造成为全国大数据产业先行区和西部智能终端产业基地提供强有力的人才保证和智力支撑	2015/01/06
《贵安新区推进大数据产业发展三年行动计划(2015—2017)》	贵安新区将实施完善“贵安云谷”基础设施，建立大数据资源平台，搭建公共服务平台、加速产业集聚示范等重点工程和项目	2015/03
《贵州大数据发展应用促进条例》	全国首部大数据地方法规	2016/01/15
《贵州发展农业大数据助推脱贫攻坚三年行动方案(2017—2019 年)》	利用大数据助力大扶贫、建立全省农业产业脱贫攻坚大数据平台，为农业供给侧结构性改革、贫困县与对口帮扶城市产销对接和农产品“泉涌”提供数据基础，积极探索农业大数据助推脱贫攻坚的新路子	2017/09/19

① 《贵州省大数据产业发展应用规划纲要(2014—2020 年)》[EB/OL].http://www.gzjxw.gov.cn/zwgk/xxgkml/ghjh_40769/zqfzghgy_40770/201611/t20161110_1346926.html[2018-06-12]。

②《关于加快大数据产业发展应用若干政策的意见》[EB/OL]. http://www.investgz.gov.cn/doc/2014/04/04/8407.shtml[2018-06-15]。

续表

文件名称	政策内容、性质	发布时间
《关于加快建成“中国数谷”的实施意见》	提出到2020年，基本建成具有影响力的“中国数谷”，贵阳成为全国大数据创新策源地	2017/11/22
《贵州省“十三五”以大数据为引领的电子信息产业发展规划》	在“十三五”期间，贵州省系统部署以大数据为引领的电子信息产业的发展目标、主要任务、发展重点、政策措施等，科学指导贵州省以大数据为引领的电子信息产业发展，规划期为2016～2020年	2018/03/02

参照《促进大数据发展行动纲要》所列类别，将贵州省大数据的政策内容大致划分为政府数据开放共享、大数据产业创新发展和大数据安全保障体系三个方面(连玉明，2018)。在政府数据开放共享方面，2016年7月11日中国共产党贵阳市第九届委员会第六次全体会议通过的《中共贵阳市委关于以大数据为引领加快打造创新型中心城市的意见》(以下简称“意见”)，提出要推进数据标准化建设，搭建“大数据民生”综合平台，打造“数据铁笼+电子政务”平台等举措①。该“意见”体现了在政府数据开放共享中的数据资源共享技术标准规范、公共数据资源开放、政府数据共享平台三方面内容。在大数据产业创新发展方面，贵阳市一直走在全国前列，形成了较为完善的政策体系。近三年来，贵阳率先出台了专项行动计划，从顶层设计上绘制了“时间表”与“路线图”；同时又选取云服务产业集群、智能终端产业集群、西部区域通信枢纽、大数据应用市场、持续创新能力五大重点工程进行培育突破；此后贵阳还提出了打造创新型中心城市和制定完善标准体系的具体意见方案②。在大数据安全保障体系方面，贵州省出台相关实施意见先行启动了大数据地方立法的实践探索，旨在进一步保障个人、企业和政府的权益和安全(连玉明，2018)。

4. 贵州省大数据产业体系的政策建议

地区之间在大数据技术基础、市场基础与数据文化氛围上的差异，也容易导致各地政府制定政策的侧重点各有差异。贵州要因地制宜，充分发挥自身在资源和生态环境上的优势，注重大数据战略的技术能力储备和应用实施两个方面(王能强，2017)。

在全国范围内，贵州省领先发展大数据产业，其大数据政策体系已具备特色：从整体布局层面，针对大数据发展应用出台了相关基本政策，并细化至政府各个部门职责及各个产业发展政策制定；不仅制定了整体布局纲要，还出台了相关的配套实施意见，由此可见，其大数据政策体系具有完整性、典型性、前瞻性以及全局性特征(孙志煜等，2017)。但从总体来看，贵州省大数据产业政策体系同其他大多数城市一样，普遍存在着大数据应用开发力度不够、政府数据开放共享推进不足、数据安全风险系统性应对不合理等问题，需要从多个方面加强相关领域建设(连玉明，2018)。

(1)加强大数据政策法规战略的制定及标准体系建设，为大数据发展提供政策保障。大数据政策战略体系应以发展规划大数据标准为引导，以法规建设为保障，令各政策法规相互协作，针对不同层次的大数据标准提供相应的应对策略，其中大数据标准体系包含大数据产

① 《中共贵阳市委关于以大数据为引领加快打造创新型中心城市的意见》[EB/OL].http://czj.gygov.gov.cn/show-39-18500-1.html[2018-06-15]。

② 数据来源于《2018中国大数据发展报告》。

业标准、大数据应用标准等(王能强，2017)。建立大数据多元化资金渠道、政府社会相结合的大数据财政政策体系，完善人才支撑富足、顺畅流动、评价机制实用的大数据人才政策体系，建立健全技术先进、多方协同联动、制度规范的大数据安全政策体系(连玉明，2018)。

(2)分析数据开放在公共领域的基本规则并制定相应措施。贵州在公共领域开放数据共享，需坚持平等开放、无偿开放的原则及效率开放原则，同时还要分析开放范围并制定开放流程、时限、用途等规范措施。哪些数据能够普遍开放、哪些数据仅一部分开放、哪些数据不予开放以及如何开放、开放的具体时间等规则都需要规范。针对当前公共领域数据互联互通受到制约这一问题，也要制定相应的开放数据负面清单制度，规定具体的数据类型、程序(连玉明，2018)。

(3)加快大数据法制建设进程。对现有政策的制定及执行情况及时进行总结，明确存在的核心问题与主要矛盾，分析数据权利的性质、内容、范围、权能。数据权并非数据库权和著作权，数据权包含数据在采集、占有、使用、收益等各个方面的权能，并且各权能的行使方式也有所差异(廖婧琳等，2008)。同时，还要明晰数据权属，规范数据产生、开放、流通、交易、保护等环节的法律责任，推动大数据立法进程(连玉明，2018)。

(4)建设城市大数据服务体系，推进大数据应用创新和应用体系建设。按照突出重点、先行先试原则，率先在政府的政务管理和公共服务领域进行大数据应用示范，引领和带动各领域大数据应用发展；实施创新驱动、新型城镇化、生态文明等重大战略。在城市规划、社会综合治理、经济运行监测、绿色发展、低碳降耗、生态保护等领域，推动政府机关与企事业单位将相关政务信息和社会数据进行汇聚整合和关联分析，提高政府部门的风险防范和科学决策能力(连玉明，2018)。

3.3.4　贵州省大数据产业体系的功能优化策略

结合大数据产业的经济、政治、社会、生态四大功能以及功能提升机制，对贵州省大数据产业体系功能中存在的问题进行分析，从而进一步提出相应的优化建议。

1. 贵州省大数据产业体系功能存在问题分析

(1)经济及社会功能有待增强。根据 2017 年赛迪顾问股份有限公司发布的《2017 中国数字经济指数(DEDI)》，贵州省 2016 年 DEDI 指数在 25～35 之间，低于全国平均水平 34.53[①]。2017 年贵州电子商务发展规模指数仅 6.02，居全国第 21 位。由此可见，贵州省大数据产业在市场贡献方面还处于较低水平。地区信息化水平与区域经济发展密切相关。一般而言，经济发展能够明显带动信息化发展。贵州信息化发展水平虽然在大数据产业发展的推动下提升幅度较为明显，但与东部发达地区相比仍相对落后。

(2)人才沉淀基础相对薄弱。大数据作为知识密集型产业，对人才资源具有强烈的依赖性(吴丹，2017)。根据近几年发布的《贵州省人才发展白皮书》，大数据产业在人才需求方面一直呈现持续增长态势。人才资源将在大数据产业中占据越来越重要的地位(吴丹，

---

① 《2017 中国数字经济指数(DEDI)》[EB/OL].https://wenku.baidu.com/view/ef2479e682d049649b6648d7c1c708a1284a0ac9.html[2018-06-15]。

2017)。目前大数据产业还处于初级阶段，谁能优先掌握技术人才，谁就能抢占先机(李银等，2017)。显然，传统信息技术和计算机工程专业的人才已不能满足实际需求。同时人才匮乏不仅体现在创业、管理等高层次人才的紧缺，还体现在基础性人才储备不足，人才储备是大数据产业加速发展的迫切需要(吴丹，2017)。由于经济发展的制约，与发达地区相比，贵州省大数据人才缺乏的状况更为突出，人才沉淀基础较弱(吴丹，2017)。

(3)技术创新能力较弱。贵州省由于本土企业数据采集、存储、处理、挖掘等关键技术的匮乏，导致大数据产业发展及功能发挥受到制约(吴丹，2017)。目前贵州省正大力推进贵安新区电子信息产业园等大数据研发基地建设，发挥产业集群的规模效应，以此来打造大数据技术领地(雷庭，2017)。但贵州省在大数据关键技术方面基础较为薄弱，技术和产品得不到创新，缺乏起带头作用的龙头企业。

2. 贵州省大数据产业体系功能优化建议

(1)充分发挥政府主导作用，鼓励政策落地。贵州大数据产业发展方式的主要特点为政府主导。在政府的引导下，大数据产业政策设计较为完善，政策环境较为良好。大数据产业的政治功能也较为突出，数据开放水平在全国名列前茅，有利于政府治理能力的提升。贵州省应充分利用这一政治环境优势去推动大数据产业与相关企业的发展，挖掘大数据的商业价值和社会价值，充分发挥其产业的经济和社会功能，让大数据产业在法治环境下变得更加繁荣(连玉明，2018)。虽然贵州省已发布大数据产业相关引导政策，大数据产业功能得到一定程度的发挥，但由于政策未能全面落地，尚未形成政府引导的长效发展机制，大数据发展的驱动力略显不足(连玉明，2018)。因此，贵州省应充分发挥政府主导这一政治优势，推动政策制定并全面落实。

(2)大力加强大数据产业人才队伍建设。大数据产业人才基础薄弱，贵州省应加强加大人才培养和引进力度。可依托高校、企业和科研机构等单位，通过高校培养、技术合作、技术入股等多种方式引进人才，共同参与贵州大数据产业建设，创新高校专业设置，推进教育模式改革(李银等，2017)。发挥好平台作用，积极引进高端人才参与到大数据领域研发和产业化项目中来，鼓励人才到贵州开展大数据产业创新创业。同时要意识到相关平台和联盟带动作用，包括中关村贵阳科技园平台、大数据产业联盟、高校院所科技创新联盟等，通过企业与高校合作联合培养大数据发展所需人才，为大数据产业体系功能提升提供人才支撑(吴桂华，2014)。

(3)推进核心技术创新研究进程。技术是大数据产业的核心，影响着大数据产业功能提升。大数据产业功能要想得到提升，就必须重视技术进步和技术创新。技术创新作为促进大数据产业发展的重要手段，是一个全过程的技术经济活动(王凯，2002)。因此，在技术创新方面，不仅要加大研发资金投入，还要建立健全创新人才激励机制、强化技术知识产权保护机制等(周瑛等，2017)。此外，要积极开展开源社区的培育机制研究，带动国内外先进技术向产业化方向发展；积极融入国际开源社区，大力支持大数据工程和学术紧密结合，开展前沿技术攻关(吴桂华，2014)。

第 4 章　贵州省大健康产业的系统分析与优化

贵州省得天独厚的自然地理环境是大健康产业的理想集聚区。自 2015 年贵州省委省政府提出“大数据 • 大健康”战略以来，贵州省委省政府发布了《贵州省大健康医药产业发展六项实施计划的通知》(黔府办〔2015〕26 号)。各级政府部门积极招商引资，取得了显著的成效，积累了丰富的经验。本章重点分析大健康产业体系中的中医药产业体系、养生养老产业体系和健康运动产业体系等，深入探讨三类产业体系的结构和功能，有针对性地提出优化对策和建议。

4.1　贵州省中医药产业体系的系统分析与优化

贵州省喀斯特地貌包括山地、丘陵、平地和高原，高原和山地是主要的地貌类型，全省范围内没有平原地区。贵州省主要的气候类型是亚热带湿润季风气候，四季分明、气候宜人、雨量充足。其得天独厚的自然条件孕育了丰富的中药材资源，是我国最重要的中药材产区之一，素有“黔地无闲草，夜郎多灵药”的美誉。根据 1983～1993 年的全国中药材普查结果，贵州省有中药资源 4290 种，其中药用植物 3294 种，药用动物 289 种，药用矿物 77 种，占全国中药材种类总数的 40%，居全国第 2 位。省内中药资源以植物最多，动物药次之，也产有矿物药和菌类药，中草药以品种多、分布广、产量大、质量优而著称。

中医药产业是国家传统战略产业的组成部分。发展中医药产业可以提高我国在经济水平、社会文化、医药服务、科技创新等方面的综合竞争力。随着国际市场掀起大健康产业浪潮，中医药贸易和服务成为许多国家经济发展的重要支撑。与我国邻近的众多国家和地区，如东南亚、日本、韩国等将中医药保健融入旅游、医疗等行业，吸引了大批顾客，已经初具规模。

4.1.1　理论基础与文献综述

1. 中医药产业的内涵与特征

国外涉及中医药产业的研究主要集中于植物药或天然药物行业，他们将中医药称为补充与替代疗法。我国于 1996 年启动“中药现代化发展战略”，学术界对中医药产业进行了富有成效的研究工作，但在中医药产业的界定上还颇有争议。例如，齐谋甲(1992)从生产体系和产业分类的角度认为，中医药产业是包括农业、工业、商业和服务业，集种植、生产、供应、科研、应用以及经营管理为一体的社会生产体系。李泊溪(2001)结合中医药产业的特点和中医药现代化趋势，将中医药产业界定为：国民经济中从事中医药类产品的生产、经营、研究等相关经济活动的领域，包括中医药农业、中医药工业、中医药商业和中医药知识业。张伯礼(2010)指出，大中药产业是以中药工业为主体、中药农业为基础、中药商业为枢纽、中药知识经济产业为动力的新型产业。张丽青等(2010)强调，中医产业是一个集群而不是单一产业，并将中医药产业界定为：以中医理论为指导，在传统中医药基础上，运用现代科学技术及方法形成的具有规模化、标准化和规范化的新兴健康产业群，包括中药农业、中药工业、中药商业和中药研究及知识产权等。文献分析表明，中医药产业的内涵比较丰富，中医药产业是以中医理论为指导，产业涉及中医药种植、加工、应用、销售以及经营管理等中医药农业、工业、商业及知识业产业集群。

2. 中医药产业的研究述评

文献梳理发现，国内外中医药产业的研究比较丰富，而文献多集中于中医药产业竞争力、中医药产业现代化、中医药产业化和中医药产业集群发展等方面，在中医药产业布局现状、模式影响因素等方面涉及的文献相对较少。我国中医药基本形成产业化发展态势，但要实现传统生产方式向产业化生产方式转变还需要努力。一些地区(如安徽、湖北)医药产业化体系已经比较完善，逐步开始中医药产业链建设，其侧重点主要在产业链特征、优化产业链等方面(陈静锋等，2016)，此外，在科学技术日新月异的今天，中医药要与时俱进，就必须加快中医药现代化进程，尤其是在中医药理论、行业和宏观管理三个方面。中医药产业拥有巨大的发展空间，提升中医药在国际市场上的竞争力至关重要。我国中医药已经形成了产业集聚，但其优势还未充分显现。今后需着力对内解决中医药知识产权、实现中医药标准化等问题；对外加强与西医的融合、提高从业人员素质，实现内部和外部同时推进。另外，研究大健康背景下的中医药产业发展现状及其产业布局，对于促进中医药产业化发展并提高中医药产业国际化竞争力同样具有重要意义。

3. 贵州省中医药产业研究现状分析

随着“健康中国”理念的提出，中医药产业迎来新的发展机遇。人民对健康的持续需求及各级政府相关产业政策的大量出台，使中医药产业发展优势进一步得到释放。中医药具有产业链长和产业带动性强以及巨大的经济价值和社会价值等特点，促使我国近年来出台了一系列发展中医药产业的扶持政策。如国务院颁布的《中医药创新发展规划纲要(2006—2020 年)》是中国政府全面推进中医药发展的重要举措；《中医药发展战略规划纲要(2016—2030 年)》是首次在国家层面编制的中医药发展规划；《中华人民共和国中医药法》以法律形式明确了中医药事业的重要地位，强调我国坚持扶持与规范并重，同时加强对中医药的监管。另外，《中医药发展战略规划纲要(2016—2030 年)》《中医药“一带一路”发展规划(2016—2020 年)》《中医药发展“十三五”规划》和《中国的中医药白皮书》等重要文件相继发布，表明中医药逐渐成为国民经济与社会发展中具有独特优势和广阔市场前景的战略性产业。贵州省委省政府紧抓中医药强省的机遇，重点发展中医药产业，实施了一系列政策举措促进中医药产业发展。这些政策的颁布实施为贵州省中药产业提供了重大的发展机遇。

(1)中医药种植业发展现状。为了实现中药材大省和中药民族药强省的建设目标，贵州省委省政府将中药材产业确定为贵州省的“五张名片”之一。围绕这一目标，贵州省将中药材产业发展与农业增效、农民增收、农业结构调整相结合，同时也将中药材产业发展与生态重建、生态治理、精准扶贫相融合，不断探索中药材产业发展模式。近年来，贵州省中药材产业发展迅速，中药材种植规模不断扩大，为发展中医药工业奠定了坚实的基础。本书通过 2010～2016 年的《贵州省中药民族药产业统计公报》，整理出这七年贵州省中药材总产量和总产值的统计数据(图 4.1)。从图 4.1 可以看出，贵州省中药材总产量和总产值都呈现上升趋势。2010 年，贵州省中药材总产量和总产值分别为 71.11 万吨和 36.43 亿元；而截至 2016 年，其产量和产值分别为 165.79 万吨和 129.25 亿元。显然，贵州省的中药材增长迅速，增长率分别为 133.14%和 254.79%，表明贵州省中药材产业发展潜力巨大，是贵州省实现后发赶超战略的重要抓手(朱俊林，2011)。

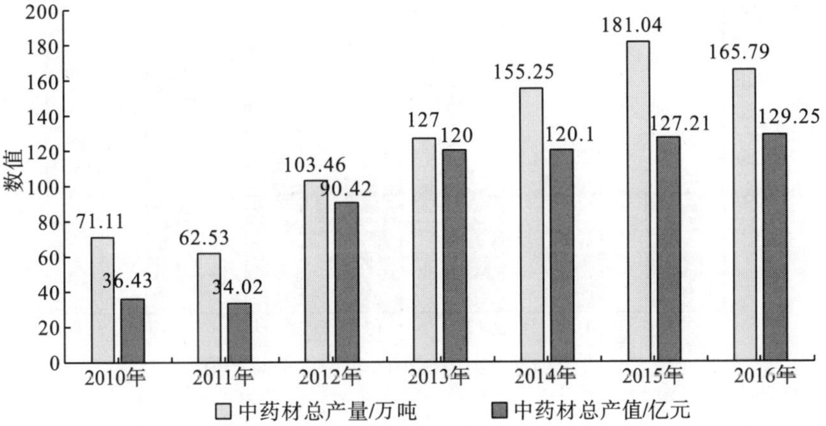

图 4.1　2010～2016 年贵州省中药材总产量及总产值

(2) 中医药工业发展现状。药品具有效益、技术和风险三个特征，是世界各国竞争的焦点之一。近年来，由于贵州省政府对中医药产业的高度重视和有关部门的大力支持，各中医药企业抓住机遇，以市场为导向，以经济效益为中心，立足贵州省资源优势，突出地域特色，促使贵州省医药制造业的综合竞争力不断增强。本书从《贵州省中药民族药产业统计公报》整理出贵州省 2010～2016 年中成药总产值(图 4.2)。由图 4.2 可知，2010 年贵州省中成药总产值为 156.42 亿元；截至 2016 年，贵州省中成药总产值为 344.39 亿元，累计增长 187.97 亿元，增幅为 120.17%。经过近几年的发展，贵州省一些有实力的医药生产企业已经完成了原始资本积累，建立了完善的市场网络体系，加强了中医药研发，培养了一大批市场营销人员和管理人员，为中医药企业的快速发展奠定了良好的基础。截至 2017 年，共有 9 个中医药企业进入贵州省百强企业名单(表 4.1)，如贵州信邦制药股份有限公司，2017 年营业收入为 515703 万元，位居贵州省中医药企业类第一。

表 4.1　2017 年贵州省百强企业中中医药制造业企业汇总

序号	企业名称	营业收入/万元
1	贵州信邦制药股份有限公司	515703
2	贵州益佰制药股份有限公司	368000

续表

序号	企业名称	营业收入/万元
3	贵州百灵企业集团制药股份有限公司	221412
4	贵州康心药业有限公司	200323
5	贵州一树连锁药业有限公司	196579
6	贵州省医药(集团)有限责任公司	191084
7	上海神奇制药投资管理股份有限公司	165207
8	贵州汉方药业有限公司	157569
9	贵州健兴药业有限公司	134361

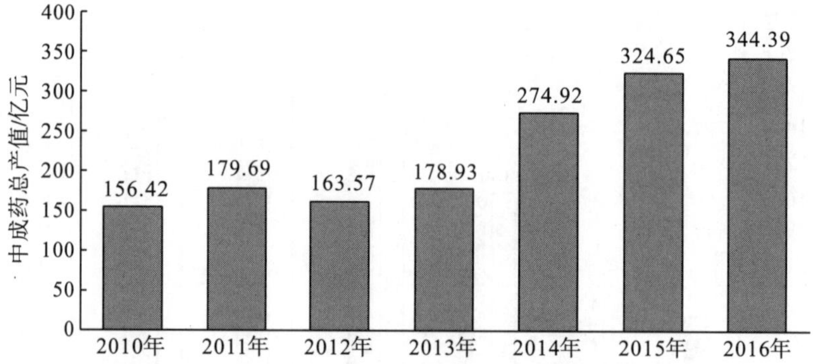

图 4.2 2010～2016 年中成药总产值

(3) 中医药商业发展现状。中医药作为传统医药，融入商业发展面临着四个方面的困境：一是政治上面临高成本管理风险；二是难以规模化生产，经济效益不好，很难商业化；三是文化上对中医存在被误解；四是发展模式严重扭曲，不能配置优质资源。随着中医药产业现代化的不断推进，贵州省的中医药商业化呈现出良好上升趋势。通过《贵州统计年鉴》整理出 2010～2016 年贵州省中医药产业中，中医院数量和规模以上医药制造企业数量(图 4.3)。从图 4.3 可以看出，贵州省中医院数量和规模以上中医药制造业企业数量均呈现上升趋势，其中中医院数量从 2010 年的 49 个增长到 2016 年的 110 个，增幅达 124.5%；规模以上中医药企业数量从 2010 年的 96 个发展到 2016 年的 139 个，增幅为 44.79%。

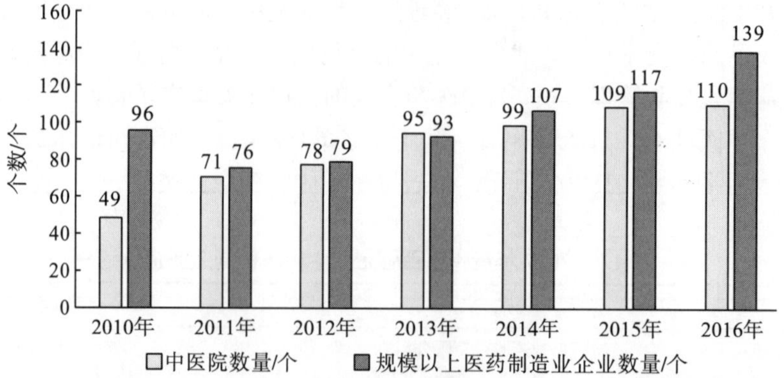

图 4.3 2010～2016 年贵州省中医院数量及规模以上医药制造业数汇总

为了促进中医药商业的快速发展，未来应该在以下几个方面着手。第一，改变运营模式，中医药商业亟待改变的是大医院式管理模式。这种管理模式适合工业化的商业。中医药应发展其特殊优势，重视自然村落、社区医院、社区校园、小诊所式管理。第二，探索商业化运作模式。所谓商业化运作，就是将小诊所或中医院连接起来，形成一定规模的集聚效应，或者将现在的中医院分解成连锁模式。第三，发挥医疗技术的特色优势，即综合发挥中医药在疾病预防、康复等领域以及在内服药、外用药、慢性疾病管理等方面的优势。

4.1.2　贵州省中医药产业体系的结构分析与优化

传统意义上的结构分析也称“比重分析”，是指分析某个整体的各项组成部分占总体的比例及其构成的变化。基于结构分析可以掌握事物的特点和变化趋势，属于统计分析方法的范畴。本书将从产业链的角度分析贵州省中医药产业的构成情况。

1. 中医药产业体系的结构分析

产业结构是由生产力水平决定的，主要受社会消费、资源状况、科技水平、已有工业等因素的影响。产业结构影响着经济的增长，经济的增长反过来又可以促进产业结构的演进和升级。正确把握一个地区的产业结构，有助于更好地进行产业结构的优化升级，促进地区更好发展。

1) 传统中医药产业结构体系

从种植到消费整个过程，中医药产业可以分为中医药农业、中医药商业、中医药知识业和中医药工业四个子产业(图 4.4)。

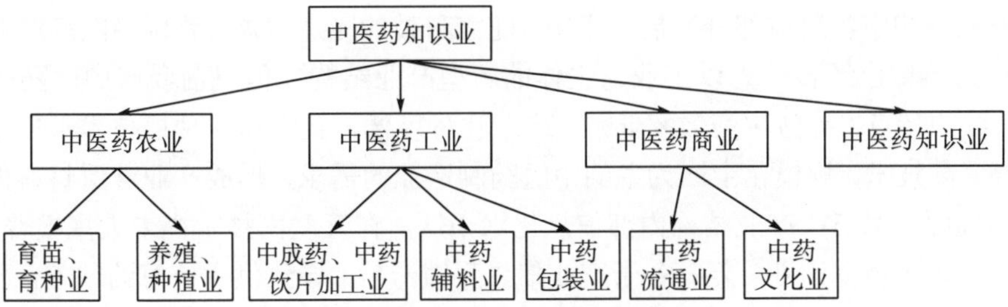

图 4.4　中医药产业结构

中医药农业是利用药用动物植物等生长发育规律，通过人工培育来获得中药材产品的生产活动。中药农业是第一产业，处于中药产业的上游环节，主要是中药原材料的生产，包括中草药育种和育苗、中草药种植和动物中药养殖业，其产品的质量高低直接影响中医药产业的发展。中医药工业以中医药农业为基础，加工中成药、中药饮片，同时包括中药制药机械、包装材料等相关方面的一系列工业体系。中医药工业处于中医药产业中游环节，包括中医药辅料业、中医药产品业、中医药包装业等，是与中医药产品生产相关的产业。需要指出的是，近几年新发展起来的植物药材提取物(中间体)也可以融入中医药工业体系。目前，中医药工业是贵州省中医药产业的主要力量。中医药商业处于中医药产业链的下游环节，是中医药产业链的拓展和延伸，包括中医药流通业、中医药文化业等。中医药商业的作用是连接中医药农业和中医药工业，主要包括原材料加工、储存运输以及中医药服务和进出口贸易。中医药知识业是以中医药理论为基础并贯穿于中医药产业链的子产业，旨在实现中医药技术创新，为中医药产业发展提供理论知识和技术基础，是中医药产业发展和创新的重要基础，将成为推动中医药产业发展的重要动力。

通过文献梳理，整理出传统中医药产业发展模式见图 4.5。传统中医药产业模式包括中医药种植业、中药材交易与生产制造、中药产品销售三个环节，参与主体包括农户、中医药企业、药店及医院、消费者等。传统中医药产业模式是中药材农户种植(或养殖)中药材原料，中药材原料商收购原材料，中药材初级加工企业收购中草药原材料进行初步加工，再将经过初级加工的原材料供应给中成药及中药饮片加工企业。这些企业运用高技术将初级原材料进行再加工，生产出可供销售的中成药及中药饮片，通过医院、诊所及药店销售给消费者(图 4.5)。

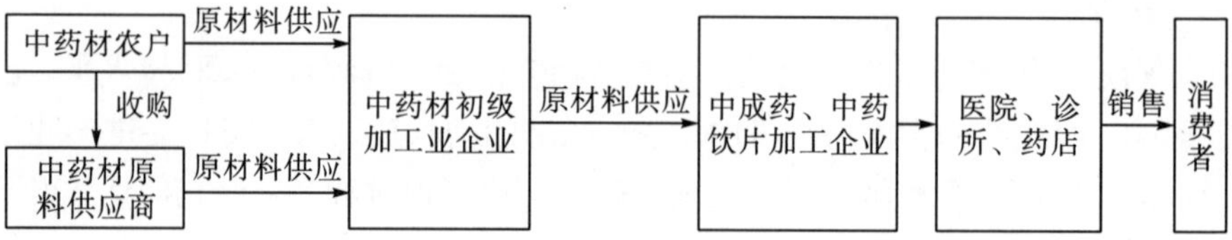

图 4.5 传统中医药产业发展模式

从以上分析可以看出，传统中医药产业发展模式的特点主要表现在以下几个方面。第一，中医药产业链呈现单链线式结构，整个产业结构贯穿中医药农业、中医药工业、中医药商业和中医药知识产业等多个环节，其物质、信息、价值均呈现单向线式流动。第二，中医药产业结构中各组成部分发展不平衡。随着科技的飞速发展，我国中医药产业从传统的以农业为主体已经转变为以工业为主体的新型产业结构，但目前我国中医药企业呈现小、散、乱的特点，导致生产效率低下，产业化程度低，且中药材种植技术水平无法满足以高科技、高技术、规模化生产为主的中医药制造业的需求，形成产业链原材料供给不足或过剩的局面。第三，产业结构内部信息化水平低。在互联网技术尚未大规模普及之前，中医药产业由于覆盖产业广泛，各子产业信息反馈滞后，导致供求信息的偏差，严重加大了中医药产品之间的流动成本。

2) 贵州省中医药产业结构体系

由文献查阅和资料收集得出，贵州省中医药产业结构和具体产业细分如表 4.2 和表 4.3 所示。

表 4.2 贵州省中医药产业结构

产业分类	具体行业
中医药农业	中药材野生抚育及种植养殖
	野生药材资源采集
	中药材生物工程

续表

产业分类	具体行业
中医药农业	中药材加工与储藏 中药材流通
中医药工业	中成药生产 中药饮片加工 中药制药机械 医药包装材料 植物药材提取物
中医药商业	中医药加工 中医药储藏 中医药运输 中医药进出口贸易 中医药服务
中医药知识业	中医药文化产业

表 4.3　2014～2016 年贵州省中医药产业结构细分表

中医药产业结构	指标	2014 年	2015 年	2016 年
中药农业	中药材人工种植及野生保护抚育总面积/万亩	511.28	546.83	599.45
	草本类/万亩	250.08	267.24	300.87
	木本类/万亩	261.2	279.59	298.58
	中药材人工种植及野生保护抚育总产量/万吨	155.25	181.04	165.79
	草本类/万吨	141.69	166.52	150.19
	木本类/万吨	13.56	14.51	15.6
	中药材人工种植及野生保护抚育总产值/亿元	120.12	127.2	129.25
	草本类/亿元	102.33	108.18	108.76
	木本类/亿元	7.79	19.03	20.49
	中药材种子种苗基地面积/万亩	20.29	21.11	30.73
	销售收入/亿元	12.17	13.66	25.82
中药工业	医药企业个数/个	168	175	145
	规上企业个数/个	106	115	139
	工业总产值/亿元	371.4	381.3	423.51
	中成药工业/亿元	274.92	324.65	344.39
	全行业工业销售产值/亿元	327.81	337.87	364.15
	中成药销售产值/亿元	244.92	290.13	299.53
	全行业主营业务收入/亿元	304.15	311.57	353.99
	利润总额/亿元	38.35	35.88	49.67
	医药园区个数/个	6	6	6
	原料药和制剂生产企业数量/个	122	121	145

续表

中医药产业结构	指标	2014年	2015年	2016年
中药工业	中成药的企业数量/个	110	108	89
	化学药的企业数量/个	99	97	62
	生物制品的企业/个	3	3	3
	中药饮片生产企业数量/个	29	40	34
中药商业	通过GSP认证的药品经营企业数量/个	9325	11957	13050
	批发业数量/个	172	192	200
	零售业数量/个	9153	11765	89
	纳入医药统计的批发和零售连锁企业实现主营业务收入/亿元	249.83	275.43	305.17
	利润总额/亿元	3.5	4.83	7.41
	药品批发和零售企业商品购进总额/亿元	258.43	285.69	315.98
	商品销售总额/亿元	278.45	293.06	324.13
	年末库存总额/亿元	26.98	37.82	39.87
中药知识业	科技项目经费支出/亿元	6.08	6.66	7.14
	中药民族药产业领域专利申请受理数/个	1158	833	791
	发明专利/个	634	454	432
	实用新型/个		106	86
	外观设计/个		273	273
	专利授权数/个	641	762	674
	中药民族药产业领域新产品产值/亿元	46.125	47.97	47.53
	中药民族药产业领域共发表科技论文/篇	2560	2262	3285
	核心期刊/篇	1181	1110	1005
	SCI、EI、ISTP收录/篇	120	131	253
	中药民族药产业领域研发人员/人	10194	7850	8152
	从业人员/人	58586	54514	55836
	创新平台和机构数量/个	59	64	71

2. 贵州省中医药产业体系的结构衍生机制

近年来，随着中医药产业的迅速发展和信息化的不断普及，中医药产业规模不断壮大，传统中医药产业结构限制了中医药产业的产业化、规模化、标准化发展。经过一系列的优化调整，互联网信息技术逐渐融入中医药产业结构中。在“互联网+”技术平台的背景下，通过市场化改革和信息化建设，中医药产业结构已经调整为适应市场的现代产业结构。现代中医药产业将充分发挥中医药的特色和优势，从中药材种植、流通、加工到养生、治未病、治已病和康复等渗透到中医药全产业链各环节，满足人民群众全生命周期各阶段的卫生健康需求。

通过建立公平的中医药健康服务模式，真正实现中医药产业的振兴发展。陈静铎等(2016)总结了我国现代中医药产业结构，如图4.6所示。由图4.6可知，现代中医药产业结构可以分为三个层次，上层为中药材种植、生产研发、仓储物流以及后期服务的标准规范层；中层包括中药材原材料生产、中药饮片和中成药研发生产、物流和销售及售后服务等一系列全生命产业周期；下层为信息化环境中中医药企业具体的经营活动及未来发展方向。现代中医药产业结构分别从横向和纵向方面延伸拓展了传统中医药产业结构。在产业结构纵向方面，增加了仓储、物流、配送及医药服务业；在产业结构横向方面，加快了中医药产业在种植、研发生产、销售流通、健康服务的标准化操作，发展多样化、多渠道销售模式，尤其是大力拓展电商平台销售方式。产业结构链经过纵向深化和横向扩展，中医药电商平台使中医药产业更加扁平化，冗余环节被压缩和高附加值环节被保留。另外，可以通过分析中药材价格指数来实现中药材价格的市场行情监测、整体走势、未来预测和决策支持。健康医疗中医药分析也能够助力消费行为挖掘、指导健康保护、监测区域病情等。中医药道地药材追溯平台还可以确保道地药材实现规模化、标准化和规范化的产业化种植等。以上这些都是现代中医药产业结构呈现出的新发展特征。

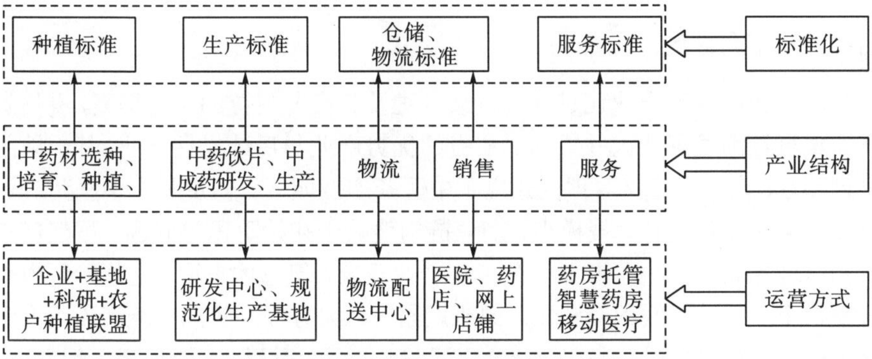

图4.6 现代中医药产业结构

3. 贵州省中医药产业体系的结构优化策略

产业结构优化是指产业间协调发展，不断提升产业整体发展水平的过程。详细来说，就是产业间经济技术联系的合理化过程，包括数量关系和比例关系，从不协调到协调，以及产业结构从低级到高级的演进过程。产业结构优化就是实现产业间资源的优化配置和有效利用，促进产业经济协调、稳定、高效发展。它是一个动态的概念，在不同的发展阶段和时间点具有不同的优化内容。

1) 加强中医药产业与中医药思维的结合

互联网技术的普及和中医药产业的飞速发展，为优化中医药产业结构提供了重要的条件。贵州省将中医药产业融入大健康产业的内涵，以人的健康管理为中心，应用互联网技术平台，产生了中药材交易的价格数据、居民医疗消费数据等各类数据，通过运用中医药思维，采用这些数据信息进行科学决策和管理并创新其商业模式。如在中药材种植、收购和粗加工环节，通过建立中药材数据库，收集中药材供给、产量、质量、价格等综合数据；对中药材数据进行全面统计分析、数据挖掘，监控中药材市场的发展现状、预测其未来趋势；通过数据分析实现中药材市场的科学规划与管理等。又如，随着智能手机的普及，结合移动端开发健康监控APP，可以建立个人健康档案，将这些数量庞大的数据进行分析，提升中医药服务质量，进行个性化医疗定制。

2) 调整产业结构

产业结构优化是社会再生产不可缺少的条件，有利于实现全社会最优经济效益。贵州省优化中医药产业结构，可通过支持中医药农业发展，大力发展医药化工产业、全面推广中医药服务、与中医药知识产业强强联合来实现，形成在产业链上相互联系的企业集聚。同时，贵州省积极参与协同周边地区经济促进区域协调发展，如利用地区间的医药资源和优势，建设民族医药生产基地，并向周边国家和地区出口特色医药产品。此外，贵州省还加强中医药知识产业的发展及其平台建设，如推进医改，加大投资机遇，建设贵州省中医药教研实践基地等。贵州省拥有贵阳中医学院等中医类高校和其他科研院所，可通过丰富的人才资源优势，积极拓展与全国乃至全世界的中医教学科研机构的合作，并结合中医药文化宣传教育基地建设，建成贵州省独具特色的中医药传统文化和科研实践基地。

3) 引导产业集聚发展

随着我国中药民族药产业化进程的持续推进及其产业地位的不断提高，贵州省中医药民族药产业集群逐渐发展壮大并成为贵州省的优势产业与后续支柱产业。基于地区资源优势，凯里、大方、乌当、遵义等地区建立了中医药产业园区。但贵州省中医药产业园区目前仍然存在产业集聚程度低、规模小、产业链构建处于初始阶段等问题。虽然贵州省的中医药民族药产业已初步形成了专业化分工和产业互动，但总体来说，这些园区内部的产业链条还较短，企业之间关联程度较弱。如凯里园区、大方园区等产业配套不足；中医药产业集聚区内的人力资源招聘和培训、社会生活服务、企业融资、药渣处理等配套能力不足。贵州省的相关园区可以在适宜药材生长的区域对相关企业进行规范化、大规模地扶持发展，在中药资源区和少数民族聚居地建设大型中药加工生产基地等。

总之，贵州省政府需立足于贵州优势，推动中医药企业集聚发展；要着力引进国际性医药企业，充分利用产业集聚的知识外溢效应，学习国际化大企业的管理理念、经验和技术；要着力引入研发外包型大企业，趁着医药产业国际转移的契机，利用贵州省的人力成本优势、原材料优势、土地成本优势等承接国内外医药产业研发中的核心业务；要尽快融入全球化价值链，实现贵州省医药自主创新能力的提高。

4) 加快人才队伍建设

人才是科技进步、社会发展的重要资源。中医药作为我国特有的资源和贵州省的优势资源，人才培养在中医药传承发展中显得尤为重要。近年来，我国不断加强中医人才队伍建设，但高层次人才略显不足。贵州省作为欠发达地区，人才瓶颈更为突出。中医药人才培养要适应现代教育模式，建立以中医药高等教育为主，以毕业后培训教育、继续教育等形式为辅的终身教育体系，同时也要注重中医药传统的师承教育模式，形成我国特色的中医药人才培养机制。贵州省在深入实施人才优先发展战略的同时，要加快人才队伍建设，完善人才引进、培训和奖励机制。针对中医药产业的行业特性，贵州省在人才队伍建设方面需要注意以下几点：首先，注重中医经典、课外研读，培养多维辩证思维。需加强对传统文化的学习，培养坚持不懈、勤奋刻苦的学习品质。在大学教育阶段，应采用选修方式加强对古今中医名家经典著作的学习，增强知识储备。其次，注重中医临床和师承教育，培养中医学信仰，提高学生的实践能力。要注重培养创新能力，在继承中医的基础上大胆创新，培养学生开放性和创造性思维。最后，院校培养应注重中西医结合，让中医人才更加专业。近年来，随着疾病模式的改变，中医药在疾病预防及治疗方面越来越显示出优势。但目前仅仅依靠纯中医治疗已经不能满足患者的需求。中医医生不仅要掌握中医理论和技术，而且要掌握西医手段。我国当前缺乏中医骨干人才，特别是能利用中医理论和技术解决临床难题的专家型人才，发展中西医结合型人才显然是未来的一个重要方向。中西医结合型人才既要掌握中医理论，又能利用西医进行治疗，对疾病的综合防治具有重要推动作用。同时，贵州省应积极采用国内外联合培养方式，开办中西医结合培训班，组织基层医生进修等。

5) 加强中医药对外文化交流

中医药文化在海外的传播历史悠久。随着我国经济实力的壮大和综合国力的不断提升，中国医学的文化遗产也走向世界。加强中医药文化传播应该从以下几点着手：第一，开创中医药文化核心价值传播的多元化路径。第二，以政府主导为核心，通过市场手段优化配置，引入新公共服务理论、新公共管理理论，引入市场化竞争机制优化资源配置，创新传播模式。第三，借助新媒体技术的优势，如微博、移动数字电视、移动互联网、网络社交等，推动中医药文化的传播，推广和普及中医药文化。第四，完善中医文化的国际化交流体系；加强与境外中医药机构、各类组织和外国政府的合作，拓宽中医文化对外交流渠道；开展中医药文化的国际交流，扩大中医药文化对外服务的领域。第五，借鉴孔子学院模式，鼓励在海外创办“中医学院”，促进世界人民对中医文化的理解、认同与接受。

4.1.3 贵州省中医药产业体系的功能分析与优化

功能分析是以功能观点解释文化现象或社会现象的分析方法，是社会学和社会人类学中普遍使用的一种调查方法，通过将社会或文化现象置于更广阔的背景中来研究他们在社会中的功能以及各功能之间的相互影响。本书从经济功能、社会功能、文化功能、生态功能、政治功能五个角度阐释中医药产业的功能，为后期优化中医药产业功能提供依据。

1. 中医药产业体系的功能分析

1) 经济功能

随着知识经济时代的到来，靠山吃山、靠水吃水的资源发展模式已经严重限制了区域经济发展。中医药产业是传统产业与现代产业相结合的新兴产业，涵盖了中药产品和医疗器械的生产、加工、制造和流通，可分为中药饮片加工、中成药生产、中药材种养殖业、医疗器械制造业和中医药流通业等。中医药产业的产业链长，关联度高，而且辐射面广，涵盖第一、二、三产业，因此发展中医药产业对区域经济发展具有重要的意义。贵州省作为中药资源丰富的地区，要逐渐改变中医药生产领域处在产业链前端、产品附加值低的现状，把比较优势转化为竞争优势。贵州省在提高资源利用效率，调整中医药产业结构并延伸中医药产业链的同时，大力发展以中医药科研、教育、服务为主要内容的第三产业，提升中医药产业的经济功能。目前，我国已经形成了上海“张江药谷”、“杭州药谷”和“海口药谷”等产业集群区域，强有力地带动中医药产业和其他产业的发展，有力促进当地的就业，为区域经济发展做出重要贡献。

2) 社会功能

中草药防病治病在我国已经有几千年的历史，至今流传保存下来的并有书目可考的古代文献就有六千余种。另外，大量民间偏方、秘方都承载着我国人民同疾病作斗争的历史，为中华民族的昌盛与繁衍发挥了重要的作用，也对世界文明进步产生了积极的影响。国家出台了一系列文件扶持和发展中医药事业，有效促进中医药在我国医药卫生体制中发挥重要的作用。目前中医药在我国医药卫生体制中的作用主要体现在以下几个方面：第一，基层医疗保障制度。在新型农村合作医疗制度中，应着力提高基层医疗、中医药使用费用补偿的比例，引导农民采用适宜的中医药技术，将中医药康复服务纳入残疾人基本医疗保障范围之中。第二，国家基本药物制度。落实中西医并重原则，鼓励中药应用。截至 2018 年，已经有 102 种中成药和中药饮片被纳入《国家基本药物目录(基层医疗卫生机构配备使用部分)》。第三，基层卫生服务体系建设。建设城乡基层中医药服务网络，开展县级中医医院建设专项、城乡基层医疗卫生服务机构中医药科室，促进和加强我国中医治疗设备和服务能力建设。第四，基本公共卫生服务逐步均等化。积极运用中医防卫保健技术和方法，将中医体质鉴定纳入居民健康咨询的内容；开展中医健康教育，利用中医药对重点人群和部分慢性病患者进行健康管理。第五，公立医院改革试点。政府对中医医院在资金投入上予以倾斜，合理确定中医医疗服务收费项目和价格，充分体现中医药的服务成本和技术劳务价值。

3) 文化功能

中华优秀文化的沃土是中医学发展的基础，中医药吸收中华优秀传统文化的精华，凝聚着深厚的哲学智慧。中医药包含的哲学思想与中华民族求大同、重民本、讲仁爱等思想观念相辅相成。中医药作为一种独特的传统医学，从整体系统的角度揭示了生命与疾病的发生发展规律，体现了中华民族几千年的健康观。中国优秀的传统文化走出国门，提高了我国文化的软实力，增强了文化的国际影响力。中医药既具有科学文化属性，又具有应用的普遍性和文化的特殊性，是中华优秀传统文化的代表，在中国文化传播中占有优先地位。资料显示，我国中医文化在海外传播的历史已经逾千年，其中明清时期的天花免疫技术已经广泛应用于世界各地；《本草纲目》被译成多种语言并广为流传；针灸技术在世界范围内引起了许多关注。随着中国文化软实力的逐渐增强，中医文化将更加自信地走向世界。

4) 生态功能

中医药学产生于农耕时代。其天人合一的宇宙观和阴阳平衡的健康观，以及取象类比的思维方式，显示了中医学的独具特色的生态特质。中医学作为世界上唯一在现代医疗体系中发挥重要作用的传统医学，与中医药本身的生态功能息息相关。随着工业革命的不断推进，中医药发展成为现代产业体系。中医药产业系统中各类要素之间对立统一的协调关系也逐步向对立关系倾斜，表现为中医药产业是高度依赖自然资源，并对自然环境产生较大影响的经济活动。但现代中医药产业发展的方向是树立生态的世界观与价值观，要求遵循生态原则，使中医药成果同时满足经济效益指标和生态效益要求，从而实现生态经济因素的合理组合和优化。另一方面，稀缺性是中草药资源的主要属性。20 世纪 90 年代，世界兴起回归自然的潮流和人们对于预防疾病和养身等方面的需求，带动中医药产品的需求快速增长，使中草药资源的供给与需求的矛盾更加尖锐，而人工种植与养殖成为解决这个问题的重要方式。因此，我们要维护中药资源生物的多样性，按照生物机制和生态机制来对待中医药在资源开发技术等方面的理论准则，科学合理地开发和利用中药资源，保持自然系统的可持续发展。

5) 政治功能

中华人民共和国成立初期，卫生工作的三大原则之一——“中西医结合”确立了中医的重要地位和作用。随后，我国相关法律写入“中西医并重”，并成为我国的卫生工作政策。2009 年，国务院颁布实施了《关于扶持和促进中医药事业发展的若干意见》，形成了比较完善的中医药政策体系。尤其重要的是，自党的十八大以来，党和政府更加重视中医药发展，作出了一系列重大的决策。《中华人民共和国中医药法》的颁布实施，为中医药的发展提供了良好的政策环境和法律保障。国务院印发《中医药发展战略规划纲要(2016—2030 年)》，将中医药发展上升为国家战略，全面描绘了振兴中医药、推进健康中国建设的宏伟蓝图。中医学的发展不仅为中国经济发展带来了良好的机遇，而且进一步增强了继承和利用中医药的文化自信。

2. 贵州省中医药产业体系的功能提升机制

本书重点选取经济功能、生态功能、社会功能、政治功能和文化功能建立贵州省中医药产业的功能评价三级指标体系(表 4.4)，以便于系统地分析中医药产业对产业发展的作用，提出促进中医药产业功能优化的建议。中医药产业的社会功能、经济功能、文化功能、生态功能和政治功能是既相互联系又相互矛盾的对立统一体(图 4.7)。中医药的多种功能居于同一载体(即中医药产业活动)，导致持续的中医药产业活动变成各项功能形成的客观基础。一方面，中医药的某些功能发展只要能保持中医药产业的持续发展和提高，就有利于其他功能的提升。如中医药的经济功能不断优化除了可以促进区域经济的发展，还可以通过中药材扶贫促进其政治功能的提升，同时也对医疗保健、中医药人才资源和交通基础设施建设等产生积极的影响，促使中医药文化功能和生态功能相应提升；反过来，这些功能的优化也会促进区域经济功能的优化，从而促进中医药产业发展。但是，在强化中医药产业的某一功能时，要避免不合理的利用而制约中医药产业的发展，并直接有损于其他功能。另一方面，这些功能也存在相互制约的关系。如中医药产业的发展如果破坏了区域生态，会导致中药材产量下降，中医药制药环境受到影响，从而中医药产业的经济效益会下降。另外，中医药的经济功能受损的同时会对社会功能、文化功能、政治功能等一系列功能产生影响，最终导致中医药产业发展受到制约。在中医药产业的发展过程中，其基本过程就是中药材种植、中成药和中药饮片制造、中药产品销售等，这些过程为人类生活带来了福利，体现在经济、社会、文化、生态等多重方面，是人类改造自然生态系统的溢出效应。但在一定的资源条件下，这些溢出效应之间存在着此消彼长的对立关系，强调某一功能可能会制约其他功能的发挥，如生态功能与经济功能之间存在相互制约的关系。在发展中医药产业时，应该以不同的优先次序赋予不同的功能，即主要功能和次要功能，将主要功能作为主导功能，次要功能作为辅助功能，协调多功能之间的关系，以发挥中医药对人类最有益的效益。

表 4.4 贵州省中医药产业功能评价指标体系

功能层	准则层	指标层
经济功能	经济规模	固定资产投资/亿元
		地区生产总值/亿元
		财政支出/亿元
	经济效益	中成药总产值/亿元
		中药材产值/亿元
	经济结构	中医药制造业占比/%
生态功能	自然环境	森林覆盖率/%
		空气质量优良率/%
	环境保护	二氧化硫排放量/万吨
		工业废水排放量/万吨
社会功能	交通基础设施	公路里程/千米
		铁路里程/千米
	人力资源	在校大学生人数/人
		卫生技术人员数/万人
	医疗保健	中医院数量/个
		床位数/个
政治功能	扶贫作用	扶贫人数/万人
文化功能	文化教育	中医药博物馆/个
	民族医药	中医文化旅游景点/个

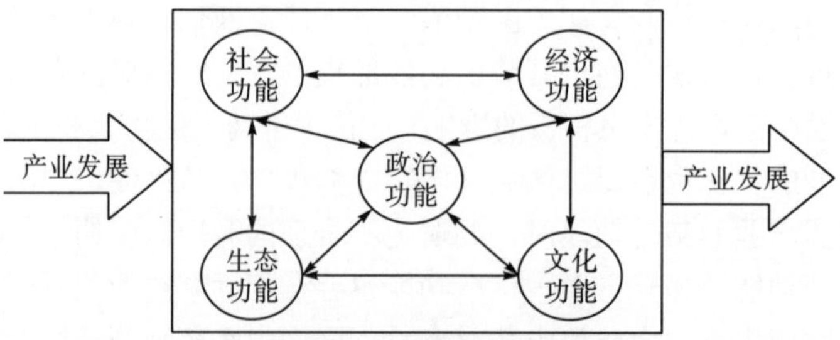

图 4.7 各功能作用机制图

3. 贵州省中医药产业体系的功能优化策略

基于对中医药产业的经济功能、社会功能、文化功能、生态功能、政治功能的分析，针对各功能提出优化建议，提高贵州省中医药产业的发展水平。

1)经济功能优化策略

在人口老龄化、慢性病等发病率提高、居民健康意识增强的背景下，随着中药产业的快速发展，中药产业已覆盖第一、第二、第三产业。调查显示，2015 年底，中药行业产值达 1642 亿元；2015 年我国对中药的需求量为 290 万吨；预计到 2020 年需求量将达到 670 万吨。因此，以市场为导向是优化中医药经济功能的重要途径。其基本策路为：一是利用互联网，为整个中药产业链建立数字化、标准化体系。二是加强中药创新，将开发的创新药物及产品应用于临床医学和工业领域；开发当前市场急需的卫生服务产品，进一步促进中医药原始创新成果的转化和产业化，充分发挥中药资源的重要作用。三是培养中医药产业作为贵州省结构调整的主力军，充分开发中医药的巨大经济潜力，对贵州经济结构调整具有重要的意义。

2)社会功能优化策略

中药是中国特有的卫生保健资源。长期以来，中医与西方医学发展有效结合，相辅相成，肩负着维护人民健康的重任。中医是中国卫生事业的重要组成部分，尤其在慢性病治疗、卫生保健和疾病预防等方面发挥着重要的作用。中医药在我国具有简便、廉价的优势和良好的群众基础，在服务基层医疗和加强基层医疗保险、实现医疗改革和缓解群众医疗困难等方面发挥着重要作用。随着绿色消费理念的兴起，中医的个性化辩证理论、平衡防治原则、药物自然方向和人性化治疗方法等使中医药能够顺应医学的发展趋势，发挥其独特的医疗、预防和养生的作用。在深化贯彻落实医疗卫生体制改革中，要充分有效地利用中医药资源并发挥中医药优势，建立和完善能够覆盖城乡的中医药基本医疗制度，切实做到中医药的安全、有效。

3)文化功能优化策略

中医是中国传统文化和人文精神的体现者，弘扬中医药文化是繁荣中华文化的有力举措。为了实现中华文化的伟大复兴，把中医药文化建设纳入国家文化发展规划，是贵州省文化建设的重要组成部分。要优化中医药文化功能，首先要以弘扬中医药文化为先导，大力振兴中华文化，树立文化自信，同时组织力量对传统中医药文化进行深入研究。其次要在微观层面加强中医文化的推广，开展多项卫生活动使广大群众了解中医知识，感受中医服务并运用中医技术，向社会各界广泛宣传中医文化和普及中医知识。如河北省建立了保定刘守贞祠、安国药王庙景区等中医药文化宣传基地。再次是在贵州积极倡导中医文化国际化，将弘扬中华文化与中医药国际化相结合，让中医成为中华文化世界化的先驱，最后是把中医药作为贵州对外交流的载体，将中医药纳入对外交流合作战略，为世界人民的医疗健康做出贡献，为构建和平的国际环境发挥积极作用。

4)生态功能优化策略

中医药强调天人合一，是重要的生态资源。《黄帝内经》中的“生气通天论”阐述了中医药“天人相应”的观点。中医药与自然界密切联系，优化中医药产业的生态功能就是要合理生产、利用中药资源，保护生态环境。合理开发中医药资源，主要从以下几个方面着手：第一，中医药产业发展要符合中医药的内在理念与基本规律。中医药非药物疗法(如针灸、推拿等技术方法)对自然没有任何破坏，其疗法也来源于自然。中医药认为植物药、动物药和矿物药的用药要求自然与生态相结合。特别是在动物药的收集过程中不能毁灭性使用，要寻求可能的替代品，从而既能保证生态和谐又能保证中医治疗效果。第二，为中医药资源合理开发提供契机。我国中药材来源广泛、品种繁多、产区分散，需要建立普查和检测体系来规划中药材开发，同时加强人工培育养殖。如建立各县区中药材资源数据库，设立动态监测点和预警平台，对珍稀濒危、大宗常用、市场需求变化量大的重点品种进行长期监测。

5) 政治功能优化策略

中医药产业的迅速发展壮大离不开国家的扶持。我国曾在2013～2015年间投入专项资金46亿元支持中医药服务能力的建设[①]，并陆续出台了一系列中医药产业政策和法律，如《中华人民共和国中医药法》、《中国的中医药》白皮书、《中医药发展“十三五”规划》和《中医药发展战略规划纲要(2016—2030年)》等，表现出国家对中医药产业的重视。在当前我国全面建成小康社会和推进健康中国建设的战略背景下，贵州作为中草药资源丰富的省份，要紧紧抓住中医药发展的重要机遇，通过发展区域经济为贵州扶贫事业做出贡献；通过中医药养生养老服务为贵州推进健康中国建设发挥独特作用；通过强化中医药种植保护生态环境，为建设美丽中国作出贡献。

4.2 贵州省养生养老产业体系的系统分析与优化

随着我国人民生活水平的提高和人口的不断老龄化，养生养老产业成为新兴的培育产业。贵州省独特的自然地理环境对发展养生养老产业具有得天独厚的优势。据相关统计资料显示，截至2012年底，中国达到60周岁以上的老年人口已有1.94亿；8年内将增加0.49亿，到2025年将突破3亿[②]。我国在1997年召开的全国第一届老龄产业座谈会上正式提出老龄产业概念(董昕等，2014)。此后政府出台了一系列政策与规划，如《中国老龄事业发展“十五”计划纲要(2001—2005年)》《中国老龄事业发展“十一五”规划》《中国老龄事业发展“十二五”规划》和《“十三五”国家老龄事业发展和养老体系建设规划》等(吴宾等，2017)[③④]。因此，研究养生养老产业体系具有非常重要的理论意义和实践作用。

---

① 《中国健康事业的发展与人权进步》白皮书发表，中国传统医药发展更受国家支持[EB/OL].http://www.sohu.com/a/197239852_667743[2018-06-17]。

② 国务院关于加快发展养老服务业的若干意见[EB/OL].http://www.gov.cn/zwgk/2013-09/13/content_2487704.htm[2018-04]。

③ 国务院关于印发中国老龄事业发展“十二五”规划的通知[EB/OL].http://www.gov.cn/zwgk/2011-09/23/content_1954782.htm[2018-04-06]。

④ 国务院关于印发“十三五”国家老龄事业发展和养老体系建设规划的通知[EB/OL].http://www.gov.cn/zhengce/content/2017-03/06/content_5173930.htm[2018-04-06]。

4.2.1 理论基础与文献综述

1. 养生养老产业的内涵与特征

产业是指直接或间接依托市场，主要通过私人产品或准公共产品的初次分配方式，为社会人口提供产品与服务的经济活动。冯少兵等(2016)在《康体养生产业的概念解析》中认为，“产业是具有同一属性的企业集合”。本节基于产业的基本概念，总结分析养生养老产业的内涵与特征。

1)养老产业

在我国人口老龄化以及经济新常态的背景下，老年人所形成的巨大市场使得养老产业与我国经济“稳增长”“调结构”的发展方向高度契合。因此，为了养老产业的健康快速发展，需要对养老产业进行深入的剖析。我国学者已经从多角度对养老产业进行了深入研究，形成了丰富的研究结果。纵观这些成果，从养老产业的内涵方面来看，学者们公认养老产业是以老年人为对象，以提供养老服务和产品为主要内容的综合性行业。

然而学界目前对于养老产业的完整统一的定义尚未形成，不同的学者仍有一些不同的认识。田香兰(2010)通过例举日本的养老事业与养老产业，指出“养老产业”的服务对象是老年人口，是为满足其高层次的生活、文化需求，向其提供商品和服务的民间营利事业活动的总称。刘昌平等(2011)认为，养老产业是由老年市场需求拉动兴起的综合性产业，认为养老产业的服务对象是老年人口，其主要内容是通过市场配置养老资源进而为老年人群提供商品和服务。刘欢等(2015)认为，养老产业是指为老年人提供产品和服务，满足老年人衣、食、住、行、医、娱等多方面需求的行业的统称。全球养老产业研究中心从不同角度分析，认为养老产业是为个体提供的生命保障产业，需要以社会文明、经济和执政水平为基础，根据不同的地域、环境、气候、年龄、心理状态、亲情习惯等做出调整(赵斌，2014)。

从养老产业的相关产业特征方面来看，首先养老产业具有生产性、商品性、求利性和组织性等基本特征(郭正模等，2014)。其次，由于养老产业服务对象的购买及支付能力不足，投入的资金回收慢、盈利低，市场交易信息、双方交易能力不对称，对政府的依赖性显著，从业人员的素质与工资等较低，存在类似于“医患纠纷”的经营风险而具有弱质性特征。同时由于服务对象的特殊性，养老服务还具有公共性与福利性的特征。此外，伴随着互联网技术的发展，为老年人提供网络服务的出现，使得养老服务具有了信息产业的特征[①]。因而，养老产业可以认为是以服务老年人为核心，为老年人提供商品和服务，满足其物质和精神需求而进行的营利性综合性产业，具有市场性、生产性、商品性、组织性、求利性、福利性、公共性与弱质性等特征。

2)养生产业

养生的观念由来已久，我国的养生思想可以追溯到先秦殷商时期。近年来，随着科学

① 我国养老服务业发展特征及市场规模分析[EB/OL].http://www.sohu.com/a/73088780_255580[2018-05-15]。

技术的进步、生活水平的提高、环境污染和人口老龄化的加重，人们的养生观念又再次兴盛。学界在养生方面也进行许多研究。刘欢等(2015)指出，养生旨在调养、补养、保养身体，预防疾病，达到保养生命、健康精神、增进智慧、延长寿命的目的，与此相关联的产业称为养生产业。田香兰(2010)认为，从广义的角度看，康体养生产业是以维持、修复以及促进健康为根本宗旨，生产、交换、分配、消费与健康直接相关或间接相关的同一属性的产品和通过劳务而形成的涉及四大产业的产业体系；从狭义的角度看，康体养生产业是指以维持和促进健康为根本目的，进行生产、交换、分配、消费与健康直接相关的具有同一属性的产品和通过劳务而形成的涉及制造业和服务业两大产业的产业体系。关鹏等(2017)认为，健康养生产业是以健康为基础，由与健康有关的一些产品及机构组成，医疗产品和医疗服务及中医针灸等健康手段和健康产品组成了健康养生产业的核心。因此，养老产业是以颐养身心、预防疾病、健康精神、延年益寿为目的，由与健康养生直接或间接相关的生产、交换、分配、消费等具有同一属性的产业体系组成。

3)养生养老产业

养生养老产业不是简单的养生产业与养老产业的复合，其完整统一的定义尚未形成。从内涵概念来看，丁宁宁(2010)指出，养生养老产业既包括满足老年人需要的所有产品和服务的含义，也带有通过市场竞争来提高经济效益的意思。苏乃坤(2013)认为，养生养老产业，又称“银发产业”，是指为有养生需求人群提供特殊商品、设施以及服务，满足他们特殊需要的、具有同类属性的行业、企业经济活动的产业集合。丁宁宁(2010)和苏乃坤(2013)的研究成果基本上是基于养老的角度对养生养老产业进行的界定。何云灿(2015)基于养生的角度对养生养老产业进行界定，指出养生养老是以良好的生态环境为基础，遵循生物自然规律，对人类身体和精神进行治理、管理或者调整，以达到健康长寿、修养身心和保护生态环境的目的。陈文捷等(2016)指出，当前对于健康养生养老产业，学界还没有明确完整的定义，大部分学者都是分别对健康产业、养老产业及养生产业进行概念界定，认为健康产业是与人的身体健康相关的产业的统称，是一个复合型的产业群体，是为人的健康提供相关产品和服务的各类社会经济组织的集合；养老产业是指为老年人提供商品、设施及服务，满足其特殊需要，具有同类属性的行业、企业经济活动的产业集合；养生产业指满足人类健康养生需求所包含的生态工业、生态农业、健康产业以及文化艺术服务业等，是推进物质文明、政治文明、精神文明、社会文明、生态文明的重要产业。除上述观点外，也有学者对与养老养生相关产业进行了研究，如姜睿等(2012)认为，养生养老产业是为有养生需求人群提供适宜养老养生的住宅、设施以及服务，满足有养生需求人群和老年人的特殊需要，融合复合地产和现代服务业的一种新兴地产业态，是一种立体的开发经营方式。

4.2.2 贵州省养生养老产业体系的结构分析与优化

产业结构与经济增长的关系十分紧密，产业结构的高级化会带动经济总量的提高，经济总量的提高也会带动产业结构的演进。因此，我们需要重视对产业结构的分析和研究。本节主要从养老产业链、养老产业体系和养生产业结构来分析贵州省养生养老产业的结构体系。

1. 养生养老产业体系的结构分析

1)养老产业链

狭义的产业链是具体生产制造环节的各个生产部门的组合；广义的产业链是在具体生产制造环节基础上将上下游产业一并囊括进来，向上包括基础产业环节和技术研发环节，向下包括市场拓展环节，是在面向生产的狭义产业链基础上尽可能地向上下游拓展延伸。产业链向上游延伸一般使得产业链进入到基础产业环节和技术研发环节，向下游拓展则进入到市场拓展环节[①]。产业链的本质就是具有某种内在联系的不同产业的企业的集合，内在联系的实质则是各产业中的企业供需关系。它具有两种属性：结构属性和价值属性。产业链中的上下游企业存在着价值的相互交换，上游环节为下游环节提供产品或服务，下游环节对上游环节予以反馈。在人口老龄化这一大背景下，养老产业可通过现代化的科技手段，构建一个完整的养老产业链，即以养老服务、养老地产、养老支柱产业为核心，并涵盖其辐射产业。完整的产业链条可以进一步提高养老产业的效率，为提高老年人退休后的生活质量提供保障(图 4.8)。

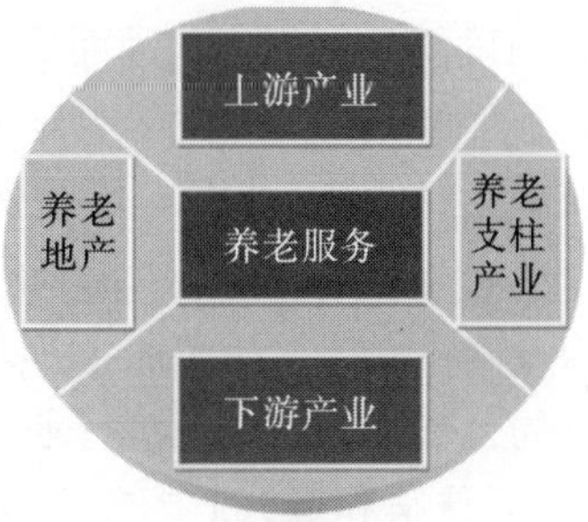

图 4.8　养老产业链结构图

养老产业链主要由以下三个部分组成：

(1)产业链核心——养老服务。养老服务是养老产业链的核心，养老服务是以老年人为服务对象，提供生活照顾和护理以及满足老年人生活和精神需求的特殊服务。养老服务涉及面较广，无论是哪种服务形式，其核心内容都是提供养老服务。以地点为分类依据，有机构养老服务、社区养老服务和居家养老服务；以福利程度为分类依据，有全福利性质、半福利半营利性质、全营利性质。全福利性质的养老服务不以盈利为目的，其服务对象是孤寡、低收入失能及高龄困难老人，其服务水平是基础养老服务。半福利半营利性质的养老服务服务对象为没有国家政策补助且没有足够财产的老人，其服务水平是中档水平的养老服务。全营利性质的养老服务，服务对象为拥有足够资金的老人，其服务水平是高端养

① 百度百科[EB/OL].https://baike.baidu.com/item/产业链/8725235?fr=aladdin[2018-06-01]。

老服务。按满足需求的层次划分，有满足基本生活需求的日常照顾、医疗护理服务，有满足精神需求的心理咨询服务、教育服务、文化娱乐服务，还有满足更高层次需求的投资理财服务、保险金融服务、老年旅游、养老养生地产服务等(表 4.5)。

表 4.5 养老服务分类别类

分类方式	类别		
按地点	居家养老	社区养老	机构养老
按级	全福利性养老服务	半福利半营利性养老服务	全营利性养老服务
按内容	满足基本生活需求	满足精神需求	更高层次需求

随着人口老龄化的步伐加快，老年人对老年服务的需求显著增加。由于老年人的健康状况、经济水平、教育水平和审美标准等的差异，对老年人护理服务的需求也不同。当前的养老服务可以通过市场化、产业化的途径向老人提供差异化服务，依据老人不同的需求层次，提供对应的服务，使养老服务实现从低层次到高层次逐步发展，从依附式服务向独立养老服务行业转变。如此，我国的老龄经济将释放出巨大的发展潜力。

(2)产业链主体——养老支柱产业。养老支柱产业是指满足绝大多数老年人基本生活需求和精神需求的产业，其主要包括衣、食、住、行、医等五个维度。因为当前学界和业界对养老产业的支柱产业还未有明确统一的界定，因而这一定义还有待完善。“衣”不仅包括老年服装，也包括老花镜、助听器、假牙假发等老年人用品。“食”顾名思义是指老年食品和保健品，如专门针对老年人的低糖、低盐、低脂食物等。“住”则是指老年公寓、与养老相关的地产、养老社区等养老场所。“行”包括老年人出行所需要的专门交通工具(如轮椅、拐杖等)、老年人娱乐设施、老年人旅游服务等。“医”是指针对老年人提供的医疗产品和服务。按照国家统计局公布的《国民经济行业分类》，上述支柱产业涉及制造业、卫生和社会工作业、房地产业、住宿和餐饮业、文化体育和娱乐业、教育业六个行业。人口老龄化的到来意味着社会对老年产品和服务的需求量和需求种类会不断攀升，这将进一步导致支柱产业的产品品种、产品类别及服务层次的进一步细化，从而衍生出更多的养老支柱产业。截至目前，支柱产业已涉及为老年人提供投资理财、保险业务等服务的老年金融，为养老提供信息技术服务的信息传输、软件和信息技术，以及为养老产业提供政策支持的公共管理、社会保障和社会组织等。

(3)产业链末端——养老相关产业。根据广义产业链的定义，养老产业链不仅包括与老年人直接相关的支柱产业和支持产业，还包括养老行业上下游产业。拿养老地产来说，它的上下游产业包括建筑业和电力、热力燃气业，水生产与供应业，老年人出行的交通运输业，研发老年人产品的科学研究和技术服务业，为老年人提供法律服务的商务服务业，老年人用品的批发零售业和农林牧渔业，为老年人提供休闲娱乐场所的水利、环境和公共设施管理业，涉及老年人殡葬与家庭服务的居民服务及其他服务业等。养老产业链的不断完善和日渐成型，使养老行业将沿着产业链条拉动各行各业的发展，实现经济的良性发展，形成“银发经济”，促进经济增长。

养老产业链具备以下特点。

(1)产业需求量大。随着老年人数量的日渐增长，对能够支持生活、提升幸福感的产品和服务需求也逐渐增加，市场消费规模也庞大起来。因为计划生育政策的多年执行，我国出现了家庭结构日渐变小并逐渐呈高龄化的趋势，这导致了养老方式的变化以及老年人消费方式的转变，进一步促进了养老服务需求。

(2)产业辐射面广。据国家统计局的《国民经济行业分类》，养老产业除采矿业和国际组织没有直接涉及外，其余 18 大类产业都有涉及。产业链条内的各个产业相互联系，养老产业的发展将对上下游产业，如建筑、交通运输、科技、文化教育产业等，产生强大的拉动效应。据此，我国应着力推动养老产业的发展，从而实现我国经济和市场结构发展。

(3)在经济方面的贡献较大。近年来，养老产品的销售量随着老龄人口的增加而持续增加。究其原因，首先是养老产业的消费人群大部分是老年人，他们自身有存款，不仅可以自己购买，子女也会为他们购买养老产品，同时随着养老金的上调，老年人的购买能力更强。其次，老年人相比于年轻人有更充足的时间做自己想做的事情，涉及领域包括旅游、健身、娱乐等。养老产业的行业横跨第一、二、三产业，行业众多，经济带动力极强。如果根据我国 65 岁以上即为老龄人口来看，若想满足所有老龄人口的养老需要，会产生 1.3 万亿元的养老收入。专家预测，到 2020 这一数字会迅速飙升为 3 万亿～4 万亿元，年均增长速度为 11%～15%，高于目前的 GDP 增速。因此，养老产业作为朝阳产业，其产业链涉及范围很广，将会在很长一段时间内为我国经济作出巨大的贡献，能够作为经济增长、产业结构调整以及扩大内需的重要法宝。

2) 养老产业体系的划分

从产业体系角度划分，可以将养老产业划分为四个层次：从维度视角，养老产业可以分为老年消费维度和老年生产维度；从三次产业视角，养老产业体系可以从第一产业、第二产业、第三产业进行划分，即为第一产业的老年休闲农业与老年农产品，第二产业的老年用品生产，第三产业的老年家政、医疗、保健、地产、文化产业、旅游产业、教育培训、商贸服务和社会公共服务产业等。

另外，目前我国养老服务体系的建设体现了一些显著特点，即以居家养老为主，机构养老和社区养老为辅，同时需要完善养老模式的各项功能，并且养老服务需要覆盖到城乡并注意发展规模要适度。

3) 养生产业结构分析

基于产业体系视角，养生产业体系可划分成三层，即核心产业、支撑产业、衍生产业。核心产业有养生旅游、养老地产业和休闲度假；支撑产业包含生物医药产业、医疗产业、生态农业和养生文化产业；衍生产业包括特色养生商业、保健品产业、健康管理服务产业、养生产品加工、养生设备制造和健康数据信息服务产业(图 4.9)。

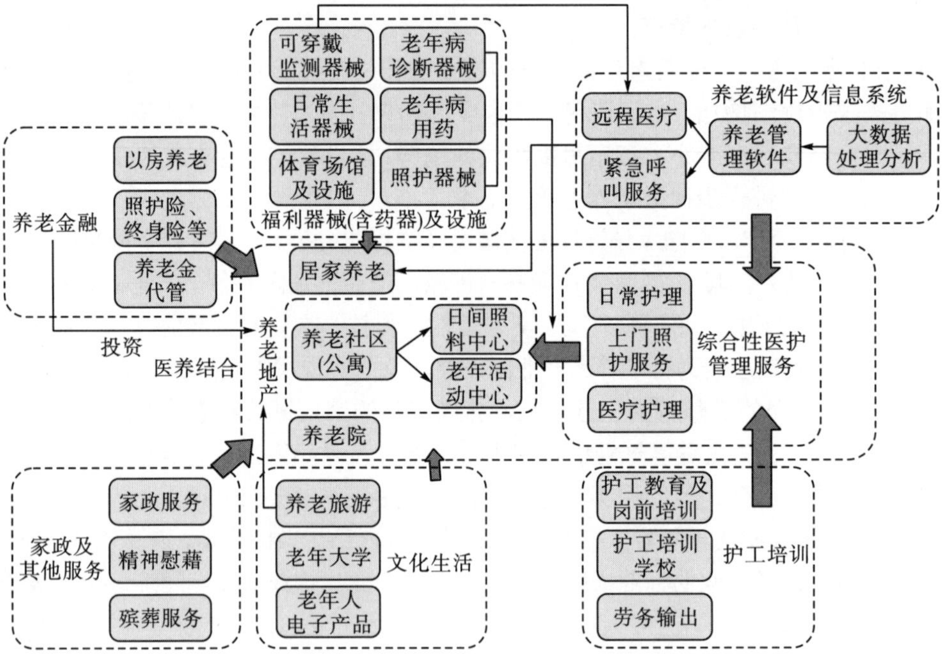

图 4.9 养生产业体系

4) 养老、养生模式分析

(1) 旅居养老。旅居养老指的是老年人为了促进身心健康发展，换一个新环境和心情，不受地域的限制，去家乡之外的宜居城市进行休养(康蕊，2016)。

(2) 机构养老。以生活照顾方式为标准，由社会福利机构向老龄化人群提供生活照顾服务的养老模式为“机构养老”。它以敬老院、老年公寓、托老所、老年护理院等具有专业化、社会化、市场化等特征的机构为服务载体，向完全能够自理的老人、半自理和完全不能自理的老人提供专业化的老年人生活照顾服务(于潇，2001)。

(3) 医养结合。以老年人为服务对象，以护理院、医疗机构等为服务主体，采用养老机构与医疗机构相结合的方式，提供除日常生活照料、精神慰藉等外的预防、保健、治疗、康复、护理和临终关怀等方面的医疗护理服务(周颖颖等，2016)。

(4) 智慧养老。智慧养老的核心在于通过技术整合替代部分人工照护功能，满足老年人多样化的养老需求。它不仅仅是医疗或临床问题，还包括老人的心理和社会关系处置问题，通过信息网络、智能技术等手段，把各个养老服务要素集成到一个平台系统中，使老人的方方面面处于远程实时监控状态，将老人与各种照护资源联结起来，为老年人提供全面、整体、系统、多元化的服务的新型现代养老模式(朱海龙，2016)。

(5) 休闲养生。休闲养生是将养生之道寓于休闲中，在休闲中注重养生，提高养生过程的休闲性，使养生变得娱乐化，以有效实现提高老年人身心健康的目的(李小云等，2011)。

(6) 滋补养生。滋补养生是养生的一个种类，指按照人体的自然规律，以食养、药养等方式，按四时调摄，以期达到调理气血的目的，从而实现健康、长寿的一种养生方法[①]。

① 百度百科[EB/OL].https://baike.baidu.com/item/滋补养生/7518016[2018-06-01]。

(7)康体养生。康体养生是指遵循自然和社会规律，在复杂因素和多元变量的综合影响下，运用维持健康、修复健康、促进健康的方法与手段的人与自然、社会的物质、能量、信息交换的社会文化活动(孙晓生，2011)。

(8)温泉养生。温泉养生是指借助温泉开展以健体舒心为主题的系列养生活动，具有强身健体、延年益寿、美容护肤、舒经活络、催眠镇痛的功效(房海鹏，2007)。

贵州依托良好的自然资源和气候条件开发了多种养生养老模式，表 4.6 列举了贵州省第一批省级医养结合试点单位和休闲养生会所单位；表 4.7 总结了贵州省养生养老模式及其分布区域。

表 4.6 贵州第一批省级医养结合试点示范单位名单[①]

序号	机构名称	序号	机构名称
1	贵阳市乌当区曜阳养老服务中心	9	安顺市中医院
2	贵阳市云岩区康园老年公寓	10	毕节市拱拢坪疗养中心
3	贵阳市云岩区中心敬老院	11	毕节市怡心苑养老院
4	贵阳市观山湖区养老服务中心	12	铜仁市德江县民族中医院
5	贵阳市第三人民医院	13	黔东南州凯里中心医院
6	遵义康复医院	14	黔西南州兴仁县中医院
7	六盘水市钟山区黄土坡社区服务中心日间照料中心	15	中铁国际生态城太阳谷医养结合项目
8	遵义一鑫老年护养院		

表 4.7 养老养生模式

模式	相关行业	贵州代表地区	贵州代表企业
旅居养老	养老服务业 旅游业	铜仁梵净山 贵阳市南明区	贵州梵净山养老养生有限公司、太阳谷国家级养生养老示范区
机构养老	养老机构运营 养老护理	贵阳市	贵阳市云岩区皇钻老年护理院
医养结合	养老服务业 医疗产业	贵阳市	贵阳市乌当区曜阳养老服务中心
智慧养老	养老服务业 互联网 智能产品制造业	贵安新区	贵州曙晖智慧养老服务管理有限公司
休闲养生	休闲产业 健康运动产业		贵州布医坊健康养生有限公司
滋补养生	健康药食材		贵州月亮山保健品有限公司
康体养生	健康运动产业	安顺市、黔西南州	贵州宝慧康体养生有限公司
温泉养生	相关温泉行业	黔东南、铜仁、遵义、贵阳	贵州省石阡温泉投资开发有限公司

5)贵州省养老产业现状

贵州省经过多年的发展，其养老产业取得了突出的成绩，表现在以下几方面。

① 百度文库[EB/OL].https://wenku.baidu.com/view/ a1c1343a 77c66137ee06eff9aef8941ea76e4b36.html[2018-06-12]。

(1)在制度建设方面。多年来，贵州省政府下发了一系列文件，为全省养老服务体系指明了发展方向，提供了基本制度和政策保障，使得养老服务体系建设的顶层设计持续加强。

(2)在机构建设方面。“十二五”期间，贵州省将 40 亿元资金投入养老服务机构建设，投入总量是“十一五”时期的 6 倍。到 2015 年底，贵州省的社会福利院、农村敬老院等国办机构共有 16.4 万养老床位、1288 所养老机构。此外，贵州省还引入了社会力量参与养老服务，民办养老机构达到 92 所，床位 9000 张。

(3)居家养老服务、社区养老服务发展。贵州省农村居民养老服务工作开展顺利。自 2013 年以来，中央专项和省级政府共投入 1.7 亿元用来支持农村福利院的建设，为贵州农村的老年人尤其是低收入、有残疾、无子女的老人提供养老服务。在农村居家养老方面，建设农村福利院 3204 个，基本达到每个乡镇至少一个。建成农村养老服务站 3203 个，占农村社区的 19%。截至 2015 年，贵州省建成养老服务中心 1011 个和老年照料中心 329 个，占城市社区养老服务中心的 49.6%。贵州省养老服务正朝着专业化和市场化进一步稳定发展。

(4)养老服务标准化、专业化发展。贵州省致力于打造养老服务的专业化队伍。2012 年 9 月，贵州省成立全国第一家省级养老指导服务中心，搭建起政府和养老机构之间的交流平台；2014 年，贵州养老服务业协会成立，并快速开展了培训工作，已经有 1500 名养老护理员获得国家认定的职业技能证书，有职业资格的人数从最初 100 人增加到 3000 人。同时，贵州省养老服务的其他试点工作也在同步开展，并进一步强化市场监管。近年来，贵州省养老服务的信息化水平逐渐提高，搭建起基于“互联网+”的养老服务平台。互联网技术使得贵州省的养老服务具有新的模式并不断获得创新，养老服务模式朝着更加高效便捷的方向发展。

(5)优化社会养老服务工作模式。贵州省在优化社会养老服务的工作模式方面也做了大量的工作。首先，建立了养老机构的市场监督、市场运作机制等；其次，采用民间组织和政府委托两种方式，尽力为“三无”和“五保”老人提供针对性的养老服务，扩大养老服务领域。目前，贵州省的养老服务体系基本形成初步框架。贵州省人口数量统计和贵州省养老机构数量统计情况分别见表 4.8 和表 4.9。

表 4.8 贵州省人口统计

指标	2014 年	2015 年	2016 年	2017 年
总人口/万人	3508.04	3529.50	3555.00	3580.00
城镇人口/万人	1403.57	1482.74	1569.53	1647.52
乡村人口/万人	2104.47	2046.76	1985.47	1932.48
男/万人	1817.91	1820.63	1833.45	1845.92
女/万人	1690.13	1708.87	1721.55	1734.08
0～14 岁/%	22.23	22.19	22.30	22.41
15～64 岁/%	67.79	67.61	67.40	67.19
65 岁及以上/%	9.98	10.20	10.30	0.40

表 4.9　“十二五”时期养生机构数量

序号	主要项目和指标	2010 年	2015 年	年均增长
1	投入养老服务体系建设资金/亿元	6.6	40	111.33%
2	国办养老机构数/所	931	1288	7.67%
3	民办养老机构数/所	55	92	13.45%
4	养老机构床位总数/万张	2.5	16.4	111.2%
5	每千名老人拥有养老床位数/张	5.6	30.7	89.64%
6	农村互助幸福院/个	0	3204	
7	获初级以上养老护理员资格证人数/人	98	3230	639.18%

2. 贵州省养生养老产业体系的结构衍生机制

产业衍生是指以母体产业为依托，母体产业受内部增长和外部竞争驱动，在母体产业中孕育产生具有与母体功能不同的新产业，并最终从母体产业脱离的过程。产业链衍生是指为了产业链本身的发展和延续，适应外部需求促使产业链内部结构变化的过程，这种变化是产业链中的一个或一些功能基团附加或脱离该产业中的链条而形成新的产业链。这种新的产业链以母产业链的结构为基础，通过某种功能群或新的产业链来代替，从而消除一些原有的环节，增加了母产业链所没有的功能。产业衍生或产业链衍生是各种产业或产业链的相互渗透交叉，导致产业或产业链的边界趋于模糊的过程。产业或产业链的相互渗透和整合并没有使经济陷入混乱，反而创造了新的产业或产业链。因此产业或产业链衍生是产业或产业链相互整合和竞争的结果(房海鹏，2007)。

目前我国养老产业正处于蓄势待发之际，其核心产业即养老服务产业发展较快，而其支柱产业和上下游产业仍有待发展。当前我国老年人的养老方式还是以居家养老为主，而居家养老的衍生市场已经不断地发展壮大，因此养老产业的相关衍生产业需要持续研究。如目前已经萌芽的老年人代购、老年人定制生活服务、老年人智能家居、特色养生商业、保健品产业、健康管理服务产业、养生产品加工、养生设备制造和健康数据信息服务产业等，都是养老核心产业衍生的结果。另外，养老产业衍生产业还涉及金融产品，如养老储蓄投资理财产品、老年房地产反向抵押、人寿保险证券化产品、长期护理保险产品等；老年生活用品，如护理保健行业、日用品、厨房餐饮、卧室多功能床、室内辅助扶手、老年浴室、助听器、轮椅、坐式购物车和各种功能拐杖等；医疗用品，如血压计、血糖计、各种功能理疗仪器、康复用品、健身器材等；养老金房地产，如房地产业的住房养老金、保险业的护理保险和人寿保险、金融业的附加老年意外保险和金融保险等。特别的，信息技术行业等与养老产业融合，催生了目前较为流行的电子产品，包括老年移动电话、智能手杖、插入式 USB 收音机以及老年语音激活计算机等，这些产品赢得了老年人的青睐而形成了销售量大的市场(王桥，2015)。

养生产业结构体系也得到较快增长。养生产业的衍生产业包括特色养生商业、保健品产业、健康管理服务产业、养生产品加工、养生设备制造和健康数据信息服务产业等。

3.贵州省养老产业体系的结构优化策略

依据养老产业的结构体系及其衍生机理，本书分析贵州省养老产业结构存在的问题并提出优化策略。

1) 存在的问题

贵州的养老服务体系建设在取得显著成效的同时，也存在明显不足。一是大量政府和社会资源投向机构养老，而居家养老和社区养老的投入和服务能力相对不足，使老年人的获得感不强。二是产品供给不足、结构单一。养老服务设施不齐、产品功能不全、专业护理人员缺乏、服务水平不高，同时以提供简单的食宿和照料等低端服务为主。三是扶持社会力量发展养老服务的投融资、用地、税费减免等优惠政策落实不到位，民间资本投资潜力尚未充分释放，制约社会力量深入参与养老服务业发展①。

2) 优化建议

近年来，党中央、国务院加大力度在推进养老服务业供给侧结构性改革的同时，贵州省也实施了大扶贫、大数据、大生态三大战略。机遇难得，贵州省要及时把握住机会，积极摸索建设有贵州特色的养老服务业发展的新路径。

(1) 完善养老服务业发展的顶层设计。政府可通过宏观调控手段不断完善养老服务业发展的政策体系，比如出台政策奖励措施支持养老服务业发展。良好的政策环境将有利于养老服务产业的发展。

(2) 健全居家社区养老服务体系。政府可以采取政策引导和资金补助等方式，大力发展居家养老和社区养老服务。实现农村居家养老服务和城市居家社区养老服务全覆盖的目标，为老年人提供互助养老服务。

(3) 提升机构养老服务能力。加大力度建设城乡养老机构，建成覆盖农村所有乡镇的供养机构网络；加大投入，促使养老床位基本满足全省需要，提高供养效率和效益。

大力发展医养结合的养老模式。医养结合将成为未来养老的主要模式，其发展包括以下几个方面。

(1) 转变思路，构建有贵州特色的养老服务事业和养老产业融合发展大格局。贵州省气候优越、生态环境良好、旅游资源丰富、交通基础设施完善和劳动力资源丰富，非常适宜发展养老服务业。应对养老服务业进行深入研究，借鉴和吸收相关经验教训，结合贵州的省情深入分析养老服务业的发展形势，明确全省养老服务业发展的总体思路，建设成功的贵州特色的养老服务事业。

(2) 创新机制，聚集养老服务业大发展的社会资源。贵州省的养老服务业存在资金短缺问题，可以通过创新融资的方式，为贵州的养老服务产业发展提供强力支撑。在解决养老服务发展中的资源分散问题的基础上，致力于创新养老服务的组织和领导方式。在养老服务的整体研发、产业整合和发展思路等方面，制定具体实施措施，形成整体推进和重点

① 贵州举行 2017 年养老服务业发展情况发布会[EB/OL].http://www.scio.gov.cn/xwfbh/gssxwfbh/xwfbh/guizhou/Document/1614637/1614637.htm[2018-06-01]。

关注重大问题的格局。在解决养老服务业发展的优惠扶持政策落地难题的基础上，对政策进行系统的设计和创新，通过细化落实各项政策措施，扶持社会力量发展养老服务业。

(3) 深化改革，挖掘养老服务业大发展的不竭动力。通过深化改革来放开管理服务，认真执行相关政府文件，向社会资本开放贵州的养老服务领域。

(4) 加强内外协作，凝聚国内外优质资源加快推动贵州省养老服务业的大发展。积极招商引资，大力吸引国有大型企业和各类专业养老服务公司到黔投资；依托贵州的气候、生态、旅游、民族医药等优势资源，大力发展饮食、医疗、旅游等产业，促进贵州养老产业的发展；重点支持老年人的“云平台”建设，促进贵州省基于家庭的社区养老项目，提升贵州省的智能养老服务事业。

(5) 推进贵州省养老服务的相关制度建设，包括建设老年人能力需求评估体系，建立养老服务质量监测评估体系，加强政府部门和养老服务的行业人员培训，大力提高行业管理人员的管理能力和从业人员的服务水平等①。

4. 贵州省养生产业体系的结构优化策略

依据贵州省养生产业体系的结构及其衍生机理，分析其存在问题并提出优化策略。

1) 存在的问题

(1) 产业总体的规模较小，融合度也低。现在的旅游业和生态农业等很少将养生的理念融入进去，健康养生企业还处在探索阶段，还没形成全产业链，发展单一，并且与大数据产业和医药行业等融合度低(司富春等，2014)。

(2) 缺乏相应人才，创新力不足。缺乏高水平的科研管理人才，科技含量不足。2013年，贵州省综合科技活动产出指数、科技进步水平指数、科技促经济社会发展指数、科技进步环境指数等均列全国倒数第二，健康产业这一新兴产业的科技支撑不足，附加值低。

(3) 产业发展动力不足。健康养生产业仍处于低级阶段，相关产业发展不充分，政策法规较为滞后，缺乏相应的国际标准体系，服务质量与产品质量参差不齐，行业标准构建不足，缺乏强劲的协调机制(刘京华等，2017)。

(4) 竞争激烈。人才、技术、资金等重要资源主要集中在东部省份，贵州的周边省份也有相应资源，而且开发早，知名度高。如广西巴马等地已形成品牌效应。所以，贵州省的健康养生产业发展将面临一定压力。

2) 优化建议

目前贵州省在养生产业领域已经制定了一系列政策措施，一些地区也加大了养生产业基地的建设力度并取得较好的成效。但是，目前各地在利用政策方面有余而利用市场的导向作用方面不足。因此，各地方应有效针对以上问题，有针对性地开发养生新业态以满足不同的消费者需求；要积极创新养生产业链，拓展市场份额，扶持和打造具有贵州特色的健康养生产业的知名品牌。

---

① 贵州举行 2017 年养老服务业发展情况发布会[EB/OL].http://www.scio.gov.cn/xwfbh/gssxwfbh/xwfbh/guizhou/Document/1614637/1614637.htm[2018-06-01]。

3）发展原则

（1）坚持统筹发展，市场主导。要坚决发挥市场在资源配置中的决定性作用，根据市场走向策划产业发展，使企业成为产业化发展和技术创新的主体。提高政策的有效性和科学性，加大市场监管力度和政策引导，营造出发展的友好环境，增强市场活力与宏观调控的协调统一（蔡书凯等，2015）。

（2）坚持特色发展，驱动创新。要形成有利于创新的机制，以管理模式和技术创新推动安全的发展环境。利用资源比较优势实行差异化发展战略，突破创新重大产品，实现健康养生产业新发展（臧建东等，2017）。

（3）坚持开放带动发展。高度推进内外开放，优化合作环境，吸引国内外先进技术和高端专业人才，引进国内外知名产业入驻贵州，借助外部力量构建开放共赢的产业生态，实现贵州养生产业的健康发展。

（4）坚持可持续发展。坚守生态底线，运用绿色的技术手段和发展理念开发环保的健康养生产品；利用省内优势要素资源引导企业集约发展，保护生态资源（黄新伟，2016）。

4）路径选择

（1）大力培育健康养生企业。

①利用资源优势引进先进的健康养生企业，加强与周边国家的合作交流。积极与国内外先进的健康养生产业合作，提供政策支持，鼓励国内外先进的健康养生企业在贵州设立分支，支持多种形式的健康养生企业建设一批养生项目（林轶，2010）。

②培养一批健康养生企业团体。促进健康养生产业链前后的配套发展，指导一些健康龙头企业围绕产业链延伸拓展，开展跨行业、跨所有制、跨地区的兼并重组（刘勘，2003）。

③促进一批健康养生关联企业转型升级。特别是引导一批生态型旅游业、农业和制造业的相关企业，通过制定发展规划开发符合健康养生理念的养生服务和养生产品。

（2）着力优化发展环境。

①大力开发市场。大力修改和清理不利于疗养、医疗养老等产业发展的政策，向国内外企业开放健康养生领域，推动建立相关企业在技术准入、运行监管、市场准入等方面的机制；大力支持境外资本、国内社会资本合法流入养老产业、医疗服务、中医药保健等领域；允许社会资本投资的医疗机构自主购买大型医疗设备，努力减小非公立医疗机构对于大型医疗设备的购买限制。

②深入简化审核批准程序。全面优化整改现行的工商登记制度，推行工商登记前的审核目录化管理。促进养老、医疗、食品等行业的行政审核，简化审批程序，提升工作效率，将所有审批时间在法定时限上的基础上压缩一半以上。下放保健用品和食品生产许可的审核批准权限，依法取消加工需要备案的规定。

③制定各项优惠政策。要加快编制健康养生产业的优惠政策，并大力宣传。定期开展健康养生产业政策的落实督察，促进落实国家和省已出台的有关价格、土地、税费等政策（张茅，2014）。

(3) 提高科技创新能力。

①加快转化科技成果。加速健康养生企业孵化，建设健康养生产业人才孵化器，强化加速器、孵化器以及其他创新服务的对接，搭建功能体系完整的产业创新服务网络。积极推进该产业的研究、学习、实践、生产一体化，推动企业创新。鼓励企业申请国家认定企业技术中心、国家重点实验室、国家高新技术企业认证、国家工程技术研究中心等，支持企业成果转化。

②增强技术合作。推动企业建立健康养生产业企业联盟和相应的行业协会，搭建企业与企业、政府与企业的沟通与交流平台，跟进国内外健康养生产业技术的发展，增大技术交流合作，创建人员交流和技术论坛，学习国内外先进经验，突破健康养生产业创新的瓶颈。

(4) 创新人才管理机制。

①大力引进和培育专业人才。在“百千万人才引进计划”的实施过程中，引进具有学习经典案例、攻克技术难题、开发创新能力的全球精英人才团队。坚持人才“引进来”与“走出去”相结合，全方位培养康养产业各产业链层次的专业人才，同时建议加强康养产业方面相关人才的培养，并给予指导和帮扶；加强产学研建设方面的各项投入，建立和发挥政府、企业、院校之间的合作以及相关机制。在财政资金方面向健康养生产业多层次人才培养和高技能人才培训基地建设倾斜。

②人才管理机制的创新。发挥国内外高级人才在健康养生产业平台中的双创作用，鼓励创建国内外高级人才双创基地，搭建高级人才发展创新平台；支持有条件的龙头骨干企业、高等院校和健康养生产业园区构建产学研合作平台，推进高级人才管理改革，增大引进紧缺型高级人才力度；在贵州开展相应产业的项目支持力度，采取金融扶持、项目扶持等方式；打造优美的创业环境，充分调动人才的创造性和积极性；建立养老服务机构、公立医疗机构等在人才和技术方面的合作机制；支持执业护士和医师到社会养老、医疗和疗养、保健、康复、护理和健康管理等服务。

③大力引进和培养运动咨询、护理、保健等特殊紧缺人才。开设相关专业，设立大健康学院，进一步培养运动咨询师、护理人员、保健师等人才；适时地设定和评价相关专业职称；与国内外院校深度合作，吸引相关专业人才到黔发展。

(5) 完善要素保障机制。

①保障用地。做好土地利用与健康养生产业的城乡规划、总体规划的联动协调，优先安排指标给列入了健康养生产业发展重大项目的重点园区。对于符合经营时长并符合划拨用地要求的相关企业，可按划拨土地办理用地手续；若不符合划拨用地要求，可以采用协议出让的方式办理手续。监督企业用地，避免和阻止盲目圈地，加强用地管理。

②加大财政扶持力度。各个部门根据相应责任重点运用专项资金支持健康养生产业，调整财政性资金支出。支持各地采取 PPP 模式集结社会资本购置康复、体育健身、养老、医疗等设施。用基金、风险补偿、先建后补、贴息等方式引导符合相关法规和政策的企业。大力支持产品开发、基础设施以及健康养生产业园的建设。

③投资方式创新。大力支持正规的健康养生企业到多层次的资本市场融资。加大对健康养生企业的信贷额度或者企业可以通过非金融企业债务、企业债券等融资工具进行直接

融资。支持社会资本建立该产业的投资基金。推动商业保险资金通过资产支持计划、债券计划、股权计划等方式为该产业提供资金支持，为外资提供跨境结算的服务。

(6)加快资本引进速度。

①应大力引进重大工程。把卫生事业列为招商引资重点产业，加快招商引资平台建设，定期出版招商引资目录和招商重点项目；积极引进国内外企业生产优质绿色食品、保健食品、保健产品、无公害农产品等，并举办多种形式的项目推介会。鼓励社会力量经营医疗、养老、健康管理、护理、康复、保健、疗养、健身、商业健康保险等项目，鼓励国际知名品牌管理公司参与项目管理和企业管理。在医疗保健行业进口项目行政审批时可实行免费代理服务。

②进一步创新招商引资方式。加强健康养生产业链和产业集群的投资，加快培育健康养生产业的核心竞争力。选择产业发展较好的长江三角洲、珠江三角洲、环渤海地区等重点经济区域的龙头企业在黔投资办厂；建立良好的招商互动机制，进一步加强发达地区的驻地招商引资，实现招商引资长效机制；积极开展委托第三方招商引资，充分发挥商会的重要作用；探索和发展比较优势投资模式，大力宣传贵州省的综合比较优势与健康养生产业的资源特征。

(7)进行试点推行。

①加快培育多个示范基地。建立健康疗养与生产行业示范基地的认证体系。每年确定一批具有良好条件和市场潜力的休闲度假、养生健身、体育健身、温泉疗养示范基地。对识别出的基地进行动态管理，形成可进可出的管理机制。加强对示范基地的协调服务，从资金、工程用地、建设程序、运行管理等方面重点培育和支持健康养生产业示范基地。

②加快扶持多家龙头示范企业。培育一批市场效益好、发展潜力大、主导作用强的卫生保健企业，引导龙头示范企业进一步扩大和创新卫生保健形式和养生服务模式；支持企业发展健康保健市场，在金融、税收、土地等多方面打造健康保健品牌。积极开展卫生人员培训，增强企业竞争力[①]。

4.2.3 贵州省养生养老产业体系的功能分析与优化

分析贵州省的养生养老产业特有的功能体系，有助于贵州省健康养生养老产业的强化发展。

1. 养生养老产业体系的功能分析

(1)政治功能。养生养老产业的政治功能主要体现在缓和社会矛盾和稳定社会发展等方面。贵州省的人口结构正在向老龄化偏移，老年人口数量日益增多，几乎所有家庭都有老年群体。如若老年群体的权益得不到充分保障，则各年龄阶层的群体都将受到影响。如何保障这些昔日建设者的晚年生活，让他们实现老有所养，是国家和地方各级政府的重要工作。

① 省人民政府印发《关于支持健康养生产业发展若干政策措施的意见》、《贵州省健康养生产业发展规划(2015-2020年)》的通知(黔府发〔2015〕8号)[EB/OL].http://www.zunyi.gov.cn/sy/szfgzhzc/qff/201710/t20171024_619235.html[2018-06-01]。

(2)经济功能。养生产业和养老产业具有资源消耗低、环境污染小、科技含量高、发展潜力大、市场需求旺盛、消费空间大等特点。其产业链长，覆盖范围广，涉及第一、二、三产业。养生养老产业可以与“农业稳省、工业强省、商业活省”等结合，实施产业带动和融合战略。通过新观念、新技术、新模式，在培育新产业的同时，加快贵州传统养生养老产业的转型升级。发展健康养生养老产业，不仅有利于贵州省适应经济新常态，培育经济新增长点，而且有利于保障和改善人民生活，满足人民追求健康生活的愿望。

(3)文化功能。学者们对文化功能的探讨主要从文化性质入手。马林诺夫斯基认为，文化具有两大类功能：满足基本需要(生理需要)的功能和满足派生需求的功能。美国心理学家 A.马斯洛提出的需求层次理论将人的需求分为五个层次，从低级到高级分别是生理需求、安全需求、归属需求、尊重需求和自我实现需求(图 4.10)。文化可以实现这五个层次的需要。人类文化主要通过人与自然、人与社会、人与自我(心灵)的关系创造出来，比如物质文化是在人与自然关系基础上产生的，制度文化是在人与社会关系基础上形成的，精神文化是通过人与自我(或心灵)关系基础上形成的。因此可以把文化的功能分为三大类，即生理性功能、社会性功能和心理性功能(何星亮，2013)，见表 4.10。

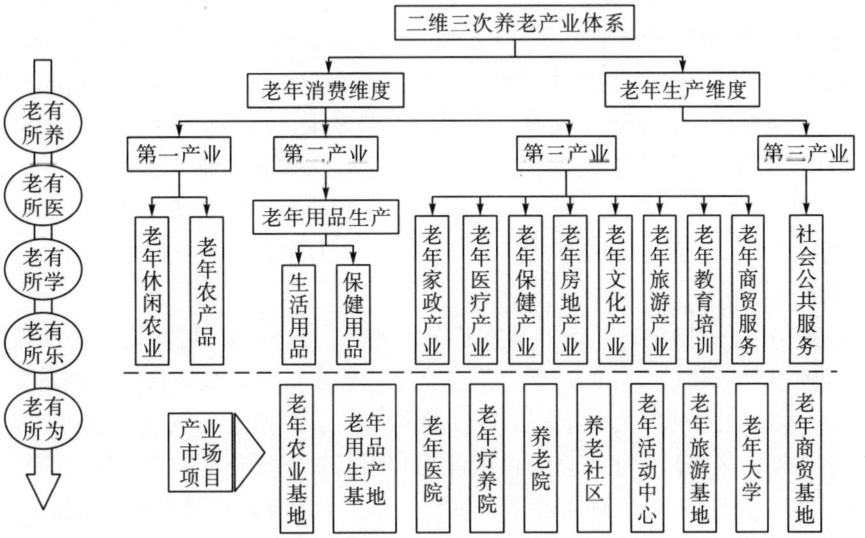

图 4.10　需求层次理论

表 4.10　文化功能

功能分类	内容
生理性功能	人类满足人体各个器官的正常活动，即“生存”“求爱”和“安全”的需要。它涉及人类在生物学意义上的生存需求，如食物、衣服、住房、生命安全和物种繁殖等
社会性功能	为了满足人与人之间以及人与社会之间关系的各种需要。社会功能可分为五个方面：①启蒙的功能；②规范的功能；③整合的功能；④凝聚的功能；⑤适应的功能
心理性功能	为了满足各种信仰、制度和习俗的心理需要(如舒适、尊重等)，如宗教、神话、艺术、伦理、道德等。心理需要所形成的精神文化是人类区别于动物的显著标志

贵州民间养生文化绚丽多彩。贵州省 17 个少数民族有丰富的民俗健康文化。苗族、布依族、水族和瑶族的传统节日包括各种各样的健康元素。如温泉浴以温泉疗养为目的，在贵州已有数千年的历史；瑶族浴疗保健等民间保健方法具有良好的疗效。

(4)社会功能。近年来，养生养老服务产业逐渐得到关注。我国陆续出台《国务院关于加快发展养老服务业的若干意见》等一系列文件。然而，我国人口老龄化形势严峻，环境污染问题突出，养生养老服务产业发展不足。养老问题是关系国计民生和国家长治久安的重大社会问题，国民健康也事关国家的发展前途。因此，大力发展养生养老产业意义重大，主要有以下几个方面。首先，这是实现中国梦的重要内容，"中国梦归根结底是人民的梦"，它最终落脚点是人民幸福。因此，国民身体健康、老年群体得到尊重和赡养是实现中国梦的重要内容。其次，是补齐服务业短板的现实需要。第三产业服务业的发展水平体现了一个国家或地区的经济发展现代化、国际化与高端化程度。服务行业中最为短缺的是养生养老服务产业，同时也是最有发展潜力的行业，其优势在于投资成本低、资源损耗小、污染少、服务广泛。养生养老服务业的快速发展，不仅有利于提升国民特别是老年人的生活质量，也可以释放巨大的内需潜力，大力支撑经济稳定增长，并能推动康复、旅游等相关产业协同发展，成为服务业升级的新结合点和发力点。最后，这可缓解就业压力。我国的城镇化率于 2017 年末已达到 58.52%，预计到 2030 年可达 68%，新增城镇人口 3 亿。城镇化带来了巨大的就业压力，如何有效化解城镇化带来的就业压力，成为政府和社会亟需解决的问题之一。通过借鉴发达国家的经验发现，服务业能够容纳最大的就业量。我国作为一个劳动力资源丰富的国家，就业增长主要依靠服务业。在服务业中，又以养老服务业最为突出，有着巨大的发展潜力。据测算，我国老年人护理服务和生活照料的潜在市场规模将在 2020 年超过 5000 亿元，新增超过 710 万个社会就业岗位，能够有效缓解日趋严峻的就业形势。

(5)生态功能。中国生态环境的基本状况主要表现为整体环境恶化和局部环境得到改善，但治理速度远未超过破坏的速度，生态赤字正逐步扩大。我国目前面临着三大生态压力，即人口压力、工业化压力和市场压力①。近年来，我国政府采取的一系列措施，如建立国家重点生态功能区等，对生态产品供给能力和国家生态安全保障水平等具有提升作用，在国土空间格局优化、实施主体功能区制度和生态文明制度建设等方面具有重大意义②。鉴于养生养老产业的基本理念符合生态发展的观点，因此养生养老产业的生态功能也突出表现在相关企业的保护自然资源、合理利用景观资源和强调人体与自然的和谐统一等方面。从贵州省来看，一些设立防治生态功能区的县(市、区)有赫章县、平塘县、罗甸县、册亨县、望谟县、紫云苗族布依族自治县、关岭布依族苗族自治县、镇宁布依族苗族自治县、威宁彝族回族苗族自治县等，同时也是积极发展养生养老产业并取得较好成效的地区。

2. 贵州省养生养老产业体系的功能提升机制

现阶段贵州养生养老产业总体发展水平还比较滞后，选择和塑造符合贵州省省情的养

① 百度百科[EB/OL].https://baike.baidu.com/item/中国生态环境状况/5635149?fr=aladdin[2018-06-01]。

② 国家调整重点生态功能区范围数量增至 676 个[EB/OL].http://finance.sina.com.cn/roll/2016-09-29/doc-ifxwkvys2285191.shtml[2018-06-01]。

生养老产业功能并提升产业功能，将有助于推动产业的转型升级。

对于某一地区而言，其环境和基础条件是确定的，但不同产业功能对基本要素的依赖度各不相同。因此，如何依据现有的发展条件升级关键的产业功能要素是提升产业功能的重要所在。

3. 产业功能选择的基本原则

1) 比较优势原则

比较优势不仅包含既有优势，还包含潜在优势。产业发展的潜力是可以衡量的，主要体现在政策支持、核心技术和发展前景等特点上。优势产业常被认为具有以下特征：具有内生性技术创新能力、市场需求和增长潜力巨大、具备前瞻性和可持续发展性等。在选择区域产业功能时，必须因地制宜，将本地区特色凸显出来，与其他区域形成差异化分工。

2) 关联强度原则

一个产业可通过前向关联、后向关联以及旁侧效应被另一产业带动发展。当优先发展关联度强的产业时，会更容易带动上下游及周边产业的发展，并衍生出一些二级产业。由于产业的关联度较强，能够产生强大的连锁和加速效应，二级产业又会促进其他产业的发展，从而带动整个区域产业发展。

3) 协作发展原则

不同产业和经济部门之间通过相互协调，能够有效促进经济的健康发展，同时产业之间还应具备相应的相关性。要充分发挥优势产业并引导产业走向外部性，形成对周边产业的技术扩散和驱动效应，吸收外围发展缓慢的产业，最终实现区域资源整合和协同发展。因此，选择区域的产业功能时必须因地制宜，要与其他地区建立一个和谐的协作分工环境，凸显各地区产业结构的优势和特色。

综合评价贵州省养生养老产业功能，要求能够真实、客观地反映贵州省养生养老产业的特征，因而本书不仅要考虑到系统性、层次性，还要兼顾整体性、全面性和局部重点，同时选择的指标要具有科学性与合理性。因此，在协作发展原则之下，构建功能指标体系还应遵循以下原则。

(1) 综合性原则。指标选取要尽可能全面，要能够尽量从各个方面进行衡量和解释，包括自然、经济和社会等各要素，尽量避免缺失和遗漏。

(2) 主导因素原则。制约养生养老产业功能发展的因素有很多，不但不同地区的不同因素对其有不同的影响，有时同一地区在不同时间段的影响也各有差异。因此，针对不同地区的自然环境和经济社会条件的不同特点，侧重分析影响养生养老产业功能充分发挥的主导因素，使指标更具代表性，研究结果更具真实性和可靠性。

(3) 稳定性原则。时间序列上的相对稳定也影响着指标选取，选取指标时要考虑到这一点，才能有效评价结果，便于实际应用。

(4) 以人为本的原则。养生养老产业主要组成了为人们生活服务的服务产业，它的布局必须考虑到诸多与人类生活密切相关的因素。人们舒适健康的休闲度假生活需求要得到真正的满足。

(5)可操作性原则。为了确保评价结果的准确性，不能盲目选取指标，否则会导致指标较多、关系较复杂及某些指标难以选择和获取，从而增加数据获取和数据计算的难度。因此，在选取指标时，在能反映养生养老产业功能提升的前提下，要在最大程度上利用现有的、易于计算和处理的数据(代振，2014)。根据养生养老产业的功能选择原则及功能指标构建原则，可建立贵州省养生养老产业体系的影响因素指标体系见表 4.11。

表 4.11 产业功能提升影响因素的选择基准

一级指标	二级指标	三级指标
基础条件	物质基础	资源环境
		经济发展基础
	空间基础	空间区位条件
		可利用建设用地
发展平台	产业规模	衍生产业
		带动产业
	发展水平	经济效益
		就业影响
		生态影响
	非产业平台	中介服务
		行政办公服务
支撑要素	政策支撑	政府政策
	要素支撑	人力
		资金
		土地
	配套支撑	交通
		技术
		基础设施
市场因素	市场规模	需求规模
		供给能力
		购买能力
	可持续发展能力	生产要素投入
		产业竞争力
		社会贡献

基础条件融合了比较优势和资源有效配置的基准。发展平台主要反映产业关联度和经济效益。支撑要素主要是基于增长潜力和行业比较优势的角度设定的。市场因素主要包括产业可持续发展能力和市场规模两方面，巨大的市场需求是经济发展的主要动力，

大规模生产有助于生产技术的发展，帮助降低成本，从而加快市场开拓步伐，激励相关产业的发展。

基础条件与支撑要素是产业功能的基础支撑成分。产业的发展离不开这两个组成部分，基础条件和支撑要素之间也是相辅相成的关系。离开了基础条件，支撑要素就成了无源之水、无本之木；离开了支撑要素，就会“守着宝山讨饭吃”。发展平台与市场因素是产业功能发展壮大的重要抓手。发展平台和市场因素的发展会促进产业功能的提升与发展，二者是相互促进的关系。发展平台相关要素的发展为市场因素的提高奠定了资本基础，市场因素的发展为发展平台的繁荣提供了源头活水。基础条件和支撑要素也是发展平台和市场因素的基础成分。图 4.11 展示了贵州省养生养老产业影响指标间的相互作用关系。

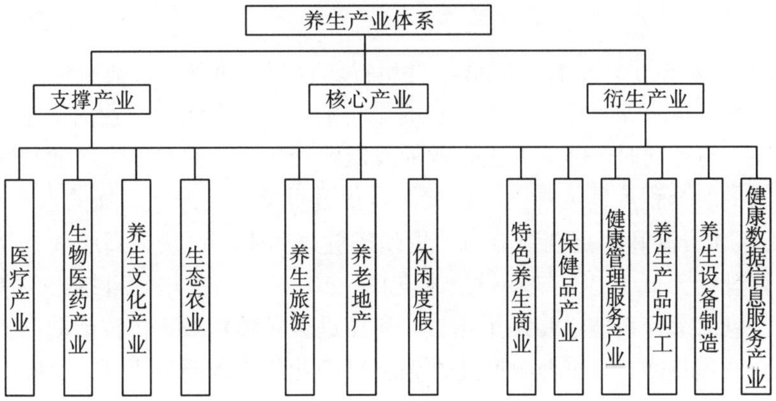

图 4.11　指标间相互关系

4. 贵州省养生养老产业面临的挑战

在贵州省相关政策文件中，如《关于支持健康养生产业发展若干政策措施的意见》和《贵州省健康养生产业发展规划(2015—2020 年)》等，较系统地总结了贵州省养老养生产业的挑战①。

1) 养老产业

(1) 养老资源布局不科学，具有突出的结构性矛盾。贵州省内各地区之间、城镇乡村之间的发展不平衡问题十分严重。养老服务中介组织的专业化发展滞后，市场化运作机制尚未形成。农村养老服务基础差、起步晚，主要靠农村敬老院支撑。全省养老床位中农村敬老院的床位比重大，而且护理型床位比重低，大多数养老机构的设施设备落后，服务水平不高，导致养老机构一床难求和床位闲置现象并存，结构性矛盾突出。

(2) 养老机构服务与养老需求之间差距较大。全省养老机构普遍只具备基本的生活服务设施，缺乏医疗保健、康复护理和紧急救援等基本设施。养老服务场所规模小、服务品种与服务功能简单、仅能为老年人提供上门家政服务等是大多数社区养老服务的通病。而且养老

① 省人民政府印发《关于支持健康养生产业发展若干政策措施的意见》、《贵州省健康养生产业发展规划(2015—2020 年)》的通知(黔府发〔2015〕8 号)[EB/OL].http://www.zunyi.gov.cn/sy/szfgzhzc/qff/201710/t20171024_619235.html[2018-06-01]。

服务内容的形式单一，主要提供简单的食宿服务。

(3) 欠缺社会力量的参与。截至 2018 年，全省仅有 100 多家民办养老机构，而且服务方式与服务场地主要是租房经营。服务设施较为简单，其他床位数量只占养老总床位数的 6%左右，不到 1 万张。社会力量主要以兴办养老机构的形式参与贵州省养老服务。社会力量在养老服务企业、养老产业集群发展、养老服务产品研发生产等领域的参与度还需要加强。

(4) 服务团队的专业化程度有待提高。养老护理员人数少是目前较大的问题，专业人才匮乏，多数养老机构中的医生、护士、营养师、康复师、心理咨询师、社会工作师等人员不足，无力开展康复护理、医疗保健、精神慰藉等多样化个性服务，行业发展后劲不足。

2) 养生产业

(1) 产业总体规模小，整合程度低。贵州省现有的健康养生企业数量少、规模小，专业化程度低，鲜有健康养生理念融入现有的旅游业、生态农业等产业的例子，缺乏全产业链的统筹开发。与此同时，健康养生企业的发展路径单一，健康养生产业与医药产业、大数据产业之间的融合程度需要加强，需要重点提升健康养生产业发展的水平和层次。

(2) 缺乏人才资源和缺乏创新能力。贵州省健康养生产业缺乏高层次、高水平的科研管理人才，管理能力低下，欠缺科学技术支撑。2013 年，贵州省科技相关指数均列全国倒数第 2 位，包括综合科技进步水平指数、科技进步环境指数、科技活动产出指数、科技促进经济社会发展指数。健康养生产业作为新兴产业的投入研发不足，健康养生产品的技术含量不高、附加值低。

(3) 产业发展支持力度不够。当前贵州省健康养生产业的发展还处于点状的、局部的状态，与之相关的配套产业发展不足，支持研发的政策、法规制度难以跟上市场发展的步伐，与国际接轨的、统一的标准体系尚未形成，产品与服务质量差异较大，欠缺行业规范化建设，缺乏强有力的促进与协调机制。

(4) 产业竞争加剧。东部地区聚集我国优质的技术、资金、人才等产业资源配置要素，周边具有与贵州省同类资源条件的地区，其养生产业的开发利用起步较早，其中一些地区已经具有较高的知名度，还有一些地区已形成长寿养生品牌和较好的市场效应，如广西巴马等地，对贵州省发展健康养生产业带来了较大的压力。

5. 贵州省养生养老产业体系的功能优化策略

养老产业功能面临的问题主要集中在支撑要素和市场因素两方面，从而可明确养老产业体系功能的优化策略[①]。

1) 加强城市养老公共服务基础设施建设

加强社区养老服务设施与卫生、文化、体育等设施的功能衔接，鼓励和扶持社会各方主体参与建设、运营和管理社区综合服务设施，向老年人开放各类养老服务功能设施。根

① 关于印发贵州省“十三五”养老服务体系建设规划的通知[EB/OL].http://www.gzsmzt.gov.cn/xxgk/xxgkml/zcwj/fgwj/201711/t20171120_2851813.html[2018-06-01]。

据国家相关标准和规定，推进改造社区无障碍设施，重点促进坡道、电梯、公厕等与老年人日常生活密切相关的公共设施的改造进程，加快推进无障碍通道、老年人专用服务设施、旧楼加建电梯以及适老化路牌标示和适老化照明等设施的改造。

2) 推进居家和社区养老服务体系建设

引导和鼓励民间资本参与老年人日间照料中心、老年人活动中心的建设，对高龄、空巢、独居、生活困难的有特殊需要的老年人，提供集中就餐、托养、助浴、健康、休闲和上门照看等服务，并充分协调好登记老年人信息、评估老年人身体状况等工作。充分履行家庭的传统养老功能，重点发展居家养老和社区养老的服务领域。建立健全居家养老服务平台和服务网络；借助社区服务中心的基础，加快建设老年人日间照料中心、托老所等居家养老服务设施。在居家养老服务方面，要大力引导和鼓励企业、机构和社会组织的参与。社会组织、家政、教育、物业服务等企业要逐步引入社区居家养老的服务网点，创办或发展形式多样的养老服务项目。鼓励专业居家养老机构指导和培训社区养老服务组织。为建立和培养专业的居家养老服务组织，可以采取政府购买服务、项目委托、政策扶持、以奖代补等多种手段，扩大服务覆盖面，丰富服务内容。

3) 积极推动养老服务人才的队伍建设

制定全省养老服务从业人员的培训规划，统筹落实培训资金。引导贵州省养老服务指导中心、省养老服务业协会等组织充分利用远程教育等方便实用的培训方式。建立养老服务人才教育体系，鼓励大学等机构对养老模式进行创新研究，培养康养行业护理人才等。

4) 发展壮大养老服务消费市场

扩大养老服务体系内容，引导和鼓励养老服务机构与企业重点发展能够优先满足老年人基本服务需求的领域，引导和鼓励相关行业企业大力拓展适合老年人身体条件的体育健身等服务。为了使老年人的文体娱乐等精神需求得到满足，可以着重研发老年产品，鼓励商场、超市设立老年用品专门体验区。建立健全养老服务环境管理体系，保证产品质量，打造安全、诚信、便利的养老消费氛围。允许和鼓励外国投资者在省内以多种形式(如独资或与省内公司、企业及其他经济组织合资)建立营利性养老机构院所，并允许与投资和养老服务有关的领域打造规模化、连锁化养老机构，营建优质的养老机构品牌。

另外，养生产业功能面临的制约因素主要集中在发展平台、支撑要素和市场因素等三方面。要解决这些问题，需要重视健康养生产业业态的服务需求、制约因素和关键环节，借助大数据这一有利条件，重点提高健康养生的信息、医疗、健康管理水平，加快形成养生健康、保险等重要服务的能力，促进协调和联动与健康养生发展配套的服务业态，让健康养生产业拥有强有力的支撑配套服务。

4.3 贵州省健康体育产业体系的系统分析与优化

健康体育是人们最有效的健康生活方式。贵州省地形地貌特征可以开发多种健康运动方式。本节重点探讨健康体育产业体系的结构和功能，并提出优化建议。

4.3.1 理论基础与文献综述

1. 健康体育产业的内涵与特征

随着人类社会经济的发展，物质生活质量的提高，人口老龄化的加剧以及人们健康意识观念的增强，健康体育产业就在这种时代背景下迅速发展起来了。健康体育产业是一种朝阳产业，拥有广阔的发展空间和强大的生命力，是促进经济增长和社会和谐的重要动力，已经成为国民经济的重要组成部分。

1)健康体育产业的概念

目前学术界还没有学者对健康体育产业做出明确的定义。要对健康体育产业做定义，必须要明确健康体育是什么。国内学者对健康体育产业的界定均是从产业融合的角度考虑的。李明(2001a，b)指出，健康体育是随着人类社会经济时代的高速发展，以不断增长的社会物质基础和人类自身健康观念的转变为前提，以健康和体育两大领域的有机结合为条件，以广泛的社会关心和国民的共同参与为支柱的一个特殊的新领域。张国胜(2006)认为，健康体育既不能简单地将它划为体育领域，也不能简单地将它划为健康领域，应该是具备健康、体育两大领域特征的一个复合型的新领域。胡精超(2012)提出，健康体育产业是健康产业和体育产业的有机结合，既存在健康产业的因素，又具有体育产业的因素。杨磊(2013)提出，健康体育产业的最终目的是让体育真正地融入人们的生活，成为日常生活里的重要组成部分，这也是健康体育产业区别于其他体育产业的根本所在。翟春等(2016)认为，体育产业和健康产业两者从概念上分析，都属于大产业的集合，同时都延伸到了其他相关行业(如制造业和服务业等)，两者有机结合形成了体育健康产业。余丙炎(2017)认为，无论是体育产业还是健康产业，其终极目标都是保持人的健康生活状态，在这一点上两大产业的归属点是一致的，使得两个产业自然形成一条价值相继、目标共同的产业链。

2)健康体育产业的特征

健康体育产业有产业融合性、产业集群性、生产和消费的同时性、文化性、地域性和全民参与性六个特征。

(1)产业融合性。由于健康体育产业是健康产业和体育产业的融合，因此具有明显的产业融合性，具体表现在以下三个方面(王先亮等，2015)：①需求主导性，即健康体育产业的发展得益于消费者对差异化、个性化、高级化服务的追求，相关需求增长刺激了消费，进而促进了产业的发展。体育的主要功能就是健康，所以将体育产业和健康产业有效结合是消费观转型的必然产物。需求主导了体育要素和健康要素的整合，如何推出更符合人们消费需求的产品是健康体育产业发展的关键。②价值延展性，即体育产业具有综合性质，被称为综合性产业。与传统产业不同，其产业链不仅局限于相关资产的关联，还包括文化、价值和功能的关联。健康体育产业就是通过不断优化资源配置，为消费者创造价值，开发和挖掘具有促进健康功能价值的体育产品，从而满足消费者的健康需求，实现市场竞争优势。③创新性，产业融合的本质就是产业的创新。健康体育产业是产业演化的产物，是为迎合人们对健康和文化娱乐的追求心理而不断适应市场的最终结果。人们对体育市场提出越来越高的要求，促使体育生产要素的不断整合，进而形成新的产业形态。

(2)产业集群性。由于健康体育产业是一个上下游关联性强的产业集群，它以大型运动场馆为中心，并与周围的餐饮、酒店、健身馆、纪念馆和运动用品商店等相关企业集聚形成一个高密度集群，具有集聚经济、专业化分工、创新环境、合作竞争和路径依赖等特点。这也说明健康体育产业的发展对社会经济的影响广泛，发展健康体育产业可以带动相关服务业的共同成长。由于相关产业高密度的集聚，在具有竞争压力、潜在压力的环境下不断创新，带来一系列新的产品创新，为体育产业注入新的活力。

(3)生产和消费的同时性。健康体育产业是以第三产业为主体的产业，具有明显的服务性质。因此健康体育产业具有生产和消费的不可分性，在时间和空间上具有同时性(徐明，2002)。健康体育产业的生产和消费环节是同时进行的，包括时间、空间的一致性。当然这里的同时性排除了大型体育场馆的设置和专业教练员的安排等前期准备工作，但这并不影响消费与生产具有同时性的总体特征。

(4)文化性。体育产业属于广义的文化产业范畴，作为体育产业的一部分，健康体育产业也具有鲜明的文化特征，遵循着文化产业的发展规律。特别是在具有少数民族特色的地区，其健康体育发展与当地的民俗风情、人文环境相结合，具有独特优势，满足文化多元化发展需要。

(5)地域性。由于健康体育产业的发展依赖于自然资源的分布，因此健康体育产业具有地域性。在具有不同地理特征的地区适合发展不同的产业，如山地户外产业对山地资源的需求使得其只适合在山脉丰富的地域发展，如云贵高原地区；冰雪体育产业适合在寒冷地带开展；而水上运动必须依赖安全的水源，如长江水域和渤海湾等。正是健康体育产业发展具有地域性，使得其发展面积广大，种类繁多。

(6)全民参与性。健康体育产业的发展目标是为了适应人们日益增长的健康需求，使得其具有全民参与性。不同年龄的民众均可以找到适合自身的运动项目，针对不同的消费者，可以制定不同的运动方案。随着“健康中国”和“全民健身”的提出，有越来越多的民众主动参与进来，体育运动不再是少数人的专属，而是全民参与的活动。

2. 国内外健康体育产业的研究述评

1) 国外研究述评

国外健康体育的理念偏向于借助休闲活动，研究范围主要包括体育产业、休闲体育、探险旅游和户外游憩等四个方面。

国外研究者对体育产业的研究主要集中在体育产业组织理论、产业结构理论领域。Mahony(2001)在研究体育产业政策时指出，应充分利用新技术的优势，开发大型活动和竞赛的价值，开拓新市场，提高对目标市场的努力程度，尝试重新建立与先前的体育爱好者及消费者的关系，利用创造性的金融手段，缩减开支以及增加协作等。Humphries 等(2008)从体育产业的目标、规模、范围以及发展程度等方面描述了美国与中国体育产业的现状，认为体育参与以及参加体育赛事活动的时间、机会、成本是影响体育产业布局的重要因素。Chrysostomos 等(2016)认为，体育运动产业需要一个新的管理模式，体育组织不仅应了解其本质，而且应该注意消费者对真实性的感知。

国外研究初期，重点关注在体育休闲概念的界定上。日本休闲运动促进会认为，休闲体育不是特定指体育，无论是什么体育，只要它是一种休闲运动，能达到身心愉悦、快乐、开朗、消除疲劳的目的，可以被称为休闲运动(李明，2001a)。后来随着体育业和休闲业的不断融合创新发展，学者又将研究重点放在了体育休闲管理方面。Eime 等(2014)倡导国家政府推动一种能对体育参与情况全方位监测的方法，以便制定更详细的战略和管理措施，使得体育俱乐部能够维持或增加体育运动的参与量。

国外研究探险旅游主要集中在概念界定、安全管理、产业发展与管理等三个方面。如Buckley(2006)认为，探险旅游是一种有导游性质的商务旅行。它的主要吸引力在于户外活动，这些活动依赖于自然环境的特点，需要特殊的运动设备来支持。Tim 等(2007)对新西兰探险旅游一定期间内的受伤索赔模式和趋势进行研究，发现索赔次数最高的是骑马、徒步、冲浪和山地车，索赔费用最高的是滑翔伞和喷气快艇受伤。Eime 等(2014)等倡导国家政府推动一种能对体育参与情况进行全方位监测的方法，以便制定更详细的战略和管理措施，使得体育俱乐部能够维持或增加体育运动参与量。

国外户外游憩研究主要集中在分类和营销等方面。关于户外游憩的分类，Clayne(2005)认为可以分为两类：一是资源导向的游憩形式；二是活动导向的游憩形式；同时他还把需要一定专业技能和机动化装备的活动归为第三类——游憩形式。美国森林服务组织根据游憩与资源的关系，将游憩参与分为三类，即原始型游憩、中间型游憩和现代型游憩(John et al.，2006)。Mattias 等(2013)通过调查户外游憩的消费支出与居民收入的关系发现，户外游憩支出的收入弹性取决于休闲商品的类型，更广泛娱乐商品的收入弹性更高，而更具体的娱乐品其弹性较低。Verbos 等(2017)考虑天气等因素对户外游憩产业的影响，建立了一个可以帮助研究人员和管理人员做出决策的针对天气依赖性的户外游憩评价指标体系。

从文献情况来看，国外相关研究起步较早，研究成果丰硕，研究范围全面而广泛，微观层面的研究居多且研究内容较为深入，较有现实指导意义。但是国外产业的发展环境和需求与国内相比有一定的差别，因此在借鉴经验时需要注意结合实际情况。

2) 国内研究述评

健康体育产业属于体育产业的子产业，是健康产业和体育产业的有机结合。从健康的角度考虑，体育产业根据运动性质可被划分为户外运动产业和运动休闲产业。下面分别从这两个方面进行文献梳理。

(1) 户外运动产业。

国内学者们对关于户外运动产业的研究是从户外运动概念界定、户外运动营销和户外运动产业发展等方面开展的。

关于户外运动概念的界定，李舒平(2003)在探险观点的基础上，将户外运动定义为一组以自然环境为依托的探险活动。李红艳(2006)从休闲的内涵方面对户外运动进行界定，认为户外运动为人们在闲暇时间，为了满足自身身体健康、放松和休息、人际交往以及刺激和冒险等多方面的需求，采用体育运动方式在山地、水域、荒漠、高原等各种特定自然环境下进行的各种户外体验活动。李正贤(2008)从教育视角认为，户外运动是在自然环境中开展的，以户外运动的基本知识和技能为教学内容来培养学生参与户外运动的素质，有计划地开展的教育活动，从而促使教育工作者认识到户外运动的教育价值，并将其视为一种教育活动。孙辉(2014)从运动项目角度提出，户外运动是体育的重要组成部分，以自然环境或模拟自然环境为主要活动场地，是与活动场所有互动关系的人类活动。

关于户外运动营销方面，国内学者主要从市场环境分析、资源开发、营销策略这三个方面展开。鄢永强(2013)提出，户外运动爱好者具有收入高、受教育程度高、年轻化的特点。张小林等(2007)认为，户外运动业是一种明显的复合型产业，是体育产业和旅游产业的结合体，即户外运动资源的开发要与本区域其他旅游、商贸等优势经济资源相互配合和搭配，共同打造互生与共赢的平台。曹文(2010)认为，目前我国户外运动类体育产品的品牌营销体系不够健全，将推广产品作为重点，而忽略了推广产品自身品牌形象等产品的附加价值。李香君等(2007)研究发现，南京户外运动产业营销策略最主要的五种影响因素依次为：市场因素、组织与管理因素、企业选址因素、专业与营销环境因素、资本因素。

关于户外运动产业发展的研究，刘红娜(2007)提出，户外运动产品作为户外运动产业的重要组成部分，现阶段市场发展是不平衡和不成熟的，而且运营商的市场意识不成熟，经营模式存在问题。梁强等(2007)认为，为了充分挖掘户外运动的产业价值，要自主创新，提升国内户外品牌整体竞争力，注重户外市场服务和消费者价值体验。为促进户外运动产业的发展，王潇(2013)提出，政府要将户外运动产业作为鄂西地区的优势产业来扶持，重视区域内户外产业的整体规划，重视挖掘大众户外运动市场的需求，重视户外运动专业人才的培养，重视鄂西户外品牌的打造，重视对户外运动俱乐部的规范化管理。

从目前户外运动产业的研究现状来看，研究结果多数来自主观推理，缺少必要的客观调查；研究的内容不够细化，宏观角度居多。很多学者虽然给出了对策建议，但都只是浅层描述。以后的研究方向应该细化研究内容，增加微观个案研究，研究方法从浅层研究转向横向、纵向研究和量化分析。

(2)运动休闲产业。

我国学者对运动休闲产业的研究较为分散，这里从运动休闲的界定、运动休闲产业的发展现状和运动休闲产业的发展对策这三方面进行梳理。

关于运动休闲的界定，我国学者对其称谓较为混乱，也有“休闲体育”“娱乐体育”等说法，因此对运动休闲的定义也是没有统一定论。例如肖谋远等(2000)认为，休闲体育是人们在剩余时间中进行的体育活动形式，其主要目的是寻求一种轻松愉快的情感体验，从而达到心理上的满足。陈新(2003)认为，体育休闲是具有一定文化品位的人的体育活动，在闲暇时间进行体育活动是为了满足自身发展需要，享受身心。陈玉忠(2010)提出，休闲体育是在自由支配的时间内，人们依据自身的兴趣和需求，以对体育活动的自主选择和直接参与为基础，实现娱乐身心、提高生活质量、完善自我等目的的行为。高俊雄(2010)将我国台湾地区对于运动休闲概念的描述归纳为以下三种：①运用剩余时间或自由时间选择从事运动相关的活动；②从参与运动过程中追求优质的休闲体验；③从参与运动过程中实现一个人在休闲生活中想要实现的梦想。蒋书君(2017)认为，休闲体育的活动过程表现为以下两点特征：首先，具有两元性；其次，具有规则游戏性。我国学者在对运动休闲做出界定的同时也对运动休闲产业进行了阐述，如宋伟(2006)认为，运动休闲业是运动休闲产品和服务的生产、交换、分配、消费的总和，也即是为满足人们的运动休闲需求，而使运动休闲产品和服务进入生产、交换、分配、消费的相关产业和经济部门的总和。

部分学者研究运动休闲产业的发展现状及趋势，如凌平(2010)提出，运动休闲正朝着大众化、娱乐化、普及化、多样化方向发展；老年人和妇女的参与度较之以往任何一个历史时期都要高出许多，并日益成为大众消费的热点。戴建辉(2013)认为，目前运动休闲产品市场逐渐扩大和成熟，不仅有着自己清晰的产业链，同时也影响着其他与之相关的产业，体现"牵一发而动全身"的产业经济的特征。

发展对策研究也是国内运动休闲产业领域的重点方向。如王建等(2011)通过对江西省体育产业发展所面临的宏观环境分析，提出"已有基础带动型""科技推动型""区域品牌聚集型"等发展路径，并提出了促进江西体育产业集群发展的对策。黄亮等(2013)基于发展休闲体育产业的必要性和成都市社会经济的基本现状，提出了"太极健身运动的品牌运营""推动自行车运动的发展"和"促进体育旅游与经济发展"等三条加快成都休闲体育产业发展的对策。

运动休闲研究大多是宏观设想和基础理论研究，缺乏实证分析和数据统计。未来的研究应该加强研究结果的实践指导意义，提高研究深度。

3. 贵州省健康体育产业研究的现状分析

贵州省是山地户外大省，又是旅游盛行地。健康体育产业的研究主要围绕体旅融合和山地户外运动两方面开展，而且重点围绕发展问题、发展路径和人才培养三个方面。

(1)关于发展问题研究，王丰明(2017)提出，贵州省的体育旅游资源的开发很大程度上破坏了生态环境，为了眼前的经济利益而忽视对资源的保护，导致环境与人的矛盾激化。邓万里等(2018a)认为，山地户外精品赛事开发不足，像格凸国际攀岩节、金沙亚洲山地竞速挑战赛、海龙国际山地户外运动挑战赛、兴义国际山地马拉松、白龙山国际山地越野跑公开赛等赛事规模不大，国际高水平运动员参赛少，影响力不够，且连续性跟不上，这都是造成贵州山地户外旅游产品质量不高的原因。

(2)关于发展路径研究，郝国栋(2011)提出，贵州要学习国内外一些著名体育产业公司，推出具有商业价值的体育旅游产品，在结合自身特征的基础上，积极组织一些国内、国际体育赛事，打造本省自身的传统体育旅游产品。唐兴国(2017)提出，贵州要抓住国家大力推行红色旅游战略和体育旅游日渐兴盛的契机，以一种全新的模式开发体育旅游和红色旅游品牌，形成复合开发的新模式。

(3)关于人才培养研究，邓万里等(2018b)提出，除了中国登山协会培养外，开设专门的户外运动专业的高校较少，且存在师资、场地缺乏等问题，这就造成在户外专业人才培养方面有着很大的局限性，不利于山地户外运动产业的发展，建议构建专业人才培养模式。体育旅游专业在人才培养中，要通过校内实习、模拟景区实习、实地实习等手段来培养学生的操作技能和服务意识。

4.3.2　贵州省健康体育产业体系的结构分析与优化

1. 贵州省健康体育产业的结构分析

1) 贵州省健康体育产业现状

统计资料显示，贵州省体育产业总产值 2016 年为 120.31 亿元，增加值为 54.96 亿元，占同期全省地区生产总值的比重为 0.47%。从贵州体育产业结构来看，体育服务业(除体育用品和相关产品制造业、体育场地设施建设外的其他九大类)的总产出和增加值最大，分别为 59.44 亿元和 27.53 亿元，占比分别为 49.41%和 50.11%。体育用品及相关产品销售、贸易代理与出租的发展势头良好，分别为 48.49 亿元和 24.32 亿元，占贵州体育产业总产出和增加值的比重分别为 40.30%和 44.25%。

贵州省发展健康体育产业力度逐步加大。贵州省山地资源丰富，峰林、峡谷、天坑、石林、溶洞遍布，气候冬暖夏凉，全年有 300 天以上时间可进行户外锻炼和比赛。这些天然的优势使贵州成为开展登山、徒步、攀岩、漂流、探洞、山地自行车等体育运动的理想地。从目前来看，贵州省健康体育产业发展还处于初级阶段，目前正遵照《中国贵州山地户外运动大省专项建设规划》并结合省内自然生态环境特色着重发展山地户外运动产业和体育旅游产业，努力增大服务业的比重，创造新的经济增长点，打造贵州山地户外、体育旅游休闲的龙头产业。

当前，贵州省健康体育产业主要由体育旅游业、山地户外运动业和体育产品制造业三部分组成，如图 4.12 所示。

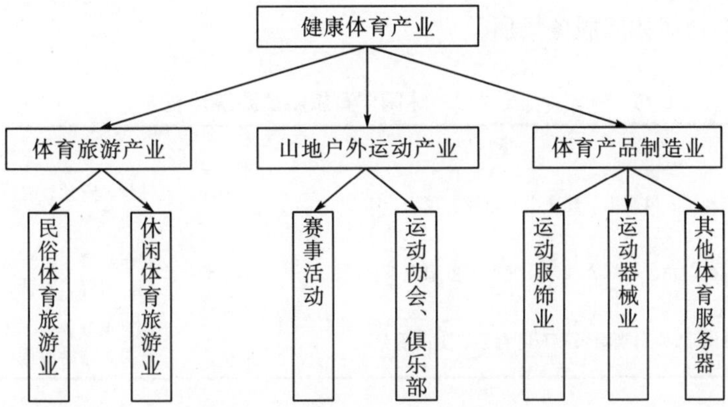

图 4.12　健康体育产业结构示意图

2) 贵州省体育旅游业的结构分析

贵州山水风光奇特，民族风情浓郁、文物古迹古朴多彩、气候宜人，被誉为天然“大公园”“大空调”，有“中国避暑之都”的美称。特殊的喀斯特地质地貌、原生态的自然环境、浓郁的少数民族风情，形成了自然风光、人文景观和民俗风情交相辉映的丰富旅游资源(洪邦辉等，2008)。近年来，随着多彩贵州的广泛宣传，贵州省旅游业发展迅速。2016年，贵州省共接待游客5.31亿人次，旅游总收入达5027亿元，全年旅游业增加值占地区生产总值的10%左右，旅游业已经成为贵州的支柱产业。体育旅游是旅游和体育相结合所产生的一种新兴的健康运动模式，越来越多的民众参与其中。贵州省的体育旅游凭借自身特有的运行模式不断地壮大，并逐渐成为贵州省的特色和标签。贵州省的体育旅游主要包括两个部分：一个是民俗体育旅游业，一个是休闲体育旅游业。

(1)民俗体育旅游业。民俗体育旅游是指人们以观赏和参与民俗体育活动为主要目标的旅行，暂时在异地逗留所进行的与民俗体育活动有关的健身、娱乐、表演、竞技等活动形式的总称。旅游者通过参与各种民俗体育活动，不但可以了解各具特色的民俗体育，也可以了解民族风情和传统的体育文化(徐峰，2009)。贵州现有民族49个，少数民族人口占全省人口的36.8%，少数民族人口比重居全国第3位。在这样一个多民族的省份，各民族的智慧创造了独特的民族风情和灿烂的民族文化，这些无价的文化宝藏成为贵州旅游不可替代的文化资源。

(2)休闲体育旅游业。贵州省森林覆盖率超过50%，有良好的生态环境，这为休闲体育旅游业的发展奠定了基础。贵州休闲体育旅游具体表现为森林公园、喀斯特溶洞和温泉度假三种类型，见表4.12。贵州有21个国际级公园，如百里杜鹃、凤凰山、森林公园等，有9个国家级自然保护区，如梵净山、草海、茂山、雷公山等，这些是远足、露营、草地网球、滑草和其他体育娱乐活动的必要场所。贵州拥有世界上最完善的峰林和喀斯特洞穴风景区。地下公园、龙宫、天星桥、织金洞、九龙洞等都是风景秀丽、具有观赏性的峰林和溶洞景观。它们也是攀岩、蹦极、山地自行车、洞穴探险和其他休闲体育旅游项目的理想场所。贵州温泉资源丰富，质量上乘。各个城市都有地热温泉资源的开发，如乌当温泉等，是开展体育保健、养生、康复医疗等的生态基地，同时也是体育健身、旅游、度假、休闲、娱乐等多功能休闲服务场所。

表4.12 休闲体育旅游资源统计表

分类	旅游资源	项目
森林公园	百里杜鹃、凤凰山、梵净山、草海、茂山、雷公山	徒步、露营、滑草、草地网球、树上穿越等
喀斯特溶洞	天星桥、龙宫、织金洞、九龙洞、贵阳地下公园、荔波天钟洞等	驾车、攀岩、骑游、登山、探险、滑翔、岩降、野营、跳伞等
温泉度假	息烽温泉、、乌当温泉、石阡温泉、剑河温泉	体育保健养生、体育康复医疗、体育健身、旅游度假、休闲娱乐

3)贵州省山地户外运动业结构分析

山地户外运动是户外运动的分支，是指在海拔3500米以下的山地和丘陵进行登山有关的户外活动。随着人们越来越重视健身，人们越来越希望体验自然的宁静，融入山水之间，所以山地户外运动产业迎来了发展的黄金时代。国家体育总局、国家发展和改革委员会、交通运输部联合发布的《山地户外运动产业发展规划》提出，到2020年基本形成山地户外运动产业系统合理布局，并制定了总规模4000亿元的发展目标，培养多元化的市场主体，全面提升产业水平，积极引导群众消费，完善安全救援体系。经济的增长拉动了人们体育消费需求，也带动了产业发展。目前，中国的户外运动爱好者已达 1.3 亿人，户外用品市场规模已达到 180 亿元，山地户外运动产业的生产能力、覆盖面、社会参与度和市场认知度都有了很大提高。从近几年发布的中国户外运动产业报告来看，我国山地户外运动核心市场规模呈指数增长，说明我国山地户外运动市场规模不断扩大，相关产品的零售持续增长。同时，从 2012 年《中国户外用品市场调查报告》来看，我国本土品牌从 343 个增加到 405 个，销售额到达 145.2 亿人民币，同比增长 34.94 个百分点。这些都说明我国户外运动的普及程度越来越高，市场需求越来越大，资本投入越来越大。

山地户外运动业的结构主要从两个方面考虑：一个是赛事活动，一个是相关企业分布。

(1) 山地户外运动赛事活动情况。纵观贵州体育产业的发展历程，山地户外运动无疑是贵州省体育产业的重要组成部分。1998 年贵州省第一次尝试举行山地户外运动赛事活动，这也开启了创建山地户外运动省的进程。贵州省的户外运动产业成为贵州体育产业乃至社会经济发展的助推剂。

贵州省一直致力于利用优越的地理条件来打造高水平的精品赛事，挖掘其多元的价值功能。有影响力的赛事可以促进贵州省的经济发展和社会和谐，提高地方知名度，促进旅游业发展。表 4.13 列举了贵州省近年来举办的部分大型赛事。这些赛事涵盖了全省 9 个市(州)26 个县(区)，吸引了国内外 19000 多名运动员参赛，观众达 200 多万人。从目前的发展情况来看，贵州省山地户外运动的开展，以及山地户外赛事的举办主要是依托于本省的民族文化、风景名胜、地理气候。

表 4.13　贵州近年来举办的主要大型山地户外运动赛事

年份	赛事名称	地点
2000	野外生存挑战赛	黄果树风景区
2004	梵净山全国山地户外挑战赛	铜仁
2004	格凸全国攀岩挑战赛	安顺紫云
2006	国际皮划艇激流回旋公开赛、全国皮划艇激回旋冠军赛	黔东南麻江下司
2007	国际山地户外挑战赛	遵义娄山关
2007	全国山地自行车精英赛	百里杜鹃景区
2009	全国山地自行车冠军赛	清镇训练基地
2009	全国激流越野赛	南江大峡谷
2009	全国山地运动会	遵义
2010	黔西南贵州醇杯全国拓展运动大赛	黔西南布依族苗族自治州
2010	晴隆“24 道拐”汽车爬坡赛	贵州晴隆
2010	娄山关·海龙囤国际户外运动挑战赛	遵义
2010	万峰林全国徒步大会	黔西南布依族苗族自治州
2011	全国山地自行车联赛	福泉
2011	万峰林全国徒步大会	黔西南布依族苗族自治州
2011	晴隆“24 道拐”汽车爬坡赛	贵州晴隆

续表

年份	赛事名称	地点
2012	晴隆“24 道拐”汽车爬坡赛	贵州晴隆
2012	国际山地户外运动挑战赛	遵义
2012	娄山关·海龙囤国际山地户外运动挑战赛	遵义
2013	中国格凸国际攀岩节	安顺紫云
2013	贵州·金沙全国山地竞速挑战赛	毕节金沙
2013	娄山关·海龙囤国际山地户外运动挑战赛	遵义
2013	中国·瓮安全国山地户外运动锦标赛	瓮安
2014	娄山关·海龙囤国际山地户外运动挑战赛	遵义
2014	中国·瓮安全国山地户外运动锦标赛	瓮安
2015	“多彩贵州”中国金州国际自行车赛	黔西南布依族苗族自治州
2015	“多彩贵州”史迪威公路晴隆“二十四道拐”汽车爬坡赛	黔西南布依族苗族自治州
2016	2016 最美中国行·健康中国人徒步大会	黔东南苗族侗族自治州
2016	“四渡赤水”国际越野挑战赛	遵义赤水
2016	2016 年梵净山登山大赛	铜仁
2016	中国盘县 2016 杜鹃杯女子山地马拉松赛	六盘水
2016	2016 中国·瓮安国际山地户外运动挑战赛	黔南布依族苗族自治州
2016	国际山地旅游暨户外运动大会	黔西南布依族苗族自治州
2016	2016 中国贵州·金沙亚洲山地竞速挑战赛	毕节
2016	UNESCO 世界遗产地运动会-2016 年荔波山地自行车赛	黔南布依族苗族自治州
2016	2016 中国格凸国际攀岩节	安顺紫云
2016	“2016 力帆·娄山栖谷杯”第八届中国·贵州·遵义娄山关·海龙屯国际山地户外运动挑战赛 遵义汇川区	遵义
2017	2017 中国龙舟公开赛(贵州·铜仁·碧江站)暨中国传统龙舟大赛	铜仁
2017	2017 中国山地自行车公开赛	龙里
2017	中国激流皮划艇和激流 SUP 桨板锦标赛	遵义赤水

(2)相关企业情况。贵州省山地户外运动在省体育局的引导下蓬勃发展，相关企业日益壮大。目前，贵州开展了登山、攀岩、露营、漂流、洞穴探险、山地自行车、航空体育、水上运动、体育和旅游节日等体育项目，覆盖了 9 个市(州)的 23 个区县。山地户外运动已成为贵州发展的特色。很多相关企业都是以俱乐部、运动协会和公司的形式发展的，但当前企业发展还存在手续合法化、从业人员专业化、事业发展方向清晰化等诸多问题。本节根据甘小川(2016)的研究成果整理了部分运动协会见表 4.14。

表 4.14 贵州省现有山地户外运动协会、俱乐部、公司(部分)

序号	单位名称	主营运动项目	所在地
1	贵州省登山运动协会	登山、徒步、露营、穿越、探险、攀岩、溯溪、拓展、定点穿越、野外生存等	贵州·贵阳
2	贵州省汽车摩托车自行车运动协会	汽车、摩托车、自行车相关运动竞赛、旅游、表演	贵州·贵阳

续表

序号	单位名称	主营运动项目	所在地
3	贵州省无线电/定向运动协会	无线电/定向运动交流、教学、训练、竞赛等	贵州·贵阳
4	贵州省徒步运动协会	城市徒步、健步走、野外徒步、山地纵走、山地越野、溯溪、群众登山等	贵州·贵阳
5	贵州省模型运动协会	航空、航海、航天、建筑、车辆模型运动推广普及	贵州·贵阳
6	贵州省青年科学探险协会	科学探险、交流、考察、培训、办刊	贵州·贵阳
7	贵州省洞穴协会	洞穴探险、科考、测绘及活动举办等	贵州·贵阳
8	贵州起点户外运动俱乐部	登山户外运动、拓展运动、汽车运动、自行车运动、摩托车运动	贵州·贵阳
9	贵州晴朗航空运动俱乐部	航空运动	贵州·贵阳
10	树袋熊(贵阳)少儿俱乐部	少儿户外教育	贵州·贵阳
11	贵州天地源运动俱乐部	登山户外、拓展、汽车、自行车、摩托车	贵州·贵阳
12	贵州吉源汽车运动俱乐部	汽车运动	贵州·贵阳
13	贵州清源户外俱乐部	登山户外、拓展、汽车运动	贵州·贵阳
14	贵州顺和骏驰汽车运动有限公司	汽车运动	贵州·贵阳
15	贵州悠山美地户外探险运动有限公司	登山户外、拓展、汽车、自行车、摩托车	贵州·贵阳
16	贵州老蛇户外有限公司	登山户外、拓展	贵州·贵阳
17	贵州夜郎户外拓展有限公司	登山户外、攀岩、拓展	贵州·贵阳
18	贵州三思行教育咨询有限公司	拓展、其他	贵州·贵阳
19	贵州阡陌行户外运动拓展服务有限责任公司	登山户外、拓展	贵州·贵阳
20	贵州人文户外活动有限公司	登山户外、拓展	贵州·贵阳
21	贵州艺马欢腾体育发展有限公司	登山户外、拓展、汽车、自行车、无线电定向等	贵州·贵阳
22	贵州天天时尚文体发展有限公司	登山户外、拓展、汽车、自行车、摩托车、其他	贵州·贵阳
23	贵州陆正虎体育文化传播有限公司	登山户外、自行车	贵州·贵阳
24	贵州黔方位户外运动策划有限公司	登山户外、汽车	贵州·贵阳
25	贵州阳光体育咨询策划有限公司	登山户外、拓展、无线电定向等	贵州·贵阳
26	自驾 e 族贵州总会	登山户外、拓展、汽车、自行车等	贵州·贵阳
27	贵州成自然旅游文化发展有限公司	登山户外、拓展、自行车、其他	贵州·贵阳
28	贵州拉力联盟赛车会	汽车运动	贵州·贵阳
29	贵州追溯者体验教育	登山户外、拓展、其他	贵州·贵阳
30	盘县远山户外运动协会	登山户外、拓展、自行车、摩托车	贵州·六盘水
31	贵州大地间体育文化有限公司	登山户外、拓展、自行车、无线电定向、摩托车	贵州·六盘水
32	黔西南布依族苗族自治州户外运动协会	登山户外、自行车、其他	贵州·黔西南
33	黔西南布依族苗族自治州快乐航行户外运动协会	登山户外、自行车	贵州·黔西南
34	兴义市户外运动协会	徒步、登山、自行车	贵州·黔西南
35	贵州省丁丁户外运动有限公司	拓展、汽车、自行车、其他	贵州·黔西南
36	黔南布依族苗族自治州户外登山运动协会	登山户外、拓展	贵州·黔南
37	黔南布依族苗族自治州自行车运动协会	自行车	贵州·黔南

续表

序号	单位名称	主营运动项目	所在地
38	惠水县自然行户外运动协会	登山户外、自行车	贵州·黔南
39	惠水自然行户外运动协会	登山户外、拓展、自行车	贵州·黔南
40	江口县梵净山户外运动协会	登山户外、自行车	贵州·铜仁
41	贵州省江口县梵净山户外运动俱乐部	登山户外、自行车	贵州·铜仁
42	遵义市登山运动协会	登山户外、拓展、汽车、其他	贵州·遵义
43	遵义市新蒲新区自行车运动协会	自行车	贵州·遵义
44	崔克遵义骑行俱乐部	自行车	贵州·遵义
45	黔东南苗族侗族自治州登山运动协会	登山户外	贵州·黔东南
46	黔东南苗族侗族自治州自行车运动协会	自行车	贵州·黔东南
47	凯里市登山运动协会	登山户外	贵州·黔东南
48	凯里市自行车运动协会	自行车	贵州·黔东南
49	安顺柏能体育	健康体适能、山地户外运动、赛事组织、拓展培训	贵州·安顺
50	贵州极致体育发展有限公司、极致攀岩馆	攀岩、洞穴探险、户外拓展、高山溜索、飞拉达	贵州·毕节

4）贵州省体育用品制造业结构分析

借着第九届全国少数民族传统体育运动会在贵州举办的契机，以及中国足球超级联赛球队“贵州人和”队落户贵州，近些年在体育运动氛围不断增强的人文气息带动下，贵州省体育用品市场得到了良好的发展(王兆谦，2014)。虽然大部分企业还处于初级发展阶段，未形成一定的规模，但随着贵州赛事品牌的打造，体育用品制造业仍然有着较大的发展空间。近年来，贵州省体育用品企业的数量呈现出稳步增长的趋势。数据显示，2016 年贵州省体育用品及相关产品制造的总产值为 1.28 亿元，比上年增长 0.32 亿元。贵州省体育产品既包括传统的体育服饰、鞋帽和健身器材，还包括垂钓用品、潜水用品、射击用品等差异化的产品(图 4.13)。

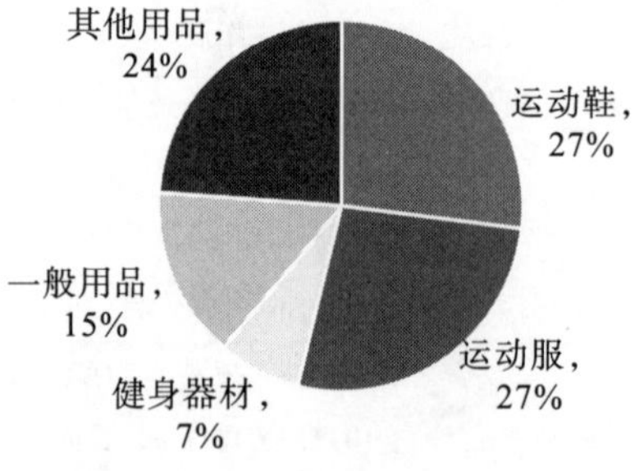

图 4.13 贵州省主要体育产品占比图

2. 贵州省健康体育产业存在问题

从体育现代化角度分析，目前贵州健康体育产业的结构存在以下几个显著问题。

1) 体育服务业不能发挥主导作用

体育服务业对贵州省的健康体育产业贡献很大，但不能构成健康体育产业的主导产业。虽然近年来人们的健康意识不断增强，众多健身娱乐企业纷纷涌现，掀起了一股热潮。但总体来说，以山地户外运动和体育旅游为核心的服务业发展仍然较慢，不能很好地起到带动相关产业协调发展的作用。

2) 体育消费结构不合理

贵州省体育消费结构出现了失衡。另外，体育消费以参与型消费为主，观看体育赛事的消费较少。其原因主要在于地区经济较为落后，民众体育消费意识不强，消费动机以兴趣爱好为主。

3) 专业人才缺乏

2015 年底，贵州省优秀运动员 188 人，全职教练员 199 人，等级运动员 4031 人，裁判员 1191 人。虽然运动员和裁判教练员组成的人才队伍具有一定的优势，但从整体上看，高素质的综合性专业体育人才还不能满足贵州省体育产业发展的需要，尤其缺乏精通企业管理、法律、体育的复合型人才。

4) 体育基础设施建设有待加强

由于贵州经济社会发展水平较低，发展健康体育产业投资基金严重不足，特别缺乏体育场馆，体育场馆人均面积不足 1 平方米，低于全国平均水平，且体育设施设备的质量差，每百户城镇居民拥有健身器材仅 2.22 套，难以满足人们日益增长的体育需求。

3. 贵州省健康体育产业体系的结构衍生机制

贵州省健康体育产业的产业链类型属于资源驱动型产业链。资源型产业链主要是“资源”要素占主导地位，根据杜龙政等(2012)的研究成果整理如图 4.14 所示。

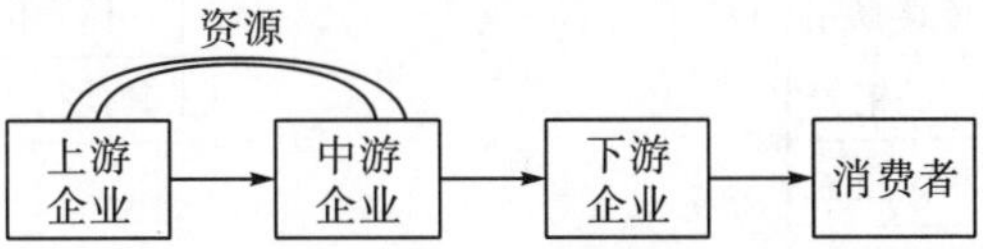

图 4.14　资源驱动型产业链

基于贵州省健康体育产业的结构分类，分析结构衍生机制。从目前发展情况来看，不存在绝对优势的产业。因此，需从健康体育产业系统中提取具有相对优势的产业，作为主导产业和优势产业，再对优势产业进行优势体育产业链的培育与优化。贵州省的自然资源和旅游资源丰富，自然资源驱动明显，因此可以将山地户外运动和体育旅游作为优势产业，进行产业体系结构优化。体育旅游产业发展是以旅游资源为依托的，具有地域性。因此可以建立以区域旅游优势为基础的体育旅游产业链。贵州省的旅游业发展较好，如果进一步以“体旅融合”的发展模式优化，山地户外运动可以作为贵州省培育产业发展的核心。贵州省若要促进体育产业长远发展，则需培育具有核心竞争力的体育赛事。基于目前山地户外运动赛事发展现状，提升体育赛事的影响力，促进赛事核心竞争力，是优化贵州省健康体育产业链长远发展的重要基础工作。参考钟敬秋(2017)研究成果，本节总结健康体育产业链的优化方向如图 4.15 和图 4.16 所示。体育旅游产业系统的结构可以分为两个层面：一个是运动项目；一个是休闲娱乐。运动项目又包括户外活动和水上活动两类，休闲娱乐则包括欣赏活动和其他活动两类。根据所处的地理位置和资源情况，以可以利用的山地资源、森林资源、水体资源、体育资源、民族文化资源和其他体育旅游资源为基础，通过政府的主导作用推动体育赛事运营和相关服务业的发展，同时衍生出体育旅游、体育地产、体育培训、体育医疗等产业。

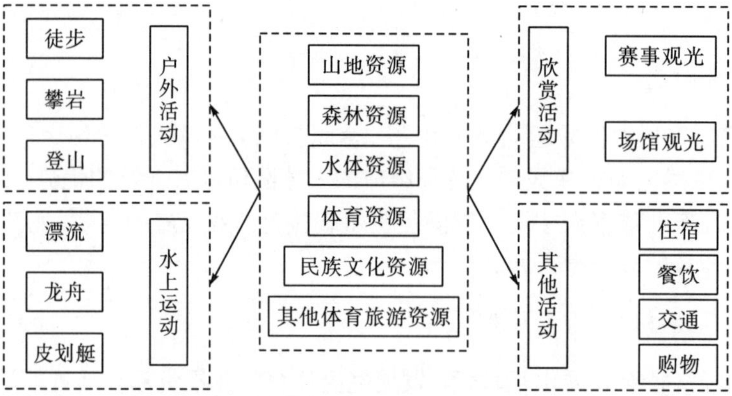

图 4.15 贵州省体育旅游产业链优化模型

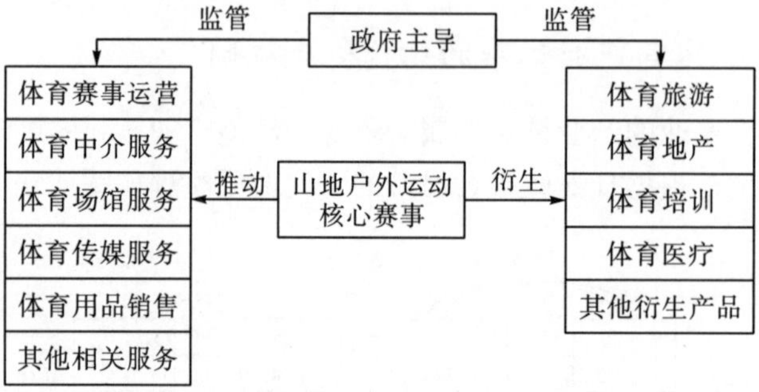

图 4.16 贵州省山地户外运动产业链优化模型

4. 贵州省健康体育产业体系的结构优化策略

1) 大力发展以山地户外运动产业为代表的体育服务业

贵州省拥有丰富的山地资源和多彩的少数民族文化资源，将这些资源进行整合，重点发展山地户外运动产业，将贵州省打造成为山地户外运动大省，使其在整个西部地区产生品牌效益。同时多开展高规格、高层次、高水平、影响力大的户外运动品牌赛事，提高贵州省的知名度，带动贵州省旅游业的发展。

2) 以民族地域特色文化构建贵州体育旅游品牌

贵州省应充分利用民族地域特色文化资源，加快发展贵州体育旅游产业，形成有较强影响力的品牌连锁。这也是贵州省发展健康体育产业的战略举措。贵州省凭借优越的旅游资源和丰富的民族地区文化资源，在国家政策和政府部门的支持下，构建具有国际影响力的体育旅游品牌链。

3) 构建贵州省健康体育产业集群

贵州省健康体育产业集群的形成需要将体育生产中属于第一、二产业的部分分离出来，再将第三产业优化，同时建立合理、完整的体育产业链。目前，贵州省健康体育产业的发展主要集中在山地户外和体育旅游产业。在当今中国体育环境下，优化贵州省体育产业结构，构建贵州省特色体育产业集群，对贵州省体育产业发展具有重要意义。

4) 重视体育管理型人才的培养

健康体育产业以服务业为主，不能缺少体育管理型人才。改变以往以专业运动员、教练员为主的人才团队，将有利于贵州省健康体育市场化，更好地将健康体育产品或服务推向市场，促进其产业化进程。

5) 加强场馆基础设施的建设

贵州省应加大健康体育设施建设的投资力度，特别是加大农村健身基地的投入。贵州省农民人口居多，为满足农民的健身需求，省政府开展了“农民体育健身工程”“雪炭工程”“全民健身路径工程”等多个项目，但城乡分布上依然存在着不均衡。

4.3.3　贵州省健康体育产业体系的功能分析与优化

对健康体育产业的功能进行分析可以深入了解产业在经济体系中的作用，并针对其不足进行改进和优化，使其充分发挥促进经济增长的效应。

1. 健康体育产业的功能分析

1) 经济功能

健康体育产业属于现代体育产业范畴。现代体育产业是体育和经济结合发展的产物，其经济功能就是体育和经济有效互动所产生的经济社会价值(伍卷等，2015)。现代体育产业的经济功能表现在多个层面。从微观层面上来看，健康体育有助于提升全民素质，加强民众的抗压能力，加强团队合作意识，使人们更容易适应不断变化的社会环境，加大就业比例和提高经济效益。从中观层面上来看，人们对体育产品、场馆等个性化服务的需求不断增大，使得相关产品消耗增强，需求量壮大，各种体育消费模式让体育市场活跃起来，带动了相关产业的发展。从宏观层面上来看，体育产业的发展有助于改善经济环境，提升民生水平，拉动内需和消费，促进经济有效增长，体育产业在一些发达国家已成为经济社会发展的重要支柱产业，年产值在十大产业之列(谭焱良，2014)。

2) 政治功能

体育产业的政治功能有两个方面的表现。一方面，体育产业有助于提高国际影响力。贵州省不断推出体育赛事和体育旅游产品，走品牌化路线。以资源城市为依托，在本地资源丰富并合理利用的前提下，打造本土特色化的体育运动项目，成为新的经济增长点，吸引国外运动爱好者来这里参加比赛和游玩，逐渐提升了贵州省的国际影响力。另一方面，体育产业促进政治和文化交流。1956年美国政治学家阿尔蒙首次提出“政治文化”概念，指出它是一种政治态度、信仰和情感，是特定时期的国家政治领域形式的投射①。通过参与体育运动，人类文化可以求同存异，各种政治和文化机构可以找到一种柔软、和平和外向的表达，尊重不同文化之间的差异，减少不同政治文化之间的摩擦，促进国家之间的团结和友爱。

3) 社会功能

作为一种集体聚会，体育本身就是一系列的社交活动。中国进入后奥运时代，体育消费更多的是文化消费，以满足精神需求。当人们参与体育活动时，他们也在融入一种文化(孙波，2010)。 无论是小范围的体育锻炼还是更大范围的体育赛事，体育活动始终发挥着强大的社会功能。

国家提倡全民体育健身，大力发展体育产业，终极目的是让体育为广大人民群众服务，提升广大人民群众的健康水平。体育产业的发展不仅带来了经济效益，也带来了社会效益。在体育产品中，许多产品是为大众服务的，是社会公益行为，而不能作为商品交换，如学校的运动场、各种体育器材等，是提高人口质量和服务公共健康的自由场所，具有社会和公共效益。体育产品带来的社会效益主要是指体育产品中的精神产品。精神产品可以转化为现代人的价值观、思考方式和人生智慧，它可以影响时代风气，发挥其文化教学功能，为社会秩序的建立和维护服务。所以，体育产品的生产不光用于消费，还要满足娱乐、文化需求，是让人们愉悦、放松心情的精神食粮。

4) 生态功能

良好的自然生态环境是开展健康体育活动不可或缺的前提条件，当人们从事体育活动或观看体育赛事时，这一功能更加突出。发展健康体育产业有利于促使人与自然和谐相处。健康体育是在山水间开展的与健康、娱乐、休闲、表演有关的活动，人与自然紧密接触，呼吸新鲜空气，伸展肌肉骨骼，从而达到缓解疲劳身体、强化体质、娱乐身心、提高生活质量和延年益寿等目的。当人们在这些天然载体中进行体育锻炼时，他们会将自己的身心调整到最佳状态，并在最高层次上与自然和谐相处。

发展健康体育产业会对自然资源有所保护，实现绿色发展。通过健康运动使身心得到满足的同时，注意力的焦点就从自己转移到了自然。人们更关心如何保护这些高品质的天然载体，使自己和子孙后代能够长久置身其中，享受休闲带来的愉快体验。健康体育运动可以提高人们保护自然环境的意识，这对自然资源的可持续利用非常重要。基于上述功能

① 政治文化[EB/OL].http://baike.baidu.com/view/544118.htm[2018-06-17]。

分析，并参照赵莎莎(2017)的研究成果，现选取 4 个准则层，分别是经济功能、社会功能、政治功能和生态功能。再根据建立的准则层，筛选出 9 个子准则层，建立贵州省健康体育产业功能评价三级指标体系，如表 4.15 所示。

表 4.15 贵州省健康体育产业功能评价指标体系

准则层	子准则	解释变量
经济功能	体育产业年产值	体育产业年产值
		体育产业人均年产值
		体育产业年产值占第三产业年产值的比重
	就业水平	体育产业就业人数
		体育产业就业人数占第三产业就业人数的比重
		体育产业就业人口的就业结构
		体育产业就业人口的收入
	拉动相关产业的发展	带动旅游业的发展
		带动服装业的发展
		带动交通通信业的发展
		带动建材业的发展
社会功能	对居民体质的改善程度	居民体质监测合格率
		肥胖率
		人均寿命
	提升居民生活质量的程度	人均体育用地
		社会体育指导员数量
政治功能	提升区域竞争力和影响力	提升区域知名度
		民族融合度
		民族文化的延伸
生态功能	植被和绿化	森林覆盖率
		人均绿地面积
	环境保护	二氧化硫排放量
		工业废水排放量

2. 贵州省健康体育产业体系的功能提升机制

1) 功能的问题分析

根据上面建立的健康体育产业的功能评价指标体系，并结合贵州省目前的发展现状，发现健康体育产业功能存在以下问题。

(1) 促进经济发展的功能不强。健康体育产业作为新兴产业，具有解决大众就业、促进第三产业发展和拉动经济增长的作用，而且健康体育产业横跨了第二产业和第三产业，具有追求经济效益的特性，应充分发挥其促进经济发展的功能，提高体育产品在市场中的占比，使体育产业成为市场经济发展的重要参与者(伍卷等，2015)。2016 年贵州省的体育产业总规模占同期全省地区生产总值的 0.47%，这说明贵州省目前的体育市场还不成熟，企业还有很大的成长空间。

(2) 不能有效改善居民身体素质。健康是体育的终极目标，健康是体育的最高境界，健康体育产业的发展离不开健康这一要素。体育产业最显著的社会功能就是可以提升居民身体素质，提高健康指数。但据 2017 年中国疾病预防控制中心发布的《慢性病及其危险因素监测数据》报告中可以看出，全国肥胖率为 11.9%，超重率为 30.1%，贵州省肥胖率为 7.5%，超重率为 26.5%，两项指标均低于全国平均水平。在肥胖率的排名上，贵州省肥胖率指数位列全国倒数第三名；在超重率的排名上，贵州省位列全国倒数第六位。

(3) 不能很好把握体育运动与环境保护之间的关系。建设体育运动设施需要较大的面积，会引起自然环境破坏；体育运动的进行又不得不依赖良好的生态环境。随着贵州大量开发体育运动项目，很多体育爱好者参与进来，配套设施建立完善会严重破坏生态环境，存在着空气、水环境及噪声污染等生态环境问题。贵州省是生态环境脆弱区域，如果没有科学合理的规划，就不能实现区域社会、经济、文化、生态环境的协调发展。

2) 功能的相互关系

在健康体育产业的功能系统中，经济功能和社会功能发挥的作用较大，而政治功能和生态功能的作用在国内还不那么显著。经济功能在系统中处于中间地位，其主要作用是拉动经济的增长，进而促进社会、政治和生态功能的发挥。社会功能最主要的作用是改善居民身体素质，加强人民的健康意识，可以进一步刺激体育消费，从而创造新的经济增长点，对经济功能有促进作用。体育产业的社会职能是传播经济文明，提高环保意识，反过来促进生态文明建设。健康体育产业的生态功能主要表现在绿色产业的特点上，努力培育体育生态产品，精心打造运动休闲绿色生态产业品牌是体育生态功能的具体体现，因此生态功能可以带来经济效益。健康体育的政治功能主要表现在调解和缓解社会内部矛盾、推进社会的团结稳定上，在促进经济发展的同时还体现了社会功能提升。图 4.17 展示了各功能之间的关系。

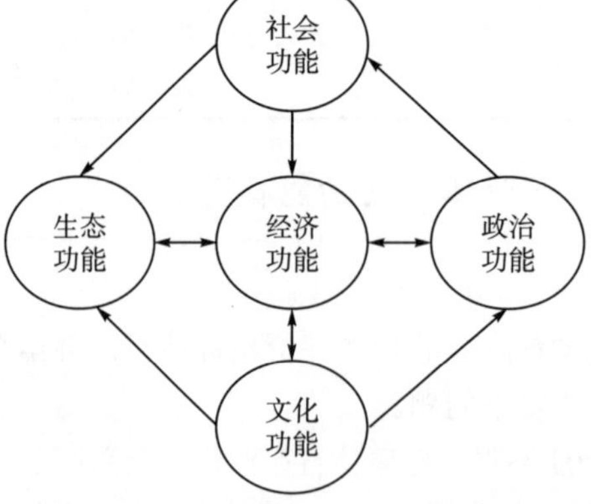

图 4.17 健康体育产业各功能之间的关系

3. 贵州省健康体育产业体系功能的优化策略

1) 经济功能

健康体育产业的经济功能是市场经济发展的重要推动力量。一个功能完善的体育产业包含多种各具特色的体育市场，具体由信息市场、培训市场、彩票市场、广告市场、体育用品市场、人才市场、群众市场等构成。只有通过市场经济作用，才能更有效地促进我国体育产业经济功能的完善和有效重构。要想使体育活动和体育赛事产业化，需要按照现代企业制度来管理，建立完善的体育管理体制，同时引入市场机制，走市场化路线，促进体育组织的经济收入和体育产业转型升级，拉动经济增长(伍卷等，2015)。

2) 社会功能

健康体育产业的发展目标不应该追求“更快、更高、更强”，而应该追求“更健康、更人性、更和谐”。健康体育产业的发展要融入健康、人性、和谐三个元素，消解竞技体育过于追求更快、更高、更强所产生的消极影响。体育产业在发挥社会功能的时候，主要是将体育精神上升到人类社会文明层次，对广大群众发挥教育与引导的作用。应建立“政府引导”和“全民参与”相辅相成的运行体制，宏观上有政府致力于制定政策引导、保障和完善建设，为居民提供便利的公共体育产品和服务；微观上有民众的主动参与，充分激发各类体育团体、体育协会和体育俱乐部及参与者的积极性，广泛汇聚社会力量推动现代体育实现其社会功能。

3) 政治功能

体育运动本身就是一种特殊的文化交流，因此建立良好的体育观有利于政治功能的发挥，可以通过体育责任来提升政治功能的作用。社会主义民主的实现离不开政治责任，而体育责任是政治责任的动力之一(袁雷，2009)。企业、社会团体和民众等体育参与主体是推动政治责任实现的强大后盾。拓宽社情民意的表达渠道，健全社会舆论汇集和分析机制，把社会公众利益诉求纳入制度化、规范化、法制化的轨道，使各种利益主体尤其是弱势群体具有利益表达的畅通渠道，对于构建社会主义和谐社会十分必要。对于以体育责任实现促进政治责任实现的目标来说，建立有效的体育利益诉求渠道是一个基本的途径(袁雷，2009)。

4) 生态功能

体育产业的发展路线应以“绿色、环保、优美”为目标，要避免体育活动产生环境污染、资源浪费、能源透支和生态失衡等不良后果，引导开展亲近自然、与自然和谐的体育运动方式，努力营造绿色的运动环境(陈淑奇，2017)。另外，应建立一个行之有效的体育生态化运行机制，包括引导机制、组织执行机制、实施保障机制、信息反馈机制和评估监督机制，从各个层面有机协调，最终优化健康体育产业的生态功能。

5) 文化功能

健康体育的文化功能表现为两方面，一个是通过健康体育活动传播正能量，促使其提供一个恰到好处的交流平台，让体育爱好者树立健康的生活观念，有团体精神，接受正能量；另一方面，通过健康体育活动的推广可以宣传当地文化，改善人们的文化缺失，进一步提升我国文化软实力。

第 5 章　贵州省军民融合产业的结构分析与优化

军民融合是指国防技术与民用技术的结合，指国防和军事现代化建设通过不断促进社会经济发展而融入社会经济发展体系，继而在经济、科学技术和教育等各领域与社会经济发展相结合。国防和军事现代化建设与社会经济发展都需要持续不断的强大动力、丰富优质的资源的支撑，所以必须进行更大范围、更深程度和更高水平的结合。“十三五”期间，贵州省大力促进军民融合产业的发展，预计在此期间相关工业的总产值年均增长能够达到18%的程度，到 2020 年实现全省的国防科技工业规模达到全国的前列。因此，贵州省为了促成军民融合全产业链之间的深度合作和稳定发展，坚持以全产业链中各企业的需求为导向，积极构建服务产业的共享平台，对产业链中各企业实施优惠政策，全力推动构建相互联系、共同发展的全产业链。

5.1　理论综述与研究述评

国内外学者在军民融合产业的相关研究领域做了大量的研究工作。本章将基于全产业链视角，进一步深入研究贵州省军民融合产业体系的结构和功能，有针对性地提出结构和功能优化策略。

5.1.1　全产业链理论

1. 全产业链的内涵

中粮集团有限公司最早提出“全产业链”这一观点，当时全国正处于农产品产业升级、食品相关产品消费升级和食品安全形势严峻的背景下。全产业链主要强调以消费者为导向，通过有效的系统管理方法实现从田间到餐桌各个环节的整合与控制，最终实现高质量产品的产出，此战略在市场上获得了一定的优势，该战略主要强调“多产品或多行业整体运营”的运营模式。为了实现这一战略，中粮集团有限公司采取了品牌效应、B2C 食品行业电子商务模式、业务整合和市场转型等措施(张雅楠等，2012)。上述概念最初是针对农业领域提出的，定义不够全面，事实上，随着全产业链模式的发展与创新，该模式已经在许多领域得到新的应用和实践。吴凤超(2014)认为，全产业链是企业利用产权与合同的约束在产业的上游和下游之间拓展业务的企业发展战略，通过协调产业链中的所有相关环节，最终实现对整个产业链的管理和控制。因此，可以把“全产业链”定义为，由始到终(从田间到餐桌)所涵盖的所有环节构成的一个完整的系统。通过对产品质量的全流程的监督与控制，可以实现食品安全可追溯的目标，构建一个“安全、健康、用户放心”的食品生产产业链。全产业链中，最重要的环节一直都是在产业链的两端，即产业链的上游——

种植（养殖）和产业链的下游——销售，最重要的部分是上游的种植（养殖）的自我安全供给。实施全产业链发展模式的目的是使上游企业和下游企业能够形成利益风险共享的共同体，通过市场机制和企业发展计划将消费者需求反馈给上游的种植和养殖业，所以全产业链上的所有环节、所有企业都不能不注重以市场需求为导向，最重要也是最为关键的是对消费者需求的认知。

2. 全产业链的特点

全产业链是一个涉及广泛产品和行业的产业模式。但更重要的是农业领域，当前关于农业领域的研究成果丰硕。寇光涛等（2016）通过对三江平原水稻产业的分析，对新旧模型进行了比较，构建了整个水稻产业链的增值模型，并验证了其可行性。王佳莉（2011）讨论了全产业链战略在中粮集团的应用，分析了全产业链战略实施中可能存在的风险和提出一些规避措施。赵予新（2013）聚焦中国主要粮食省份，对各省全产业链管理的方法进行分析，得出实现粮食全产业链管理的一些主要途径。李桂芹等（2012）利用 6 年的月度价格数据，研究了全产业链在蔬菜行业的价格传导机制，认为蔬菜行业全产业链的价格之间存在相互影响关系，提出了全产业链之间价格合理传导的措施。许多国内学者将全产业链的研究扩展到农业以外的其他领域，如文化、旅游、住房、医药等领域，产生了较多有价值的成果，包括胡琳曼（2015）、杨显怡（2013）、崔红波（2012）及孙小冬（2015）等学者。

5.1.2 贵州省军民融合产业简介

在 20 世纪 60 年代，国家开始支持贵州省的国防科技工业，那时候贵州省的国防科技产业刚刚起步，至今已经发展了 50 多年，总结过去 50 年的发展经验大致可以分为三个阶段：1965 年至 1978 年的大规模三线建设和初步发展阶段；1979 年至 1999 年是改革、发展和调整时期；2000 年至今是持续的发展和创新时期。经过 50 多年国家的支持和自身发展，基本上形成了一个核心两个支撑点的战略布局，具体是以贵安新区为核心，遵义和安顺为支撑，航空、航天、电子信息为主要产业。多年来，在武器装备领域上，贵州的国防科技工业已经成功地完成了许多国家的科研和生产任务，同时研发了多项国防和民用技术产品，并完成了生产，为中国的现代化建设和经济发展做出重要贡献。贵州省已成为中国国防科技的重要战略基地，也是贵州装备和高科技产业的主要配套支持产业（田蔚，2017）。

2015 年，贵州省从事国防科技工业的企业有 50 多家，合计资产近 600 亿元，产值近 300 亿元，比 2014 年增加 64 亿元左右。在这 50 多家企业中，有 39 家企业从事民品生产，超过 1 亿元产值的有 25 家左右，产值超过 10 亿元的有 2 家，总产值在 3 到 10 亿元的有 6 家企业。与此同时，大量的军工企业已经从军工产业链中脱颖而出，并从国防科技产业中受益匪浅。据统计，贵州省已有 100 多家民参军企业，随着时间的推移，数目在不断增加，在这些民参军企业中有不少是拥有武器装备生产许可证和军事安全证书“双重证书”的企业。

2016 年 12 月 8 日，在贵州贵阳举办了第一届军民融合产业招商引资大会，在这次大会上，促成了 330 个总规模超过 1200 亿元的项目，其中 98 个项目总投资超过 500 亿元，并且已经基本达成合作意向，现场签署了总投资近 300 亿元的共 36 个投资项目。贵州军民深度融合的强大动力益于大量项目引入，涉及国防航空、电子信息、航海业、航空航天、大型飞机配套、外贸分包运输设备等领域(田牛，2016)。

2017 年 10 月，贵州省委办公厅和贵州省人民政府办公厅共同发布了《贵州省军民融合产业发展“十三五”规划》，提出到 2020 年全省军民融合产业工业的发展规划与展望，计划到 2020 年，全省军民融合产业工业的总产值将以年均 18%的速度增长，到 2020 年国防科技产业将力争进入全国前十名，“军转民”和“军参民”产业总产值将超过 50%。新增加约 200 家“民参军”企业，培养 10 家 10 亿元以上重点企业，培育 3 家 50 亿元以上龙头企业和 5 家 20 亿元以上骨干企业，并且新增加 20 个省级及以上创新平台①。

5.2　贵州省军民融合产业的结构分析与优化

贵州省军民融合产业结构按板块可分为五个领域，分别是航空领域、航天领域、电子信息领域、航空发动机领域和其他军民融合领域。

1. 航空领域

贵州省大力推动航空整机、航空锻造零件、航空备用零件等航空专业设备及零件的生产和制造，重点发展航空电机、教练机、精密铸件、大型复合材料、无人机和环锻件、二次电源和地面机电设备。

2. 航天领域

近年来，贵州省大力推进系列化经济型航天防御设备项目，这些项目能加快设备出口和技术转移，包括强化防务装备及地面设备、舵机与陀螺仪、精密微特电机、特种化学电源、引信等分系统发展，进一步扩大伺服电机、精密传动齿轮及减速器等产品在载人航天、探月工程等领域中的配套应用。

3. 电子信息领域

贵州省通过整合和提升集成电路、组件和新电子组件的主导地位，促进了从电子组件到模块和系统的发展。专注个别领域的产品生产，扩展相关的系列产品。以半导体双极模拟集成电路、混合集成电路、硅二三极管、硅场效应晶体管、片式钽电容器、片式电阻器、继电器、连接器、按钮开关等为重点，拓展系列产品。

4. 航空发动机领域

航空发动机的生产在贵州省的军民融合产业整合中占有重要地位。该领域的核心是中小型航空发动机的研发和生产，重点是紧紧围绕“两机”专项工程，积极发展航空发动机和燃气轮机的重要相关零部件的生产活动，发展航空发动机和燃气轮机重要零部件、燃油

---

①贵州省军民融合产业发展“十三五”规划[EB/OL].http://www.gzjxw.gov.cn/ztzl/zsyz/201805/t20180504_3135575.html [2018-05-04]。

控制系统、军民两用电磁阀、军民两用大容量混合动力发动机等，建立世界级的基地，为中小型推力航空发动机的设计、生产、测试、维修服务。

5. 其他军民融合领域

军民融合产业的其他领域主要包括：第一，医疗服务；第二，智能设备；第三，红色文化创意产业；第四，节能环保设备；第五，通用航空运营服务；第六，智能农业；第七，紧急救援设备，积极发展应急移动医院和森林灭火器；第八，医疗设备产业；第九，旅游设备；第十，应急支持综合物流系统；第十一，生产服务；第十二，新材料；第十三，新能源汽车。

5.2.1 基于全产业链的贵州省军民融合产业的结构分析

贵州省军民融合产业的结构基础可通过产业链视角进行全面的分析。军民融合产业链是地理上相近或生产同类产品或产品形成供应关系的企业之间的相互联系与合作形成的生产链。

贵州省一直是国家的军工大省，为配合国家国防调整政策，在“三线调迁”和“退城进园”后，国防科技工业开始高度集中，行业方面主要包括航空、航天和电子信息等，地理位置方面主要集中在贵阳、遵义和安顺三地，并且通过多年的整合，已经在贵阳、安顺和遵义形成了相应的重点工业园区。“十二五”期间，全省国防科技工业规模以上工业总产值实现两位数的年增长率，工业和信息化专项资金支持达到了 2.15 亿元，总共有 114 个军民融合项目。截至 2015 年，贵州全省的国防科技工业(包括军转民企业)增加值达到了 64.5 亿元，总产值达到 286.5 亿元以上，比 2014 年同期增长了 12.30%之多，达到省级工业增加值增长的 2.4%①。

1. 通用航空产业链

主要依托中航贵州飞机有限责任公司、贵州安大航空锻造有限责任公司、贵州华阳电工有限公司、中国航空工业标准件生产有限公司、贵州安吉航空精密铸造有限责任公司、贵州风雷航空军械有限责任公司、贵州天义汽车电器有限公司、贵州天义电梯成套设备有限公司、贵州枫阳液压有限公司等企业，重点打造通用飞机大型覆盖件、航空标准件紧固件、机载设备生产、航空电机、液压系统等零部件、大型铸锻件、精密高速数控加工、航空维修、航空旅游、大飞机的生产和配套、航空服务产业链。

通用航空业是专注于精密高速数控加工等航空整机生产配套产业，需要开展强劲有力的国际合作，大力促进外贸转包业务做大做强，积极参与 C919 和 C929 大飞机、宽体客机、ARJ-21 支线飞机和其他民用航空发动机配套工作，建成大飞机生产配套的重要基地。加快发展通用航空产业，重点加强机体部件、机载设备、航电系统、机场设备、通信设施等研发生产。以民用航空产业为拓展重点，大力发展民用无人机、航空电机、航空标准件

①贵州省人民政府.贵州省军民融合产业发展“十三五”规划[DB/OL].http://www.gzjxw.gov.cn/ztzl/zsyz/201805/t20180504_3135575.html[2018-05-04]。

紧固件、液压系统等优势产品。

2. 通用航天产业链

主要依托贵州群建精密机械有限公司、贵州航天新力铸锻有限责任公司、贵州梅岭电源有限公司、贵州航天控制技术有限公司、贵州航天南海科技有限责任公司、贵州航天电器股份有限公司、贵州航天风华精密设备有限公司、贵州凯星液力传动机械有限公司、贵州航天电子科技有限公司、贵州航天林泉电机有限公司、贵州航天天马机电科技有限公司、贵州航天乌江机电设备有限责任公司、贵州航天智慧农业有限公司、贵州江南航天信息网络通信有限公司、贵州航天计量测试技术研究所、贵州航天实业有限公司、贵州航天精工生产有限公司、贵州航天特种车有限责任公司等企业，重点打造航天特种装备及零部件、技术装备、各类系统应用产业链。

通用航天产业链以航天军工技术为依托，重点发展工程机械和轨道交通、大功率液力变速器等军转民产业。航空航天工业依靠航空航天军事技术开发铁路机械和运输、高性能液压传动、特种核级和高质量铸件和锻件、石油和天然气采矿设备和设备以及民用航空产品的高科技电子元件，不断拓展航天防务装备各分系统专业在商业航天领域的推广应用，围绕市场需求做大北斗导航应用，同时以民用空间基础设施建设为重点加快推进航天器卫星通信系统、导航系统、定位系统等应用。

3. 电子信息产业链

依托中国振华集团云科电子有限公司、中国振华集团宇光电工有限公司、贵州振华风光半导体有限公司、中国振华集团久达机械厂、贵州振华新材料有限公司、中国振华(集团)新云电子元器件有限责任公司等企业，电子信息产业链基于电子元器件、电子信息整机及系统、电子信息材料等优势产业，围绕智能设备、汽车等工业设备需求，重点在工业控制和汽车领域开发特定应用芯片，系统地制定解决方案的信息安全支持产品，例如自助管理系统。

4. 专用设备生产产业链

依托贵州黎阳航空发动机(集团)有限公司、贵州航空发动机研究所、贵州安大航空锻造有限责任公司、中国航空工业标准件生产有限责任公司、贵州航天乌江机电设备有限责任公司、贵州航宇科技发展股份有限公司、贵州航天精工生产有限公司等企业，大力发展航空发动机零部件国际转包业务，扩大配套范围和规模，提高技术水平和生产能力；积极推动燃气轮机、燃机控制系统、集装箱储能系统等相关产品的研发和产业化项目落户贵州。

电子信息产业基于电子元件、电子信息系统、电子信息材料等优点，重点关注智能设备和汽车等工业设备的需求，在工业控制和汽车领域开发特定应用芯片和负载。系统解决信息安全支持产品自助管理系统和系统方案，将提高北斗卫星导航产品的生产能力，带动相关产业的发展。

5. 其他产业链

依托贵州精立航太科技有限公司、遵义金业机械铸造有限公司、贵州詹阳动力重工有限公司、贵州红轴轴承有限公司、贵州高峰石油机械股份有限公司、贵州金义磨料有限公司、贵州西南工具(集团)有限公司等企业，主要生产形式包括：①新能源汽车，发展各类新能源专用车和乘用车，加快电控系统、电子制动器、新能源汽车电池等关键零部件开发。②智能装备，积极开发以工业机器人为代表的智能装备整机及伺服电机、传感器、减速器等核心零部件。③新材料，有序推动钢材、铝材等原材料产品结构优化，重点发展各种基础结构需要的有机、无机和复合新材料。④节能环保装备，加快脱硫脱硝设备、城市餐厨垃圾处理设备、铝电解槽新型节能控制系统及城市环卫车等装备产业化，在军民融合领域推动绿色生产技术改造。⑤医疗器械产业，重点发展乳腺癌检测仪、高低压氧舱、电动轮椅制造业等。⑥旅游装备，大力发展旅游观光车、自驾及露营户外设备等。⑦应急救援装备，积极发展应急移动医院及森林灭火弹等。

5.2.2 贵州省军民融合产业结构存在的问题

通过对上述公司的了解和分析，发现贵州军民融合产业普遍存在以下几个问题。

1. 军工企业与民用企业间对接不足

贵州军工企业在研发方面做出了一些创新，但没有得到有效的应用，原因在于研发与生产之间缺乏有效的沟通与合作。现在的研发大多数以技术开发为主，不注重产品的实际应用，实验室成果转化率较低，造成研发产品无法用于实际生产，无法带来更大的经济效益。此外，测试与研发新材料的投入非常大，无论是人力投资还是物力投资都可以说是一笔巨资，所以只有大型企业、高校或者研究所有能力进行实验和研发。而这些机构在生产设备、产品检测、生产技术等方面存在严重的不足，多数设备利用效率高，资源整合体系不健全。

2. 高端核心技术创新能力不强

贵州新材料新技术研发企业或团队缺乏技术的原创性突破，与国际先进水平仍存在较大差距。研发以仿制国外同类产品为主，需缴纳大量专利费，而很多关键材料又依赖进口。同时还缺乏核心先进技术，虽然贵州省在新材料研发生产中有一定突破，但与美国、日本等国家企业相比仍有差距，成果产业化面临的竞争很大。

3. 军工企业开放程度不足

军工企业拥有的核心技术一般都具有一定程度的保密性，而且生产设备齐全、先进，而民用企业在设备技术上落后，保密性很难达到标准，造成核心技术的开放程度不足，影响企业的发展。

4. 产业链上企业主体分布不均

在贵州省，军民融合产业的主体力量较弱，在产业链中分布不均。全省从事生产的大多数是一些中小型企业，其中大部分还是为一些大型企业作加工和配套服务的。当前，贵州省大部分军民融合企业还处于成长阶段，产业规模还有待发展。此外，少数有实力的军民融合大企业由于在省内建设产业链的回报不足，难以吸引他们投资，所以一直专注于某一环节或领域的研究与生产，没有带动军民融合产业链的发展。

5. 促进产业结构升级的政策不完善

贵州省一直高度重视军民融合产业的发展，但推动军民融合全产业链形成的动力仍然不足。目前，贵州省处于对军民融合全产业链的整体规划缺失，扶持政策不足的状况，这严重制约贵州军民融合全产业链的整体竞争力。不得不说的是，贵州省出台过一系列的优惠政策，但是由于未考虑贵州省现状以及政策实施力度不足等情况，造成政策没有很好地实施。军民融合产业一直是个特征明显的产业，需要较高的投入，有较高的风险，但是成功后也会带来高效益。目前贵州省的投资金融资本体系与风险投资机制仍然不够成熟，无法支持军民融合产业所需的资本投入。据调查，军民融合企业中存在大量因资金不足而无法进行新材料开发的情况，只能继续使用老技术、老材料进行生产。

5.2.3　贵州省军民融合产业的结构优化思路

结合当前大数据、云计算技术的发展，要充分整合军民融合产业发展，提高产业系统生产与管理效率，发展智能系统是客观可靠的思路之一。智能系统代表了一种管理生产和服务的新方式，由一系列技术、思想和原则支持，其主要功能是实现产品的智能管理。军民融合智能系统不仅包括军用和民用设备部件的综合处理、集成安装和调试的过程，还有对军用和民用设备生产手段的智能部署，主要包括设备研发、生产、销售、服务和管理的各个方面的智能化处理。

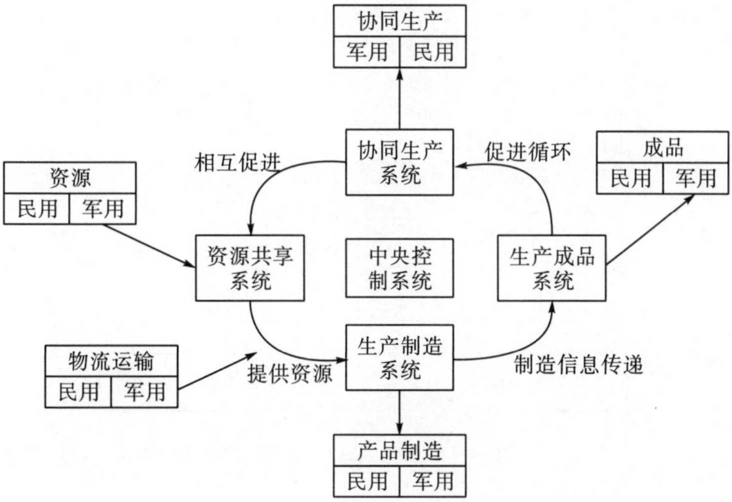

图 5.1　军民融合智能系统流程图

军民融合产业的智能系统由新一代信息技术，如互联网、物联网、云计算和大数据等组成，在生产军用和民用设备的全产业链中全面渗透，并且利用人工智能使整个军民融合生产产业链实现全面的智能化(图 5.1)。为了实现生产系统与军用和民用设备在生产中的密切联系，需要研发协同生产系统、生产成品系统、生产制造系统、资源共享系统等，根据军用和民用设备的不同需求来进行智能化控制，主要由中央控制系统来完成整体系统的有机整合。军民融合的智能系统是基于软件的设计和系统的控制而研发的系统应用，主要包括军用民用生产资源，军用民用物流和军用民用装备研发、生产、销售、服务和管理(杜人淮，2017)。

5.3 贵州省军民融合产业体系的功能分析与优化

军民融合是将国防与军队建设融入社会经济发展中，把社会经济发展诸要素融入国防与军队建设中，形成“军中有民，民中有军”的格局。贵州省军民融合产业的功能体系包括五大功能，分别是社会经济功能、国防与军队建设功能、协同创新功能、政治文化功能和生态环境功能。社会经济稳定快速发展为国防与军队现代化建设提供强有力的物质基础，国防与军队建设的现代化是社会经济稳定快速发展的安全保障，社会经济建设和国防军队建设之间形成双向促进作用。协同创新贯穿军民融合产业，带动社会经济快速发展，增强国防与军队建设能力，有效保障生态环境建设，引领政治文化走向，是军民融合产业的关键功能。通过协同创新能够使最新科技成果得到快速有效的转化。由于军民融合产业辐射广的特点，创新成果能充分运用到航空、航天、电子信息、设备制造等相关产业中去，带动相关产业的发展。

5.3.1 军民融合产业的功能体系分析

贵州省军民融合产业体系同样具有重要的功能关系(图 5.2)，具体如下所述。

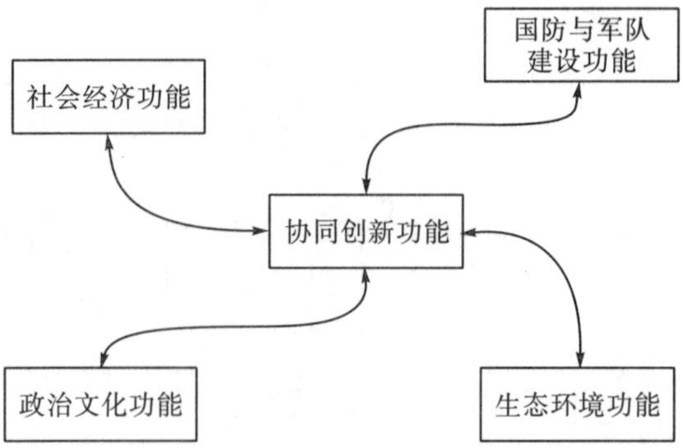

图 5.2 军民融合产业功能关系图

1. 社会经济功能

位于我国西南地区的贵州省，一直是一个经济欠发达、资源欠开发的贫困省份。但是，近年来贵州省积极实施工业强省战略，始终保持着高速发展与和谐生态建设共同进行，大力推进大扶贫、大数据与大生态三大战略共同发展，深入发展“1+8”国家级开放创新平台、国家生态文明试验区、贵安新区绿色金融改革创新试验区、贵州内陆开放型经济试验区、国家级大数据综合试验区等聚集区来支撑贵州省经济的高速发展。贵州省经济社会发展实现了历史性跨越。

自 2010 年以来，贵州的经济增长率一直位居全国前三位。“十二五”期间，贵州省年均增长 12.5%，比全国平均水平高 4.7 个百分点。2016 年，贵州省区域生产总值达 1173.443 亿元，增长 10.5%，其增长率居全国第三。人均区域生产总值达到 33127 元，是 2011 年的两倍，经济总量已上升到全国第二十五位，人均 GDP 已上升到全国第二十九位，已经从长期排在末尾的尴尬局面中走了出来。与此同时，一些关键经济指标(工业增加值、消费品零售总额等)继续位居全国前列。2016 年，服务业实现价值 5251 亿元，增长 11.5%，在全国范围内增速第一；固定资产投资达到 12929.17 亿元，相较于 2015 年增长了 21.1%，在全国范围内增速第二；规模以上工业企业增加值 4031.21 亿元，增长 9.9%，全国排名第三(唐来祥，2018)。

贵州省军民融合产业主要分布在工业及服务业中，绝大多数从事工业生产的企业都是由“军转民”而来，军民融合产业发展对贵州省社会经济发展起着重要作用。贵州省积极发展军民融合产业，着力提升军民融合产业对第二、三产业的影响。不断优化经济结构，以重大工程为抓手，改变现代工业体系，加快传统产业的转型，促进新兴产业发展。经济发展呈现出“三二一”格局。2016 年，贵州三次产业呈现出一种相对协调且快速的增长态势，传统产业比重有一定的下降，新兴产业贡献率有一定的提高。随着产业结构转型速度加快，煤炭、电力、烟和酒精等 4 个传统产业逐步成为支柱产业，全年增加值达到 2193.81 亿元，但相较于 2015 年下降了 3.9%。大数据电子信息、大健康医药等新兴产业增长态势相对较快。与此同时，贵州 2016 年压缩粗钢产能为 200 万吨，共废弃 121 个煤矿，剩余产能为 2107 万吨；电力、物流、税收、资本和制度性交易的五项成本已经降低，为企业减少了 700 亿元的负担(杨柳英等，2018)。

2. 国防与军队建设功能

军民融合产业最基本的功能就是国防与军队建设功能。军民融合产业推动我国国防强军梦的发展，为我国国防和军队建设做出重大贡献。军民融合战略的重点是武器装备的研发和生产，国家发展最重要的是人才的培养。军民融合战略把人才培养作为重要推动力，把保障军事资源和国防动员工作作为重要的支撑。

在武器装备的研发和生产方面，以“军转民”为主要方式，所谓“军转民”就是将在国防、军队建设中的非核心技术转交地方或企业，以发展和壮大国民经济，通过军工产业的先进技术的转化和扩散，带动民用产业的发展与创新。

在军队的人才培养方面。国防生是军队依托地方非军校的普通高校，从应届高中毕业生中招收的提前批学生和从在校大学生中选拔培养的后备军官，主要招收军地通用技术等专业。从 2017 年 5 月起，军队停止招收国防生。

在军队资源保障方面，主要采用“民参军”的方式，所谓“民参军”，一是指地方院校和企业为军队提供人才培养和后勤保障；二是指相关民用企业通过国家军用标准认证后，参与军工产品的生产，提升军工产业的生产水平和效益，“军”与“民”之间优势互补，达到互利共赢的目的。

在国防动员方面，实现军民融合，提高国防实力的同时传播国防知识。

3. 协同创新功能

军民融合打破传统军工企业的封闭性，搭建起了军工企业与民用企业联系的桥梁。所谓“军转民”，就是将在国防、军队建设中的非核心技术转交地方或企业，以发展和壮大国民经济为目的，通过军工产业的先进技术的转化和扩散，带动民用产业的发展与创新。所谓“民参军”，一是指地方院校和企业为军队提供人才培养和后勤保障服务；二是指相关民用企业通过国家军用标准认证后，参与军工产品的生产工作，提升军工产业的生产水平和效益。“军”与“民”之间优势互补，达到互利共赢的目标。军民融合不应该是单一的“军转民”或“民参军”，在融合的过程中，军工企业与民用企业应协同创新，打破传统“军”与“民”之间的壁垒，共同发展。在强调“民参军”的同时，注重“军转民”，使先进的军工技术满足国防和军队建设的同时服务于民；在进行“军转民”的同时，也要注重“民参军”，让优秀的民用企业能为国防和军队建设服务。只有将协同创新功能贯穿整个军民融合产业，才能让军民融合的发展与时俱进，“军”与“民”才能进行更好、更快地融合。

目前，贵州省在军民融合创新发展的过程中面临着许多问题，主要包括：①现有的军民融合平台主要由军用和民用工业基地形成，在地域结构分布上相对松散，企业之间没有特别明显的协同效应，仍然没有或者说较难形成完整的产业链。②军用产品一般在成功研发后更新换代周期长，造成技术落后于市场。军事和民用技术标准本身就存在很大差异，难以发挥协同效应，所以国防和民用工业存在互补性较弱的问题。③从事军工生产的企业一般是封闭的，在行业中也处于垄断地位，与民用企业会存在信息不对称的情况，因此民用企业很难与军工企业竞争。这些问题，依靠传统的军民融合创新平台是无法解决的，所以需要更多的关注，努力打造更适合贵州省军民融合产业发展的创新平台。

4. 政治文化功能

军民融合的政治文化功能主要是推动国家、政府的政策的实施，促进区域文化的发展。

在军民融合国家战略方面，2017 年，中央军民融合发展委员会正式成立；中国共产党第十七次全国代表大会的报告中提出，要走一条具有中国特色的军民融合之路；2017 年，中央军民融合发展委员会召开了第一次全体会议，指出在过去的十年里，我国在全面推进各个领域的军民融合上，已经取得了非常大的突破和成就，习近平总书记对军民融合上升为国家战略的重要意义进行了重新阐述，并且明确指出“军民融合搞得更好一些、更快一些”的时代要求。

在贵州省特色与军民融合产业方面，贵州省地处云贵高原，以山地与丘陵为主，地形起伏大，建设产业集群的难度较大，造成产业集中度不高。贵州有几大传统支柱行业，即酒、饮料和精制茶生产业，烟草制品业，煤炭开采和洗选业，电力、热力生产和供应业。

在国家大数据战略与军民融合产业方面，贵州省进一步推进大数据战略，促进大数据与工业经济融合发展，实施“万企融合”行动，积极推动大数据和工业之间的深度融合。

要加快大数据与工业的深度融合，重点应抓好主要产业，实现工业经济发展在质量、效率、动力等方面的统一。军民融合是一个涉及面广的问题。要实现在不同军地、不同层次、不同领域和地区、甚至不同系统和部门之间线下业务往来，推动线上数据实时连接。大数据平台具备非常优秀的数据处理能力，能够实现在线管理与服务、业务之间的协同和资源共享，非常契合现阶段军民融合系统管理。军民融合的主体涉及多个领域，非常庞大。在一定程度上，军民融合的主体包括企业、军队和政府，还包括第三方服务机构，甚至包括社会公众，但是不同主体具有不同的性质，也有不同构成要素，所以在参与方式和参与目的上也因主体的不同而不尽相同。大数据平台可以促进组织、业务、数据等全面融合，能够有效促进军队和政府、需求与市场、资金与项目、军民企业、创新技术与实践基地之间的互联互通。根据规划，贵州省每年将实施大量融合标杆项目和融合示范项目，并进行复制、推广，以点带面促进本领域大数据应用水平提升。2018 年，带动 900 户工业企业与大数据深度融合；到 2020 年，带动 3000 户工业企业与大数据深度融合；到 2022 年，带动 6000 户工业企业与大数据深度融合，推动企业生产经营数据云端聚集、分析应用。

5. 生态环境功能

贵州省的地理位置独特，位于云贵高原地带，总面积约占国土面积的 1.8%，共计 176167 平方千米。贵州地貌属于高原山地地貌，土地分布状况呈现以山地和丘陵为主平原较少的格局。贵州省的山地面积为 108740 平方千米，丘陵面积为 54197 平方千米，山间平坝区面积为 13230 平方千米，素有“八山一水一分田”之说。同时，贵州喀斯特地貌的总面积多达 109084 平方千米，占全省总面积的 61.9%左右，受如此不好的地势以及地质条件等限制，加上贵州省的工业主要集中在对资源和能源具有高依赖性的重化工业，贵州在实施大规模工业化的过程中制定的总体布局在协调实施时具有一定的困难。

改革开放以来，贵州省经济发展迅速，特别是近年来，国家的大力帮扶和贵州省奋发图强，经济发展越发迅速。然而，经济的快速发展必然会伴随着更严重的环境问题的出现，可以说工业化的发展不可避免地涉及环境污染问题。

军民融合产业的生态环境功能在于军工企业拥有先进的技术和严格的标准，带动全产业链中各企业有效减少环境污染(牟秀燕，2015)。

5.3.2　军民融合产业的功能提升机理

军民融合产业中大多数产业属于资本、技术密集型产业，军工企业与民用企业之间的科技资源、成果实现相互共享是军民融合发展的意义。实现军民融合产业健康、科学、创新、正确地发展，政治文化功能、生态环境功能与协同创新功能在其中起着方向性的指引作用。军民融合产业功能升级的目标是提升军民融合产业的社会经济功能和国防与军队建设功能，但这并不意味着结束，军民融合功能升级是一个循序渐进、不断进步的过程，根据这一阶段的功能情况，进行下阶段的升级(张近乐等，2018)。

1. 军民之间实现资源共享，供给结构得到优化

优化供给结构在一定程度上能够促进产业结构完善，产业结构完善反作用于供给结构

升级。一个地区的产业结构影响着该地区经济水平，一个完善的产业结构能提高地区居民生活水平和经济能力。供给结构优化与产业结构升级是同步进行的，它们之间相互影响，供给通常理解为自然资源和劳动力的供应。军民人才共享、资源的共用能够提升劳动力的素质(引进高素质人才)，能够更加充分利用先进技术、科技，同时也能在一定程度上优化供给结构。

我国现有的产业结构变化的方向是从劳动密集型、资源密集型到技术密集型和资本密集型结构转变。军民融合的发展可以提高劳动力整体素质，对产业集群产生影响，优化资源供应，达到节约资源的目的，军民系统的壁垒得到一定的突破，进一步优化供给结构，消除高度利益墙和引入市场力量，从而达到促进军民融合功能升级的作用。

2. 结合军用和民用市场改善需求结构

需求的变化将改变地区现有的需求结构，需求结构的变化将直接改变该地区的生产结构，影响经济在社会生产活动中的份额，改变现有的产业结构。通过军民市场结合，可以发现需求效应的变化在需求结构中起着积极的作用。一方面，军民融合产业将军用市场与民用市场相结合，社会市场中大量的民用企业可以申请去做原本军工系统中企业经营的工程和项目，社会市场与军工系统相结合，市场需求潜力得到大幅度释放，从而持续拉动经济增长；另一方面，军民融合产业通过军民市场的结合、军民两用技术的共用，增加了产品用途，扩大了产品市场。

3. 通过军用和民用技术的流通来推动创新

创新是产业功能现代化的发动机，创新在军民融合产业中的作用主要是加强军民协同创新功能，促进需求结构和供给结构的现代化，主要包括三点：第一，通过协同创新功能与需求结构更新的相互作用，利用产品创新来增加市场需求，加速军民融合能力的提升。第二，技术知识的积累和生产要素的变化在创新过程中促进供给结构的现代化。第三，创新可以有效促进经济增长和资本积累，军用技术与民用技术的协同创新不仅促进了军民融合产业的快速发展，而且进一步优化了军民融合产业的功能。

贵州省军民融合产业功能的相互作用如图 5.3 所示。

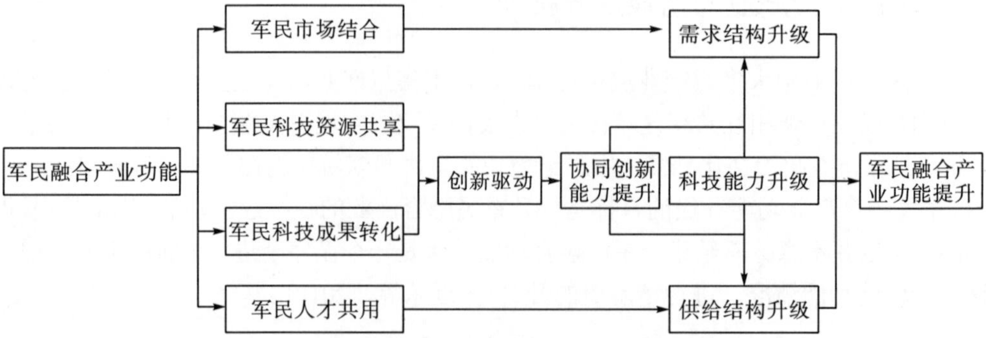

图 5.3 军民融合功能提升机理图

5.3.3　军民融合产业的功能优化对策

根据对贵州省军民融合产业的功能分析，本节分别就国家层面和贵州省层面提出如下对策(杜人淮等，2016)。

1. 国家层面

1)改善军民关系

军民融合发展的本质是有效处理军用和民用资源之间的分配问题。使军用和民用资源的分配变得更有效率的重点在于体制机制，即在制度安排上改善军用和民用关系。近年来，尽管中国成立了处理军民融合问题的相关部门，其主要功能在于协调军民融合专项基金和处理产业示范基地直接的问题和冲突，以促进军民融合技术发展，仍然存在一些制度问题，如指导关系不顺畅、主体权利和责任不明确、制约机制不健全等。因此，必须采取积极有效的措施来改善“军”“民”之间的关系。

(1)建立监督和激励机制。为了保证行政机关在国防和民用技术方面有效地执行相关法律法规，国防工业部门通过法律监督、效益监督等手段来监督军民融合发展各个层面的有效运作，并对军民融合的发展进行评估，在监督过程中不断加强监督力度和改变激励措施。利用法律监督机制，积极发挥国家在司法上的作用，通过司法监督部门的指导，制定专门处理国防与民用技术相结合的违法违纪行为的制度；充分发挥审计部门的监督作用，认真严格执行定期审计制度(如年度审计)，并且不定期、不定时地进行抽查。注重雇用当地审计员、注册会计师和其他专业审计员时的审核方法，用严格的审核标准在源头上减少审计合谋的可能性，通过专业的审核方法寻找拥有高水平的专业审计员，确保审计结果的高度可信。考虑到监督的有效性，对军民融合相关企业进行目标管理、述职和绩效考核评价，对效率低或远低于同行业平均水平的军民融合企业的管理者进行制裁。大力宣扬先进企业，传递正能量，最大限度地调动军民融合产业所有参与者的积极性，有效整合军用和民用土地资源，促进国防与民用技术在军民融合过程中协调快速发展。

(2)对法律法规进行合理调整。取得军民融合较好发展的发达国家在发展过程中的关键在于擅长在国家层面规范和约束军民融合企业，打破军民融合发展的瓶颈，推动标准创新和军民技术融合的发展。虽然中国已经制定并实施了一些法律法规，但是，如何促进国防和民用技术的融合在现有的法律法规中没有实践性的指导，造成不易操作的问题。在国防工业发展中，国防与民用技术相结合，国防和民用技术的发展依赖于企业之间或者个人之间的感情或意识的整合是很一种很普遍的现象。加强军民深度融合发展的法律保障建设，突破具体实施过程中人为因素的影响和企业利益之间的干扰，力争在经济建设和国防建设领域达到共同发展。具体来说，首先应尽快完善立法，利用综合且适用的法律来规范国防与民用技术的整合发展，提出能够规范国防与民用技术整合发展的基本法。其次，重点关注国防和民用技术整合的不同领域，完善相关的军民融合的特别法律。最后，关注国防与民用技术融合发展的新变化、新形式，做到根据实际情况来修订现有的相关法律法规，例如，将如何解决国防与民用技术产权在国防工业技术中的融合问题写入法律法规。综上所述，军民融合的改善依赖于法治才能更加稳定发展。

(3) 建立合理的总体规划和完善的管理制度。中国军民融合的顶层统筹和相关控制体系尚未建立，传统的“军”“民”之间分离的二元体系尚未攻破。负责管理军民融合产业的各种机构或者管理部门没有实际的决策权力，只起到引导、规划的作用。这样便导致各管各的，没有一个统一的管理部门，建设上出现反复建设，没有统一的意见，决策失误后出现推卸责任的情况，对于军民融合的推广起不到真正意义上的指导作用。因此，在总体规划上并没有根据实际情况来制定，管理制度也没有真正契合军民融合产业。所以，非常有必要加强顶层的管理和协调，建立合理的总体规划和完善的管理制度。

2) 军民技术进行有效的相互转移

军民技术进行有效的相互转移能够促进军民融合的发展，是实现国防与民用技术融合的重要形式。因此，有必要疏通转移的渠道，例如去除各种制度障碍，规划且促进军用和民用技术的相互转移，让更多的民用优势资源进入到国防产业领域中去，同时也让军工优势资源更好地支持国民经济和社会发展，从而形成互补，“军”“民”优势协调互动发展。

(1) 加大军用和民用技术标准的推广力度。随着军民两用技术标准的日益普及，军民融合技术标准的不一致便成为中国军民融合发展的重大障碍。军用和民用技术标准的不一致将不可避免地导致军用和民用生产企业的基础设施的多余建设以及资源浪费等问题。为了提高军民融合产业在军用和民用技术方面的水平，有必要注意规划和制定军民技术标准。在制定军用和民用技术标准的整合总体规划时，应全面考虑到民用和军用领域的问题，充分考虑军用领域中的民用工程标准的需求，两用标准发展；充分考虑到制定的民用和军用技术标准的可行性，有必要加快国家技术标准和国际技术标准的整合，尤其是在引进了大量的国外先进技术时，需要考虑我国所用的技术标准能否适合；制定土木技术标准，建立综合国防和民用技术的标准服务平台。同时，注重经济发展和国防建设的需要，遵循国际先进技术发展方向，淘汰旧标准，制定新标准，规范军民技术标准，提高军用和民用技术标准的普遍性和及时性。这对于提高国防工业中军用和民用技术的整合程度至关重要。

(2) 完善军事科研和生产准入制度。保密性和专业性是发展军民融合的一个明显障碍，军工企业中肯定存在部分领域是排斥民用企业参与的，所以军民分离和严格的进入壁垒是军民融合的重要问题。如在网络信息安全领域中，就很难达到军用和民用企业之间的优势互补，而且双方的合作范围有非常大的局限。军用和民用企业之间的竞争也会限制军民企业的融合，降低中国军民融合的整体水平。因此，有必要改革军事科学研究和生产制度，为民用企业进入国家研究和生产领域开辟一条可通行的道路。具体而言，军事研究和生产的安全水平可分为三个标准：绝对安全、相对安全和开放。应严格按照安全标准进行管理，对于从事军工科研和生产的民用企业应该从其项目的启动到实施，都严格对有关国家安全的秘密信息进行全面跟踪，防止泄漏。对于具有高度机密性的军事研究和生产活动，设定保密的时间和程度，通过保密检查的民用企业可以开辟国防市场，认真落实国防和民用技术的整合。鼓励军用和民用的技术、军事科研与生产相结合，消除对民用企业的歧视，简化设备审批流程，使军民融合的科研和生产简单化。在国防和民用科技、国防和工业的全面融合中，把产品视为技术的载体，共同提高技术这一产业发展的内在动力。

(3) 完善军民融合知识产权制度。中国当前在有关军民融合产业中的知识产权制度方面没有严格的制定，这极大地限制了军民两用技术之间相互转移。知识产权所有方的科技成果在用于国防事业后不能够在未经批准的情况下另作他用，由于缺乏严格的制度约束，造成民用事业很难直接使用那些科研成果，造成科技成果相互转移困难。知识产权所有方得到的激励不够，主要表现在科技成果转化的收益分配没有明确的规定，国家用以国防事业后未给予等价的激励，导致军民科技相互转换存在利益纠纷。因此，应尽快完善军民融合知识产权制度，调动知识产权所有方的积极性，便于知识产权在军民融合产业中的相互转移。

3) 提高军民融合相关企业的经济效益

要深入实施军民融合的发展战略，就必须打破原有的利益壁垒，改变原有的利益不平衡的现象，从而提高军民融合相关企业的经济效益。在这个战略行动中会很大程度上激发军民融合的主动性和创造性。

(1) 扩大财政支持的范围。虽然中国已成为世界上第二大经济体，但中国的基本国情仍然没有改变，仍然处于社会主义初级阶段，社会主义现代化建设的任务依然艰巨，供给和需求之间的矛盾依然严重，国防支出仍然很难在短时间内做到有效减轻，造成很难形成可持续的资本供应链的财政支持，而这些仅靠政府财政不太可能实现。所以，国防与民用技术的发展必须与低投入、高效率相结合。

(2) 加大政府财税支持力度。国防工业一般都具有技术含量高的特点，在投资初期需要足够资金，而研发周期又非常长，在研发阶段也需要源源不断的资金投入，所以国防工业需要的总资金量是个非常庞大的数目，仅凭企业自身的力量一般难以支持如此庞大的资本消费。因此，有必要增加政府的财政支持和降低税收等政策支持。

2. 贵州省层面

通过上述对军民融合的功能分析和功能优化分析可以看出，功能的提升能促进军民融合产业的长期良性发展，同时也能为军民融合产业实力的提升创造条件。当然，必须通过有效的途径和方法来改善军民融合产业功能。

1) 积极建立军民融合智能系统

贵州省军民融合产业的传统发展模式是允许军工企业与民用企业在制造方面存在技术和生产设施的不同，这明显不符合军民融合战略实施的要求，这种发展模式是历史原因造成的，需要及时修改，才能有效实施军民融合战略。从现代化的角度看，军民融合产业需要建立一个集成化、智能化的军民融合系统，方便军工企业和民用企业在资源上互通，在技术上共享和在通信上互联，真正做到民用企业与军工企业站在同一起跑线上，公平竞争，共同促进军民融合产业的发展，真正实现军民的高度融合。

2) 注重推出军民融合创新发展的新政策

军民融合是国家层面的发展战略，这一战略实施需要军工企业与民用企业共同参与，需要他们在多层面上进行互动。只有将军民融合发展战略纳入产业的创新发展中去，纳入国防与经济建设中去，才能真正实现军民融合创新发展。因此，贵州省政府应积极发挥政策指导作用，积极引导军工企业和民用企业全方面地进行融合，使相关各企业对参与军民融合发展有足够的积极性，真正提高军民融合创新发展的成果。

3) 积极引导军民融合发展

军工企业与民用企业之间要实现真正意义上协同创新发展必须进行多方位、多层次的交流，进行全面技术、人才、资金和资源上的整合，最大力度共同推动军民融合产业创新发展。贵州省在大力推动军民融合发展战略上，应保障各企业的利益，避免技术、知识和科技在共享的过程中出现利益纠纷，影响军民融合发展。与此同时，贵州省应注意资源、产品之间的互补性，积极引导构建完整的军民融合全产业链。

第6章　贵州省能源产业体系的系统分析与优化

能源产业是国民经济体系的动力产业。科学合理地利用贵州省丰富的能源资源，不但有助于满足贵州省经济社会发展的需要，而且能有力支持周边省份的经济社会发展。本章将对贵州省能源产业体系进行结构分析和功能分析，并相应提出结构和功能的优化对策。

6.1　理论基础与文献综述

本小节内容包括能源产业的内涵与特征、国内外研究概况和贵州省研究概况等。

6.1.1　能源产业的内涵与特征

产业是指具有某一同类特征的经济活动的集合。能源产业就是以资源为基础，对自然资源进行　系列的加工处理，最终给人们的生活与生产提供能量的经济活动。由于能源不同，所以能源产业的划分也存在不同的划分方式。我们可以把能源产业分为：①一次能源产业和二次能源产业。一次能源产业就是日常生活中比较常见的自然资源(如煤、石油、天然气等)，通过开采、储存、运输等一系列过程，能直接供人们使用的成品的这一组织活动的集合。二次能源产业就是通过较高的技术把一次能源进行再加工、再处理，从而获得经济价值更高的能源产品的这一组织活动的集合。②传统能源产业和新能源产业。传统能源产业比较常见，就是把三大化石燃料转化成能量的产业。我们熟知的传统能源产业有：电力产业、煤炭产业和石油产业。新能源产业指的是把太阳能、地热能、海洋能、核聚变能等新能源转化为能量并对其进行开发利用、研究与推广的产业。由于能源产业包含了对能源的开发利用、生产加工、储备运输，以及销售、售后服务等环节，并且每个环节之间层层相扣，至关重要，所以其具有基础性、垄断性、网络经济性和公益性四个方面的特征(蒋国旗，2013)。

1. 基础性

众所周知，国民经济其他产业的基础热量和动力(如汽油、柴油、电力、煤炭)均依靠能源产业提供基础；与此同时，能源产业也为几乎所有的农业、化工业提供生产所需的原材料，如化肥生产、农药生产、化工塑料等的原材料均来源于能源产业。换句话说，能源产业是经济发展的动力基础，没有能源产业提供源源不断的动力，就谈不上国民经济的发展，所以说国民经济的发展离不开能源产业，能源产业是其他产业发展的物质基础。

2. 垄断性

能源产业属于技术密集型、资金密集型产业。由于政策变化、自然因素、市场行情等原因，能源产业大多都存在一定程度的垄断。比如任何国家的电力行业，无论从经济性、实用性还是技术性等角度考虑，都只可能建设一个输电网络；在输电环节的一定范围内，与此相对应的运营商一般只有一个。即使在发电环节，也会因为自然环境、网络设施搭建等因素的制约而限制了电厂选址。对于区域电力市场来说，发电市场也属于垄断竞争市场。

3. 网络经济性

能源产业具有网络经济的典型特征：自我膨胀性、强渗透性、快速便捷性、外部经济性、边际效益逐渐递增性、直接性和可持续性等。

4. 公益性

由于能源产业直接影响到人们的日常生活和日常生产，同时能源产业是建立在对国土资源开发利用的基础之上的，因此无论是煤炭电力、石油资源，还是天然气的开采、加工，都需要在土地的基础上进行。对于中国而言，这些化石能源本应属于全体国民所有，市场上能源企业出售的能源产品又是有价值的资源产品，因此在考虑能源产业的区域布局、市场供给与价格变动时，既要遵守供求关系和价值规律，也要考虑能源产品的外部性，同时还要考虑能源产业的公益性，这样才能保证国民的基本生活需求得到满足。

6.1.2 国内外能源产业的研究述评

党的十九大报告指出，我国全面节约资源，有效推进能源资源消耗强度大幅下降，围绕绿色、低碳、清洁、高效、安全的理念，逐步加快清洁能源产业、节能环保产业、清洁生产产业的发展步伐，推进能源生产和消费革命的升级，从而构建完善的能源体系。在我国南方，贵州素有“西南煤海”之美誉，是重要的产煤基地。贵州煤炭资源丰富，其保有储量高达 797.45 亿吨，居全国第五位，超过我国南方其他各省煤炭资源储量的总和。改革开放以来，在国家的支持下，经过多年开发建设，贵州能源资源相关产业迅速发展，如今已初步形成以电力供应、煤炭供应为主导的能源工业体系。贵州依托煤炭为主导的能源基地建设已初具规模。目前，贵州正处于转型跨越的新阶段，在全面建成小康社会的历史进程中，贵州能源基地将发挥越来越重要的作用。

1. 能源产业结构

1)能源生产结构

传统的能源产业问题研究通常是按照能源的外在形式，把能源产业分为天然气产业、电力产业、煤炭产业和石油产业等单一产业，并基于单一产业进行全面分析和研究。就现代能源产业体系的内涵与概念而言，部分学者进行了相关探讨。陈柳钦(2012)认为，现代能源产业指的是传统能源产业和新能源产业中先进的新型生产方式，现代能源产业必将淘汰那些落后的能源生产方式；现代能源产业体系的目的应是优化能源结构、提高能源利用效率、完善传统的能源生产供应体系，以合理的能源产业结构为基础，以先进技术为支撑，具有相对集约化、高度市场化、相对大型化以及空间布局合理化的安全、清洁、经济、稳定的现代能源供应生态圈。张粒子等(2011)就如何确定我国能源市场体系建设的方向以及路径进行了初步分析和研究，重点分析了一般商品市场与能源市场的差异，初步认为能源市场体系是能源商品交换得以进行的主要条件之一，是能源交易赖以发生的、有规则的媒介所构成的有机统一体。现代能源市场体系建设应该包括“能源市场的制度基础、能源市场机制、能源供应链、能源市场基础设施、能源市场结构、能源市场监管”等六大基本要素，并提出“制度先行，增量激活，监管与管理跟进，基础设施强化，供应链协同”的路径模式。袁先智等(2008)就中国能源市场的构建进行了分析和研究，分析了中国能源市场建设过程中所面临的框架制度、基础设施等方面的问题，认为中国能源市场建设要考虑对市场模式的选择，是选择解除管制的市场，还是选择受管制的市场，或者选择二者结合后演变出来的混合型市场。

2) 能源消费结构

Ajzen(1991)采用社会心理学的计划行为理论(TPB)模型研究能源消费行为。Stern 等(1999)从社会心理学理论观点出发，分析和研究居民能源消费行为，并构建了信念—价值—规范理论(VBN)模型。Lutzenhiser(2002)认为，能源需求是由长期形成的稳定社会系统决定的，而不是居民的短期个体决策行为的结果。社会学理论研究认为，构成能源消费主体的应是家庭而不是居民个体。部分学者认为，决定能源消费微观行为的主要因素是家庭特征变量(家庭规模、成员性别比例、家庭总收入等)(Lutzenhiser et al.，2006；于航等，2006)、生活方式和生活习惯(包括家庭成员文化及社会地位、成员工作类型、家庭共同房屋所有权等)(Carlsson-Kanyama et al.，2005)、法规和市场结构(Vliet et al.，2005)等。

2. 能源产业功能

1) 经济功能

能源产业的经济功能尤为突出，现代经济密切相关的两个主题：一是经济增长，二是能源产业。实现经济增长(数量与质量的增长)是研究中国能源市场问题的主要目的。改革开放至今，我国经济一直保持较快速度增长，再加上主要能源品种的生产规模和消费规模也都在同步扩大，国内学者对这两者之间的相关性研究产生了兴趣。目前两者之间的关联关系主要采用面板数据实证方法和时间序列来验证，整合国内学者的研究成果和计量模型，发现存在着不同的观点和结论。陈燕武等(2003)用多变量自回归模型(VAR)研究认为，能源消费总量与电力消费和 GDP 存在协整关系，而石油、天然气、煤炭的消费量与 GDP 之间却没有协整关系。张琳等(2009)通过研究我国经济增长与能源消费之间产生的动态关系认为，我国经济增长与能源消费之间长期存在着均衡而稳定的关系。郑照宁等(2004)通过研究发现，我国能源与资本之间存在替代性，有极大不确定性，并在考虑时间因素的基础上进一步构建了一个以劳动力、能源、资本为投入要素的中国超对数生产函数模型，分析了我国经济系统的变化趋势和主要特征，通过对大量事实的研究，发现我国国民经济增长的制约因素依然是能源。赵丽霞等(1998)通过建立引入能源变量的 Cobb-Douglas 生产函数构建自回归模型，对经济增长与中国能源之间存在的关联性进行研究，也认为中国经济增长中不可完全替代的一种限制性生产要素依然是能源。吴永平(2008)研究认为，中国的经济增长与能源消费之间存在着双向因果关系。梁森等(2008)的研究结论却认为，我国能源消费与经济增长之间是从经济增长到能源消费的单向因果关系。我国学者们不管是用哪种研究手段和计量模型，在研究能源与经济增长的时候，只是针对某种特定的不可再生的能源(比如天然气、石油、煤炭等)来考虑问题，实际上不同能源品种之间存在着替代性的特征，且其本质上也是同一的。随着中国经济的高速发展，加上我国优质的自然资源禀赋，我国的不可再生能源已经远远无法满足经济社会发展的需要。为了解决能源与经济增长之间的矛盾，从我国的供应侧来看，唯一办法只有加大对可再生能源的技术专研，增加可再生能源生产投入成本。这样看来，要了解能源在我国经济增长中的作用与影响，不仅需要深入研究传统能源，更要加强可再生能源研究。这不仅是理论研究的需要，更是我国今后经济发展必须面对的现实问题。

2)生态功能

降低污染排放水平，提高能源使用效率是生态功能能源的目的。能源税收被国外学者认为是主要的有效的能源公共政策。为了保护资源，把征收能源税作为一种主要手段，促使企业不断更新和提高生产技术、加强内外部管理，有效提高能源开采与利用效率和资源回收率。能源税是否可以达到征税的公共政策，其目的有赖于能源市场结构。Goulder(1992)、Jorgenson 等(1990)研究认为，征收能源税的实际效果是中和的，因为能源税导致的 GDP 下降数量与所收到的税额大致相等。而 Rotemberg 等(1996)研究发现，在一个不完全竞争市场对使用能源的企业征收能源税所带来的损失，从理论计算结果看，远小于实际产出的损失，由此可以看出，能源税政策的实施效果直接受市场结构的影响。目前面向能源的税收形式，主要包括以下方面：一方面是对能源消费者消费能源商品的行为征税，如燃油税，该种税收就是直接增加能源消费者的消费成本，调节能源消费需求；另一方面是在消费能源过程中对外部环境所存在的排放污染物行为征税，比如碳税和硫税等。国外学者对于两种税收的目的以及所产生的作用都有不同意见。Imrich 等(1999)认为，在一定条件下，解决存在的环境外部性问题，其有效处理方式不是释放税，而是使用投入税。在同一水平收入下，传统研究则认为，增加企业或者个人所得税，是实行能源税时税基相对狭窄导致的结果，增加更多的超额成本，由于这一因素的制约，使西方各国在使用能源税的实践中侧重点有所不同，欧盟采用统一的能源税种和征收率，而美国则对能源税采取宽税基征收办法。Dunkerley(1995)认为，根据发展中国家对能源产业的需要，如果继续采用传统的融资方式，将无法满足其需求，而项目融资才是金融产业支持能源产业的重要途径，故在研究能源产业时，其他学者也更加重视融资问题。

3. 能源产业布局

经济学家通常利用基于经济学一般均衡理论建立的可计算一般均衡模型(CGE)作

为政策分析的工具(李洪心，2008)。Jackson 等(2004)建立了世界上第一个 CGE 模型，具有均衡性，可计算性和一般性三个基本特征。世界经济在 20 世纪 70 年代后面临能源价格以及国际金融突变等各种因素冲击，加上后来经过不断完善的 CGE 模型所具有的细化处理能力，国外开始广泛应用 CGE 模型来进行能源市场的一般均衡分析。国外学者利用能源政策变化、货币政策、能源供求等多种因素的能源与环境 CGE 模型来对能源与环境政策进行一般均衡性分析，即使用能源和环境 CGE 模型在经济达到一般均衡的条件下，模拟能源税政策、环境税等变量发生改变时，对生产、消费以及政府收入所产生的影响。Prochaska 等(1998)利用 CGE 模型对美国实施的能源税改革效果进行模拟预测并提出税改方案，建议对能源消费按照完全社会成本定价法征税，用单一税率的销售税取代所得税，来保证总的财税收入不变的前提下，使能源价格能够如实反映能源消费产生的外部环境成本。Fullerton 等(1998)认为，通过适度征收环境税所获得的收入，可以减少个人所得税和社会保险税以便完全消除税制的累退性，从而达到收入中性的目的。

国内学者主要研究了我国能源市场体系建设。针对综合能源市场，其他能源研究主要是在能源的环保、可持续发展方向以及入世后的能源政策等方面进行政策分析，重点提出能源需求与供应的平衡举措和节能方法，希望解决我国能源发展面临的资源枯竭问题、能源利用效率问题、运输条件问题和环境问题等。除蒋国旗(2013)外，至今我国学者对能源市场的研究都是指某一种能源及与之相关市场的分析和研究，研究文献中所指的能源都是针对特定能源品种(比如石油、电力、煤炭、天然气等)展开，而以我国国情为基础，涉及我国的市场管控体系建设、综合能源市场模式选择、运行管理机制方面的整体研究少之又少。

6.1.3　贵州省能源产业研究现状分析

贵州省作为我国重要的能源生产基地，得到了国内部分学者的关注。苏洁(2012)认为，贵州具有丰富的再生能源，面对日益严峻的能源危机，开发可再生能源对于促进贵州经济增长具有重要作用。通过对贵州可再生能源进行分析，提出贵州发展再生能源产业的对策建议，以期为贵州发展再生能源提供参考。万坚(2015)认为，国民经济的发展离不开能源，能源是国民经济的重要物质基础，并针对贵州省存在的能源问题提出优化能源产业结构的相关解决方案。能源经济发展成为高水平物质文明的保障，而物质文明是精神文明向前发展的动力，所以当今经济社会的物质文明和精神文明要往更高层次的方向发展，就必须建立在能源经济发展的基础上。

6.2　贵州省能源产业体系的结构分析与优化

综合国内外关于能源产业的研究成果，本节重点分析贵州省能源产业的结构体系，提出能源产业体系结构的相关分析与策略，希望有助于贵州能源产业体系建设。

6.2.1 能源产业体系的结构分析

1. 能源结构分类

(1) 一次能源与二次能源。一次能源是自然环境中以原有形式存在的、没有经过任何方式进行加工转换就可以直接取得的能量资源，又称天然能源，如生物质能、潮汐能、煤炭、石油、太阳能、天然气、水能等(张志英等，2013)；二次能源指为了满足人们生活和生产需要，把一次能源通过一定的技术手段和技术设备进行加工或者转化，而得到的另一种形态的能源产品，如沼气、电力、焦炭、煤气、蒸汽、煤油、柴油、汽油等。目前大部分二次能源都是一次能源经过加工和转化后才能变成便于运输、分配和使用的能源，就目前的能源市场而言，通常人们会把一次能源作为能源工业的生产资料，将其投入市场进行交易。作为能源工业的产品，进入市场交易往往是二次能源，换句话说，在能源市场上的终端消费商品绝大部分都是二次能源产品。一次能源分为非再生能源(煤炭、石油、天然气、油页岩等)和可再生能源(水能、风能及生物质能)。非化石能源是指不是天然的化石燃料经过地质变化形成，不是一次性能源，而是可再生能源，如潮汐能、太阳能、风能、海洋温差能等。非化石能源的大力发展将会减少对化石能源的使用，能够有效减少向环境中排放温室气体，有助于保护自然环境，延长非再生化石能源的使用时间，降低能源可持续供应的风险。我国计划，到 2020 年，使用非化石能源将达到能源使用总量的 15%，并且使用比重逐年增大，预计到 2030 年达到 20%。截至 2015 年，这一比重仅为 12%①。

(2) 可再生能源与不可再生能源。可再生能源是在自然界中通过一定的循环周期，可以不断地有规律地得到补充或能在较短周期内再产生的能源，如波浪能、太阳能、潮汐能、风能、海洋温差能、生物质能等。可再生能源只是一个相对概念，是相对于人类生存与发展历史而言的，而不是绝对意义上的循环可再生，没有永远不会减少的能源。按照系统学的观点，在能源的利用过程中熵值也会增加，尽管按照能量守恒原理能量不会减少，但可利用的有序能量却不断减少。可再生能源是否既能高效利用，又能经济利用，受周边环境的影响很大，同时受时间因素和区域因素的制约。不可再生能源是指需要经过数亿万年地质变化才能形成，短时间内无法恢复，并随着大规模的开发利用，其储量会越来越少，总有一天会枯竭的能源，比如天然气、原油、核燃料、油页岩、煤炭、核能等。现在化石能源是全球主要的能源消费产品，并且在国际能源市场中，不可再生的化石能源是主要的交易品种，因此不可再生能源对一个地区、甚至一个国家的能源状况有较大影响。

(3) 常规能源与非常规能源。常规能源是指在一定的科学技术水平下已在相当长的历史时期中被人类所熟悉并广泛利用的能源，换句话说，就是指已经大规模生产和广泛利用的能源，如水能、石油、生物能、天然气、煤炭等；非常规能源是指需要利用先进科学技术才可以开发利用的能源，或者利用最新技术才能开发利用的古老能源。相对于常规能源

① 国家能源局详解可再生能源开发利用目标引导制度[EB/OL].http://www.ce.cn/cysc/ny/gdxw/201604/06/t20160406_10196032.shtml[2018-06-03]

而言，目前非常规能源所占的比重非常小，但却是将来替代常规能源或者新能源的发展方向，如风能、太阳能、页岩气等。常规能源和非常规能源都只是相对而言的，随着科学技术的不断进步，现在的非常规能源，总有一天会成为常规能源，而同一种能源，在某地区可能是常规能源，在另一地区也可能是非常规能源。

(4)燃料能源与非燃料能源。按照能源的使用方式划分，能源又可以分为燃料能源和非燃料能源。燃料能源是指以燃烧放热、做功等为目的的能源，主要包括生物燃料(沼气、木材、有机物)、化石燃料(石油、煤、天然气)、核燃料(氘、铀、氚、钍等)、化工燃料(甲醇、汽油、乙醇等)四类；非燃料能源是指不以燃烧为途径获取热量、做功为目的的能源，主要包括获取热能的能源(地热、太阳能、海洋热能)、获取机械能的能源(风能、电力、水能)、获取光能的能源(激光、太阳能、化学物质、电力)三类。

(5)清洁能源和非清洁能源。清洁能源和非清洁能源的划分主要根据能源在使用过程中排放的废弃物含量多少来进行。

2. 能源生产结构

能源产业体系的结构还可以从市场主体视角进行划分(图 6.1 和图 6.2)。

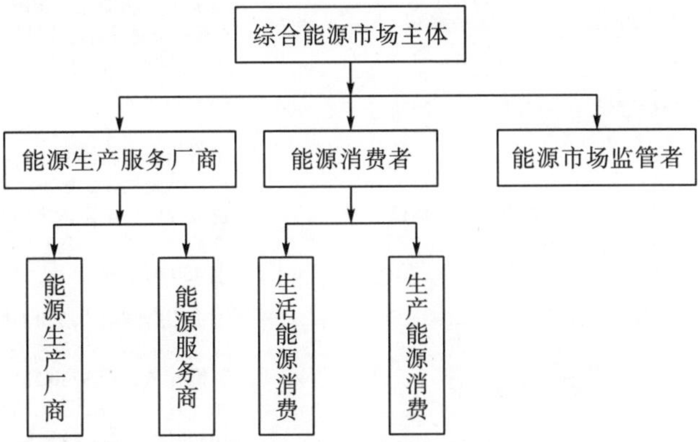

图 6.1　综合能源市场主体结构图(一)

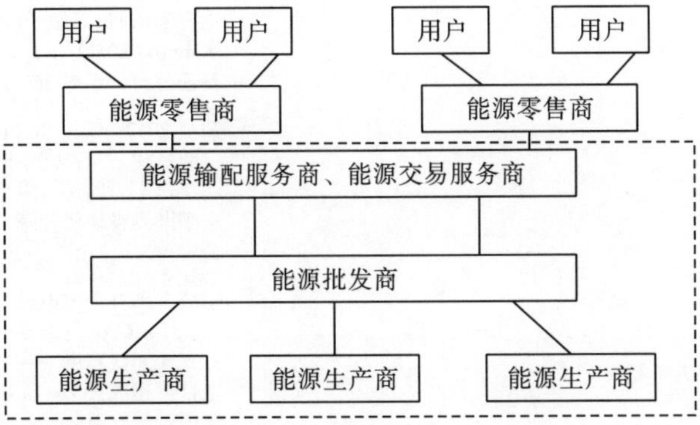

图 6.2　综合能源市场主体结构图(二)

从图 6.1 可以看出，贵州省能源产业的市场主体由三大板块组成：一是能源生产服务厂商；二是能源消费者；三是能源市场监管者。能源生产服务厂商包括能源生产厂商和能源服务商，即本研究所对应的能源生产结构的主体。能源消费者包括生活能源消费者和生产能源消费者，就是本研究对应的能源消费者主体。能源市场监管者对能源生产和消费起到调节和监管作用。

从图 6.2 可以看出，能源生产商是能源市场主体结构的最底层。能源生产商生产出能源后，要么自行输送能源，要么委托能源批发商与能源输配服务商进行输送，把能源送到能源交易服务商进行交易，再由能源交易服务商交易至能源零售商，最后再由能源零售商配送至终端用户。

从表 6.1 中可以看出，贵州省能源生产的市场化程度也在不断增强。

表 6.1　贵州省各类能源产量及代表性企业

序号	行业	单位	2010 年	2015 年	2020 年	代表企业
1	煤炭	万吨	15954	17366	19000	贵州盘江精煤股份有限公司；永贵能源开发有限责任公司；贵州水城矿业(集团)有限责任公司
2	天然气(煤层气、页岩气)	千万立方米		0	400	①贵州产投能源公司(贵州产投能源公司通过在安页 1 井的勘探，预测正安区块页岩气储量超过 500 亿立方米，正安县城 1.5 万户 5 万多名居民用上了页岩气)；②贵州燃气(集团)有限责任公司
3	非化石能源	万吨标准煤	1321	2577	2400	
4	火电	亿千瓦	1837	2813		①贵州金元集团股份有限公司，有习水、纳雍一厂、纳雍二厂、黔北、黔西、鸭溪、茶园 7 个全资或控股火电厂，火电 786 万千瓦，火电规模全省第一；②贵州乌江水电开发有限责任公司，火电 450 万千瓦
5	水电	万千瓦	1534	2056		①贵州黔源电力股份有限公司。截至 2015 年 6 月底，公司已经建成并投产的大中型水电站有九座，装机容量达到 3230.5MW，资产规模已达 181 亿元。其中，引子渡电站 360MW、光照电站 1040MW、善泥坡电站 185.5MW、董箐电站 880MW、普定电站 84MW、鱼塘电站 75MW、清溪电站 28MW、牛都电站 20MW、马马崖电站 558MW。②贵州金元集团股份有限公司，投产水电有毛家河、石垭子、双河口等 30 座中小水电站，水电 104.805 万千瓦。③贵州乌江水电开发有限责任公司，水电 869.5 万千瓦
6	风电	万千瓦		323	≥600	截至 2017 年底，共 116 家，其中包括：①华能新能源贵州公司；②中国广核集团有限公司；③广西桂冠电力股份有限公司；④中国水电顾问集团贵阳勘测设计研究院；⑤龙源电力集团股份有限公司
7	太阳能发电	万千瓦		3	≥200	①威宁县首个中电投 3 万千瓦集中式光伏电站于 2014 年 6 月份建成投产；②贵州首个自然人分布式光伏发电——六枝特区富民分布式光伏发电目前建成投产，装机 20 万千瓦。③贵州金元集团股份有限公司，光伏 10 万千瓦。④贵州乌江水电开发有限责任公司，光伏 5 万千瓦
8	煤层气(煤矿瓦斯)发电	万千瓦		29.32		贵州金元集团股份有限公司，瓦斯发电 1.5 万千瓦

续表

序号	行业	单位	2010 年	2015 年	2020 年	代表企业
9	农林生物质发电	万千瓦		6		松桃县、金沙县农林生物质发电项目，装机各 3 万千瓦，年可规模化利用农业废弃物 60 万吨
10	垃圾发电	万千瓦		3		①兴义市垃圾发电项目，一期装机 1.2 万千瓦，日处理垃圾 600 吨；②安顺市垃圾发电项目，装机 1.8 万千瓦，日处理垃圾 800 吨

3. 能源消费结构

图 6.3 显示了近年来我国能源产业的消费结构①。贵州 2010 年能源消费结构为：煤炭占比 89.8%，非化石能源占比 9.8%，天然气占比 0.4%。2015 年能源消费结构为：煤炭占比 74.4%(其中电煤占煤炭消费比重为 44%)，非化石能源占比 13.5%，天然气占比 1.5%，其他占比 10.6%。2020 年能源消费结构规划为：煤炭占比 70%(其中电煤占煤炭消费比重为 51.3%)，非化石能源占比 15%，天然气占比 5%，其他占比 10%。

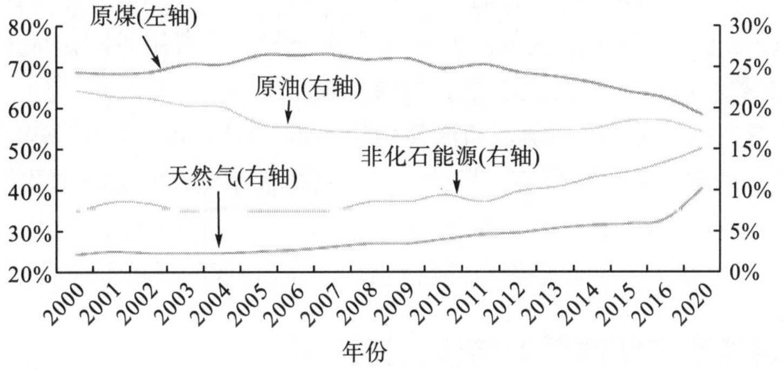

图 6.3 我国能源消费比重/%

4. 贵州省能源产业体系现存问题

《贵州省能源发展“十三五”规划》指出，传统能源落后产能占比较大，能源结构尚不合理。30 万吨/年及以上的煤矿数量占全省总数的 45%，60 万千瓦以上高参数、大容量燃煤机组占比 52%，非化石能源消费占比 13.5%，非可再生能源占比 1.1%，均低于全国平均水平。总体来说，包括以下几个方面问题：

(1)煤炭产业结构不合理。贵州省在煤炭结构调整和整合煤炭资源方面，虽然在某些地区取得了一定的成效，但是从总体上来看煤炭产业还是处于矿多量少、规模偏小、产业比较分散的状况，结构较为单一，洗选加工比重小，基本上没有形成规模较大的煤炭深加工产业。很多规模较小的煤炭企业基本上还没有煤炭气化处理、煤炭液化处理和煤层气开采等的技术能力，所以难以获得高附加值的产品。资金筹措难、投融资体制不健全等因素严重制约了资源深加工项目的发展，企业经济实力和人才储备不足，行业整体竞争实力有待提高。

① 2017 年中国能源总体发展情况分析[EB/OL]. http://www.chyxx.com/industry/201802/611045.html[2018-06-03]。

(2)煤电矛盾突出。我国电价的市场化机制并未最终形成，全国煤炭企业和发电企业一直处于“市场煤，计划电”的状态，所以才导致了煤价越来越市场化，而产煤和供电的矛盾也就越来越多。由于目前物价的限制，倡导的“煤电联动”机制虽然是一个很好的举措，但又迫于当前的物价压力而难以推进。煤电矛盾最基本的根源就是“市场煤，计划电”的体系制度没有完善，很难找到合理的方法来化解煤电之间的矛盾。化解煤电矛盾最好的方式就是进行电力体制改革并不断推进。在 2006～2010 年期间，我国加快电力建设步伐，每年新增 1 亿千瓦发电装机，基本解决我国经济社会发展的“电荒”问题，2010 年底电力装机已达 9.6 亿千瓦。当下存在的结构性缺电问题已不再是装机容量不足而引起的，事实上是煤电矛盾长期积压造成了燃料供应出现问题。所以解决整体“电荒”难题也给我国的电力体制改革的继续推进带来了机遇。贵州煤电矛盾尤为突出。各级政府为保电力供应，耗费了大量精力。贵州作为“西电东送”的主力省份，为保珠三角经济发达地区电力供应做出了巨大的贡献。贵州火电企业上网电价偏低。2011 年底疏导后，贵州火电脱硫标杆价为每千瓦时 0.3825 元，在全国排名倒数第七，比周边的广西、湖南、重庆、四川分别低 0.0947 元/千瓦时、0.1189 元/千瓦时、0.0616 元/千瓦时和 0.0662 元/千瓦时。电价调整跟不上煤价上涨幅度，煤价上涨造成的发电成本增加与财务费用等固定成本大幅上涨，削弱了火电企业的盈利能力，导致火电企业普遍亏损[①]。

(3)煤炭消费占比偏高，终端消费清洁替代任务重。2015 年煤炭占终端能源消费比重为 38%，高于全国平均水平 8 个百分点。目前油气管网覆盖率低，配送成本及管输费高，农村电网结构还比较薄弱。部分边远贫困地区多为山区，负荷较为分散，变电站布点少，线路供电距离长，故障率较大，因此实施电能替代和天然气替代的任务艰巨[②]。

6.2.2 贵州省能源产业体系的结构衍生机制

1. 全国能源结构情况

2017 年全国一次能源生产 35.9 亿吨标准煤，增加 3.6%(其中天然气 1480 亿立方米，增加 8.2%；原煤 35.2 亿吨标准煤，增加 3.3%)；能源消费 44.9 亿吨标准煤，增加 2.9%(其中煤炭占比 60.4%，降 6.6 个百分点；清洁能源占比 20.8%，升 1.3 个百分点)[③]。

近年来，我国发电的总装机容量不断提升，但增速有所差异(图 6.4)。截至 2017 年底，发电装机容量达到 17.77 亿千瓦，同比上一年增长 7.7 个百分点，增速比上年下降了 0.5 个百分点；风电、太阳能发电装机规模已超国家“十三五”规划目标(图 6.5 和图 6.6)[④]。

---

① 数据来源于《贵州建设国家能源基地研究报告》。

② 贵州省能源发展“十三五”规划[EB/OL].http://www.gzcoal.gov.cn/zwgk/zdgk/ghjh/[2018-06-03]。

③ 2017 年中国电力发展情况综述[EB/OL].http://www.mycoal.cn/news/show/131482/[2018-06-03]。

④ 2017 年电力供需延续总体宽松态势[EB/OL].http://baijiahao.baidu.com/s?id=1603868454344771509&wfr=spider&for=pc [2018-06-03]。

图 6.4 2017 年全国发电装机分类情况图

图 6.5 2010～2017 年全国发电装机容量及增速情况图

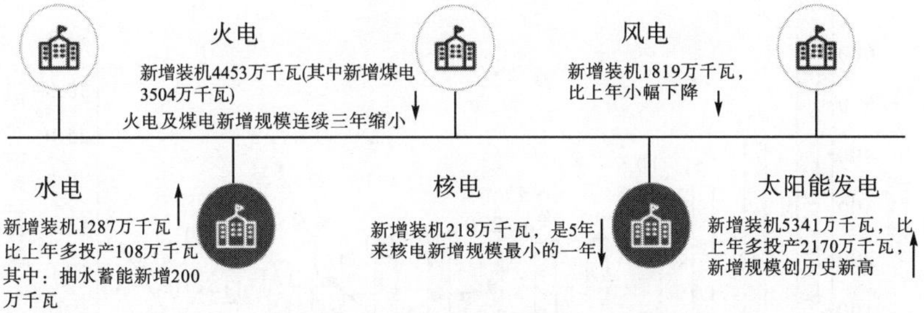

图 6.6 2017 年全国新增装机规模图

2017 年全国基础设施建设新增加的发电生产能力高达 13118 万千瓦，相比 2016 年多投产 975 万千瓦，有史以来新增装机规模最大；新增非化石能源其发电装机容量 9044 万千瓦，其新增发电装机容量占全国 68.9%，比 2016 年提高 3.6 个百分点；新增加的新能源发电装机占比为 53.7%，首次超过 50%，电源结构持续优化①。

① 中国电力行业年度发展报告 2018[EB/OL].http://www.cec.org.cn/yaowenkuaidi/2018-06-14/181765.html[2018-06-03]。

2017 年全国非化石能源发电量同比增长 10.1%，占比为 30.3%，比上年提高 1 个百分点。其中就全国发电量增长来看，新能源(并网风电和太阳能)发电量同比增长 36.6 个百分点，比总发电量增速高 30.1%，贡献率为 28.6%，占总发电量的比重为 6.5%[①](图 6.7)。

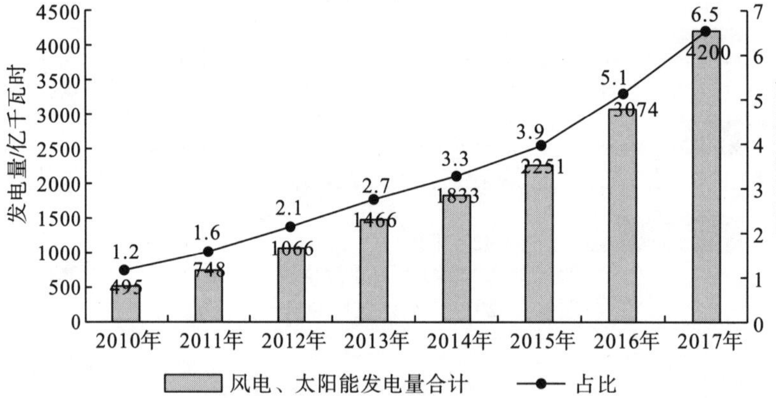

图 6.7 风电、太阳能合计发电量及占总发电量比重图

我国宁夏、河北、青海、内蒙古、新疆、吉林、甘肃、西藏和黑龙江等 9 个省和自治区的新能源发电量超过本省区总发电量的 10%。云南、山东、甘肃等 14 个省级行政区新能源的发电量增量已经超过火电发电量增量(图 6.8)。另外，在新能源发电过程中，我国“三弃”现象较明显。如弃风，在 2017 年这一年内，全国的弃风电量为 419 亿千瓦时，同比减少 78 亿千瓦时；弃风率占比为 12%，同比下降 5.2 个百分点。2015～2018 年，我国弃风率和弃风电量首次达到“双降”的效果。又如弃水，四川、云南 2017 年的弃水电量分别比上年有所减少。而弃光，2017 年我国弃光电量 73 亿千瓦时，弃光率 6%，同比下降 4.3 个百分点[①]。

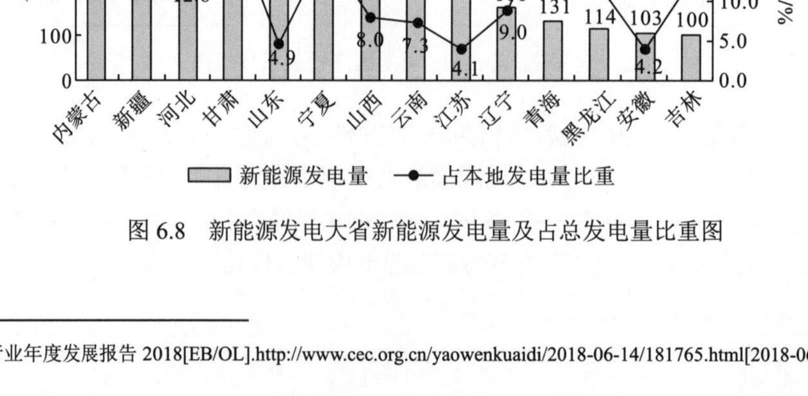

图 6.8 新能源发电大省新能源发电量及占总发电量比重图

① 中国电力行业年度发展报告 2018[EB/OL].http://www.cec.org.cn/yaowenkuaidi/2018-06-14/181765.html[2018-06-03]。

电能在我国能源产业结构中占比逐渐增加，成为能源主要消耗品。据调查统计，在中国南方电网与国家电网共同经营的地区，双方通过合作一起推广电能替代电量达 1286 亿千瓦时，用电量占全国所有地区总和的 2.0%(图 6.9)①。2017 年，人均生活用电量为 628 千瓦时，比上年增加 44 千瓦时；全国人均用电量为 4589 千瓦时，比上年增加 268 千瓦时；全国所有地区用电量总和为 63625 亿千瓦时，同比增长 6.6 个百分点，并且其增长速度连续两年回升，第二产业是全社会用电量增速提高的最主要动力(图 6.10 和图 6.11)①。

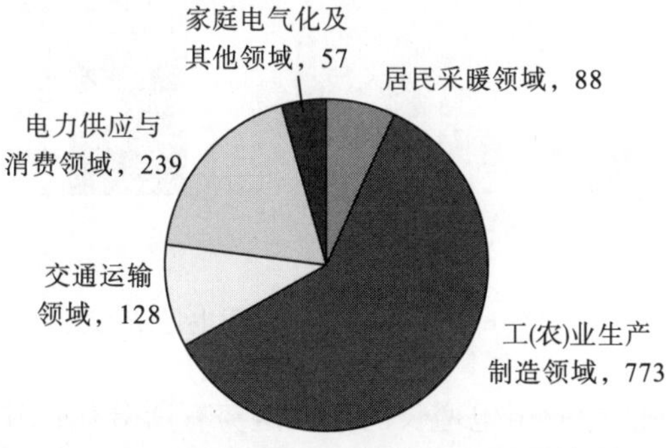

图 6.9　2017 年各领域电能替代分布图(单位：亿千瓦时)

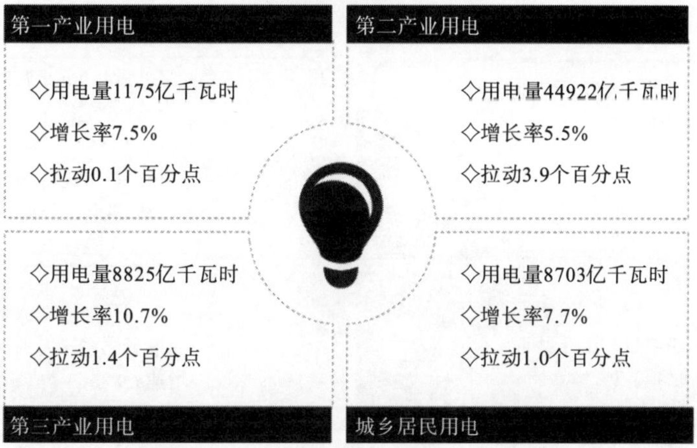

图 6.10　2017 年电力消费数量、增长率图

图 6.11　2017 年电力消费分布比例图

① 中国电力行业年度发展报告 2018[EB/OL].http://www.cec.org.cn/yaowenkuaidi/2018-06-14/181765.html[2018-06-03]。

2017 年，全国工业用电量比上年增长 5.5%，拉动国内用电量增长 3.8 个百分点，占国内总用电量比重的 69.4%，比重回落 0.7 个百分点。高技术产业、装备制造业等新兴产业的通用及专用设备制造业、交通运输、电气、电子设备制造业和医药制造业用电量合计占比提高 0.3 个百分点(图 6.12)①。

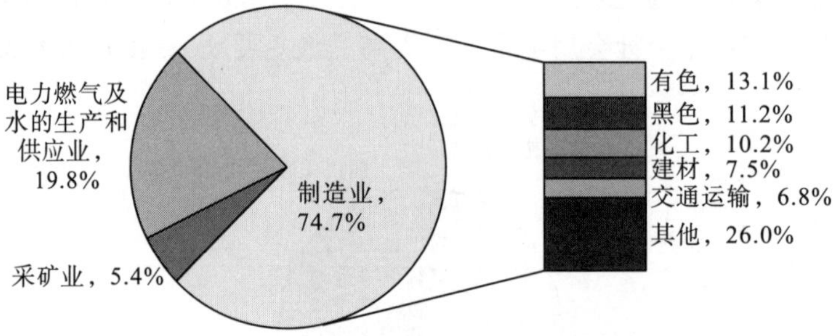

图 6.12 2017 年工业用电量结构图

2017 年，四大高耗能行业用电增长的季度走势有所分化：化工行业用电增速逐季上升；建材行业相对平稳；黑色行业二、三季度持续负增长；有色行业各季度用电增速逐季回落(图 6.13)①。

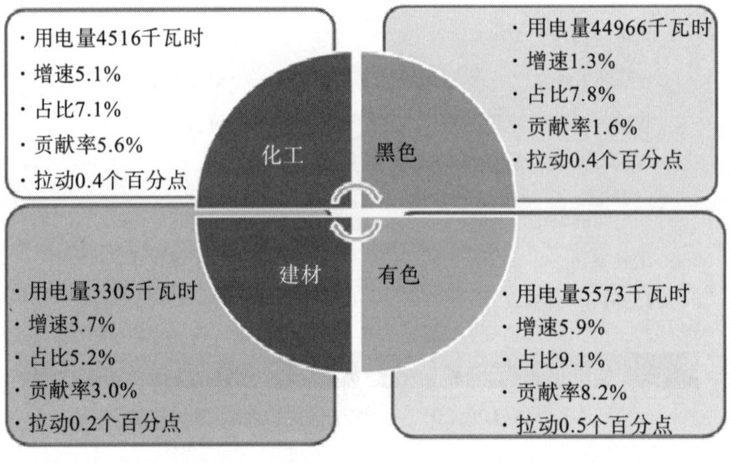

图 6.13 2017 年四大高耗能行业用电增长的季度走势图

2. 贵州省能源结构优势分析

贵州能源资源具有综合性优势，煤炭在贵州能源中拥有战略性地位。贵州拥有四大能源资源优势，分别是水电、煤炭、页岩气和煤层气，其储量大并全国独有。把四大资源进行有机整合，便成为一种综合性优势。贵州矿产资源丰富，特别适合发展以煤为基础的资源深加工基地。贵州具有良好的能源产业基础，能源相关产业体系比较完善，在区位、市场、运输体系、政策导向方面都具有明显的优势。

① 中国电力行业年度发展报告 2018[EB/OL].http://www.cec.org.cn/yaowenkuaidi/2018-06-14/181765.html[2018-06-03]。

1) 能源资源优势

煤炭资源丰富，分布集中，开发潜力巨大。贵州拥有丰富的煤炭资源，其保有储量高达 797.45 亿吨，在全国各省煤炭资源排名中，位列第五名，其煤炭资源储量超过南方 12 省(自治区、直辖市)的总和，所以向来都称贵州为“西南煤海”。贵州不仅煤炭储量较大，而且煤炭种类较为齐全，质量比较优良，火电发展速度较快，这些条件都为“西电东送”打下了扎实的基础，同时也为“煤变油”和“煤化工”两大工程的实施提供了先天的资源条件。六盘水(六枝、盘县、水城)、织纳(织金县、纳雍县)和黔北三大煤田的煤炭资源储量占全贵州省煤炭资源保有量的 90%左右，占贵州省和云南省煤炭资源总量的 2/3 以上。煤炭种类齐全，煤炭质量较好，以低硫、中硫、中灰且发热量较高的煤为主，特别是低硫煤资源丰富，其保有储量占总保有储量的 1/3 以上，中、低硫煤保有储量占总保有储量的 72%以上。地质勘查程度较高，成果较可靠。截至 2011 年，全省查明保有资源储量 469.22 亿吨，目前资源开发利用率仅为 36.21%。煤层埋藏较浅，易开发，大部分探明储量在垂深 500 米以内，多数具备平硐或斜井开拓条件，适合于机械化开采和建设大中型现代化矿井①。

水能资源丰富，开发条件优越。贵州拥有较多的河流，干流与支流相互交叉，其中有 984 条河流的长度超过 10 千米。据 2002 年的统计数据，贵州省内河川的流量已经达到了 1145.2 亿 m^3。贵州属于多山地区，其河流特征比较明显：在河流的上游，其特点是水流相对平缓，河谷较为开阔，水量比较小；在河流的中游，其特点是有的地方河谷较宽，有的地方较窄，所以时而宽时而窄交接在一起，就导致水流相对湍急；在河流的下游，其特点是河谷比较幽深狭窄，水面平静，水流相对平缓，但水量比较大，能利用的水能资源较为丰富。特别是水位落差集中的河段多，开发条件优越①。

根据全国 2003 年水力资源复查成果，贵州 10 兆瓦以上河流 170 条，理论蕴藏量 18086.4 兆瓦，居全国第六位；技术可开发 574＋27／2 座、19487.9 兆瓦；经济可开发 448＋26／2 座、18980.65 兆瓦。经济开发量中，大型水电站 12＋4／2 座、13002.5 兆瓦，主要分布在乌江、南盘江、北盘江、清水江等几条大河上；中型水电站 25＋14／2 座、31 兆瓦，较均衡地分布在八大水系；小型水电站 412＋8／2 座、2889.9 兆瓦，全省各地均有分布。目前贵州水能资源总体开发程度达到 78％左右，还有小部分大型水电站项目待开发，中小型水电站虽然规模不大，但却拥有一定的开发潜力，是未来清洁能源发展方向①。

清洁能源资源丰富。铀矿资源及其伴生矿资源价值巨大，可为核电工程的建设发展提供燃料支持。风力资源具有开发价值。贵州典型的山地气候造就了风能资源的局部可利用性，存在一些风能资源相对比较丰富的地区。煤层气资源十分丰富。预测全省埋深 2000 米以下(CH_4 含量＞4 立方米/吨)煤层气资源量 31511 亿立方米，约占全国煤层气资源总量的 22%，居全国第二。富甲烷(CH_4 含量＞8 立方米/吨)煤层气资源量 29214 亿立方米，占全省煤层气资源量的 92.7%。贵州页岩气资源丰富，居全国第四位。贵州属于亚热带湿润气候，气候温和，充足的光、热、水条件，加上良好的土壤条件，非常适合植物生长，生

① 中国电力行业年度发展报告 2018[EB/OL].http://www.cec.org.cn/yaowenkuaidi/2018-06-14/181765.html[2018-06-03]。

物质能极具开发价值[①]。

贵州境内不仅拥有种类繁多的矿产资源，而且矿产资源分布较为广泛，门类又比较齐全，储存保有量也较为丰富，并且成矿的地质条件也相对较好，是比较知名的矿产资源省份。截至2010年底，已经有128种矿种被人们发现(其中包含了亚矿种)，在3000多处地方均发现存在矿点和矿床。储量排名全国前10位的矿产资源有41种。磷矿资源十分丰富，其储存保有量高达 31.49 亿吨，占全国磷矿资源总量的 15.85%，位居全国前三；锰矿占全国总量的10.07%，储存保有量达9882.49万吨，位居全国前三；锑矿占全国总量的8.07%，储存保有量达26.72万吨；铝土矿占全国总量的16.30%，储存保有量达5.9亿吨，全国排名第四位；重晶石有1.26亿吨，占全国总量的三成以上，比其他省份都多。此外，贵州金矿储量居全国第 12 位，是中国新崛起的黄金生产基地。汞、铝、磷、煤、锑矿产资源在全国的优势地位突出，在业内人士中早有“五朵金花”的美誉。

2) 产业基础优势

贵州能源资源相关产业发展较快，产业基础优势明显。改革开放以来，国家在贵州投资兴建了一批大型煤矿，以此来支持贵州能源建设，用煤作为燃料进行发电和对外输电，成为“西电东送”工程不可或缺的一员。现今贵州已初步形成的能源工业体系，主要以电力、煤炭为主。近几年，贵州在煤炭和电力工业发展上逐步走上一条大型化和集约式的道路，能源工业的技术装备水平、规模经济效益、市场竞争能力明显增强，为进一步发展奠定了良好基础。

近年来，贵州省铝、钛、黄金等有色金属工业发展较快，2010 年规模以上有色金属产业增加值达到61. 12亿元，是2005年的1. 64倍，占全省规模以上工业总产值的5. 4%。贵州有色金属产业节能降耗取得新成效，技术装备水平不断提升，产品质量显著提高，资源勘探保障能力进一步增强，产业结构调整取得新进展，产业集中度逐步提高，有色新材料研发初见成效，已建立从地质勘探、设计科研、基建施工到采、选、冶、加工生产和经营管理相配套的比较完整的工业体系，铝、钦、黄金在全国有色金属工业中占有重要位置。以丰富的矿产资源为基础，引进先进的化工技术，提高生产效率，扩大生产规模，开发商品种类，延长产业链，全省化工产业保持了持续快速的健康发展。加快资源综合利用，大力发展新型建材，建材工业取得了较快发展[①]。

3) 区位优势

贵州地处中国西南，地域辽阔。东部与湖南接壤，北部与重庆、四川相邻，西部与云南毗邻，南部与广西相连，距离昆明、广州、重庆、南宁等中心城市较近。既与珠江经济圈联在一起，又与成渝经济圈毗邻。贵州能源产区具有西煤东运、西电东送的独特区位优势，运输方式以公路和铁路为主，水路和航空为辅，构成全方位开放口岸格局。因此，贵州在面向珠三角、中南地区能源开发中具有无法比拟的独特优势。

① 中国电力行业年度发展报告 2018[EB/OL].http://www.cec.org.cn/yaowenkuaidi/2018-06-14/181765.html[2018-06-03]。

4) 临近能源消费市场优势

从今后发展趋势看，整个中国东部、南部以及部分中部地区将会逐渐成为能源消耗最主要、最活跃的地区。贵州被称为“西南煤海”，其煤的产量大、质量高。大量高质量的煤销往西南地区，电力资源被输送到沿海城市，所以说贵州也是“西电东送”工程不可或缺的主要成员之一。贵州不但要充分利用好沿海发达地区的庞大市场，更应该引进并学习沿海发达地区的先进技术，实现能源及相关产业的规模化，对其原有资源进行深度加工，既就近利用中南、西南、珠三角地区的市场资源，成为国家重要的新型、综合型能源基地，又向中部拓展能源的相关产品市场。以市场需求为导向，利用好区域优势，吸纳优秀人才，引进行业先进技术，把理论成果转化为具有经济效益的产品，与其他相关行业加强合作，实现一体化区域经济①。

5) 商务成本比较优势

近年来，贵州交通条件大为改善，招商引资的途径增多，吸引了不少企业来黔投资，主要城市发展较快，同时带动了周边县级城市的发展。以“主城为中心，辐射县级城市”的发展模式，将自身的能源产业与省外市场衔接起来，快速发展省内的能源经济产业。目前，电力建设卓有成效，电网建设超前发展，充裕的电力供应为贵州地区工业化进程的快速推进提供了充分的能源保障，而突出的火电价格优势构成贵州高载能产业发展的核心竞争力。另外，贵州省近年来的能源工业增长较快，年均增长 18 个百分点，占全省工业增加值的三成以上。在 2017 年 1～10 月期间，贵州工业用电量增长 16 个百分点，全社会用电量同比增长 11.4 个百分点，电煤供应同比增长 37.3 个百分点，能源投资同比增长 12.7 个百分点。同时，贵州省大工业用电价格平均下降 0.1256 元/千瓦时，输电过网费下降 1.66 分/千瓦时，在国内属于用电成本较低的类型。根据估计，贵州省的用电成本支出将大幅度减少，促使居民用电支出减少 2 亿多元。因此能源产业是贵州省的支柱性产业，为全省经济作出了巨大贡献①。同时，贵州在能源、原材料、土地价格等方面具有明显的比较优势，为发展重化工业奠定了竞争优势。综合用电价格、焦炭价格、动力用煤及运距、销售成本等因素，可以预见，这些竞争优势将成为推动能源及相关产业快速发展的巨大动力①。

6) 政策导向优势

国家为实施西部大开发战略和促进少数民族地区发展，制定了许多优惠政策。国务院《关于进一步促进贵州经济社会又好又快发展的若干意见》对贵州经济社会给予了一系列的政策支持。这些都有利于贵州省与其他省份及国外进行多边合作，有利于招商引资，引进先进行业技术、储备优秀人才等，为今后能源及相关产业的发展提供良好的政策条件②。

为推进“气化贵州”向前发展，贵州省要求每个县级城市必须都通天然气。另外，贵州在全国率先出台《贵州省支持电动汽车充电基础设施加快建设若干政策措施》等文件，建成了全省统一的信息服务与运营监管平台，同时电动汽车充电设施建设已经在全省迅速

① 贵州：淘汰落后煤炭产能 6571 万吨[EB/OL].http://stock.hexun.com/2017-12-06/191885462.html[2018-06-03]。

② 中国电力行业年度发展报告 2018[EB/OL].http://www.cec.org.cn/yaowenkuaidi/2018-06-14/181765.html[2018-06-03]。

铺开。

贵州的发展优势较为明显，但同时也应看到，仍存在不少制约因素：基础设施不足，交通条件仍需改善；制度建设滞后，缺乏长远高端的战略规划；发展能源产业面临严重的资金匮乏；煤电矛盾尤为突出；产业层次低，产业链不完整；资源深加工水平不高，大企业和大项目带动能力不强；高层次管理和技术人才缺乏，研发力量不足；金融和信息服务能力比较薄弱；能源发展的体制机制有待创新等①。

3. 贵州省能源结构情况

通过市场需求的供需关系分析，贵州省对能源产业作出了结构性调整，把产能落后的能源企业淘汰或者兼并。目前贵州已有 111.5 万千瓦火电机组和 6571 万吨的煤炭产能被淘汰，并新建一批环保高效的电厂、大中型水电站、大中型矿井，如：织金电厂、构皮滩水电站等，建成的大中型矿井就有 48 个，新增煤炭先进产能 3910 万吨。到 2017 年 10 月，贵州省已突破 1.7 亿吨煤炭产能，拥有 5746 万千瓦电力装机，新能源占比达 46%。显然，贵州已经逐步实现产能集约化和使用清洁能源，整个能源产业的供应环境及能源质量得到大幅度提升①。

1）煤炭

贵州省煤炭资源丰富，保有储量 654 亿吨，居全国第 5 位，储量比江南九省之和还多，素有“西南煤海”之称，是国家 14 个大型煤炭基地之一，是云贵基地的重要组成部分，占基地总面积的 3/4。“十二五”期间，贵州省煤炭开发对国民经济增加值的贡献率在 6.5%～7.3%；煤炭利用对国民经济增加值贡献率在 12.7%～13.8%，两项合计煤炭贡献率为 20%左右。煤炭仍是贵州省稳定、经济、自主保障程度较高的能源，煤炭的主体能源地位在较长时间内不会改变，煤炭工业发展仍处于可以大有作为的重要战略机遇期。贵州省委省政府多次强调，要充分认识煤炭工业的重要基础地位、加快推动煤炭供给侧结构性改革、构建煤炭工业健康可持续发展的体制机制②。

截至 2016 年底，全省有各类煤矿 1189 处、总规模 31959 万吨/年。生产能力公告 572 处、规模 17202 万吨/年，其中综采煤矿 124 处，高档普采煤矿 213 处，煤矿数量占比 37.3%、产能占比 62.1%。但是，贵州省煤矿数量多、规模小、机械化开采程度偏低、安全保障能力较弱的总体形势仍未根本改变①。

黔府发〔2017〕9 号文件明确提出，贵州省煤矿在“十三五”期间已初步实现机械化智能生产。预计到 2020 年，机械化率将达到 96%，综采每年达到 20055 万吨和高档普采每年达到 1770 万吨的产能。煤矿辅助系统智能化、信息化服务管理和监控完全覆盖。贵州将依托互联网和“能源云”提升煤炭行业运行的精准调度、分析和决策能力，为煤炭企业提供信息的扩展集成、综合应用、自动控制、预测预报、智能决策等大数据服务。

---

① 贵州：淘汰落后煤炭产能 6571 万吨[EB/OL].http://stock.hexun.com/2017-12-06/191885462.html[2018-06-03]。

② 贵州举行落实十九大精神推进能源工业转型发展发布会[EB/OL]. http://www.scio.gov.cn/xwfbh/gssxwfbh/xwfbh/guizhou/Document/1606737/1606737.htm[2018-06-03]。

2) 电力

自从贵州省实施电网改造工程以来，到 2016 年底，贵州省农村综合电压合格率基本上达到 95.98%，供电可靠率为 99.658%，户均配变容量 1.75 千伏安，农村基本上不存在“电荒”现象。贵州省委省政府高度重视农村电网等基础设施建设，把农网改造升级作为“补短板”的重要内容，作为重要民生实事进行统筹安排，2009 年全省已经实现户户通电。为进一步加强农村基础设施建设，加快城乡基本公共服务均等化进程，助推贫困地区脱贫致富，贵州省发展和改革委员会和贵州省能源局按照省委省政府要求和国家的有关精神，结合“小康电”行动，大力实施新一轮农网改造升级工程，编制了《贵州省“十三五”新一轮农村电网改造升级规划》和“三年行动计划”，会同省扶贫开发办编制和组织实施，完成贵州省 14 个深度贫困县和 20 个极贫乡镇农网改造升级规划①。

(1) 实施节能升级改造行动计划。规划到 2020 年累计完成现役煤电机组节能升级改造 1716 万千瓦，要求新上的燃煤机组供电煤耗必须在 300 克标准煤/千瓦时以下。其中 2013 年至 2016 年，贵州全省已完成 1500 万千瓦的燃煤机组节能综合升级改造项目，供电煤耗从 335 克标准煤/千瓦时降到 327 克标准煤/千瓦时，相当于每年可节约 80 多万吨煤炭。2017 年估计已完成 370 万千瓦煤电机组节能的改造任务，提高了资源利用效率①。

(2) 实施超低排放改造行动计划。2016 年贵州省已经启动实施 5 台机组超低排放改造，2017 年完成 8 台煤电机组的超低排放改造，到 2020 年将全面完成现有的 19 台 852 万千瓦非 W 型火焰锅炉和非循环流化床锅炉的超低排放改造，切实改善空气环境质量。同时要求新建煤电项目必须同步规划建设脱硫、脱硝设施，做到“三同时”，切实打好蓝天保卫战①。

(3) 实施关停淘汰产能行动计划。“十一五”到“十二五”时期的 10 年间，贵州省已陆续关停了 346 万千瓦小火电燃煤机组，削减二氧化硫排放 8.21 万吨，削减氮氧化物排放 4.35 万吨，在“十三五”期间，贵州省将进一步推进燃煤发电机组的关停工作，预计在 2020 年底前，将淘汰关停 114 万千瓦燃煤发电机组。同时，按照国家有序发展煤电的要求，推迟了 132 万千瓦煤电项目的投产时间，对“十三五”期间的煤电项目进行了缓建安排①。

截至 2017 年，贵州省已经完成 1301 个中心村、小城镇的电网升级改造，全部完成农网改造投资计划；建成 10 千伏变压器 2953 台以上，新增配变容量 57 万千伏安以上；建成 10 千伏及以下线路 7983 千米以上；完成 17.4 万农户以上的“一户一表”改造；农村电网供电可靠率达到 99.8%，综合电压合格率达到 97.9%，户均配变容量不低于 2 千伏安，提前两年达到国家标准。预计到 2020 年，全省农村电网主要指标进一步提升，建成结构合理、技术先进、安全可靠、智能高效的农村电网，为全省扶贫攻坚和全面小康建设提供保障。“十三五”期间，贵州省新一轮农网改造升级工程总投资 509.4 亿元。资金除争取国家预算内投资和南方电网投资外，省政府明确提出可用省脱贫攻坚基金支持农网改造。

① 贵州举行落实十九大精神推进能源工业转型发展发布会[EB/OL].http://www.scio.gov.cn/xwfbh/gssxwfbh/xwfbh/guizhou/Document/1606737/1606737.htm[2018-06-03]。

对14个深度贫困县和20个极贫乡镇优先安排前期工作，优先保障资金计划，优先组织项目实施，确保全面完成农网改造任务[①]。

3）油气

贵州省发展和改革委员会编制《油气体制改革实施方案》，从产业链方面做好配套产业政策。重点推动油气生产商、批发商、经销商以及上中下游等环节的市场化改革，避免垄断、一家独大的局面发生。鼓励民间资本进入勘探开发领域，重点加强油气管网及基础设施建设的监管，提高资源配置效率，打破政府垄断油气流通领域和推动改革石油、天然气流通体制，建立公正、公平、透明的成品油批发许可政策[①]。加强以产能建设为重点，鼓励多气合采，形成多资源保障格局。在页岩气方面，重点建设习水、岑巩、正安页岩气勘探开发示范项目，打造黔北、黔东北两大页岩气开发基地，形成产能正安10亿方、习水丁山5亿方及岑巩5亿方。在煤层气方面，以示范项目为引领，重点打造盘江矿区、黔北长岗一鸭溪区和织纳矿区三大开发基地，分别达到产能5亿方、7亿方和8亿方。同时积极推动毕节煤制油项目，完善成品油供应渠道[①]。

为落实贵州省委省政府要求，加快推进天然气管道县县通及基础设施建设，各市（州）成立了天然气管道县县通领导小组，编制本市（州）县县通实施方案，确定实施主体，对年度目标任务进行了分解。计划到2020年全省累计建设天然气管道5500千米，新建LNG工厂5座，CNG母站11座，加气站277个站点；分布式能源站23座；每个县区500立方米以下LPG储配站一个[①]。同时建立健全天然气管道“建管用安”的长效机制。在基本完成“县县通天然气管道、乡镇供气全覆盖”的目标任务后，构建省级平台企业对全省天然气管网进行统筹运营和安全管理，最终实现天然气同网、同质、同价“一张网”。组建国有控股的混合制企业——贵州省天然气管网集团公司，制定和组织实施天然气管道定价办法和成本监审办法，建立贵州省天然气区域调控中心，将省内天然气资源的调度、各级管网的运营管理信息统一集中协调监管，整合域内维抢修资源，提供维抢修服务，建立健全“建管用安”长效机制[①]。通过带动有效需求积极开拓下游消费市场，配合有关部门深化燃气特许经营权制度改革，打通天然气利用“最后一千米”，打造城市燃气龙头企业。预计到2020年，全省天然气覆盖城镇居民85%，用气人口达到1800万人。拓展天然气工业和交通领域的应用，实施煤改气、油改气工程，促进在工业和交通领域天然气消费占比达到50%以上。重点选择工业园区、生态园区开展天然气直供，发挥示范引领作用，稳步有序发展天然气热电联产、天然气分布式能源项目[①]。

4）新能源产业

目前，贵州省已形成新能源产业多元化发展的局面，建有垃圾发电（兴义市、安顺市）、风力发电（威宁雪山灼圃）、农林生物质发电（金沙县、松桃县）、光伏发电（威宁县、六枝特区）、浅层地热能（贵州财经大学、遵义市师范学院、贵州大学、黔东南兴东房地产公司等）。2014年，贵州省新能源发电量297亿千瓦时，占全国电力消费总量的2.53%；建成新能源项目共

① 贵州举行落实十九大精神推进能源工业转型发展发布会[EB/OL].http://www.scio.gov.cn/xwfbh/gssxwfbh/xwfbh/guizhou/Document/1606737/1606737.htm[2018-06-03]。

232 个，其中 29.32 万千瓦煤矿瓦斯发电，232.6 万千瓦风力发电，60000 千瓦农林生物质发电，1.8 万千瓦垃圾发电。全省煤矸石产生量为 1440 万吨，利用量 920 万吨，利用率达 63.92%，全省煤层气（煤矿瓦斯）抽采量 22 亿立方米，利用量 5.8 亿立方米，抽采利用率 26.11%①。

6.2.3　贵州省能源产业体系的结构优化策略

根据《贵州省能源发展“十三五”规划》，贵州省能源消费每年约为全社会用电量 1500 亿千瓦时，大概消耗 11800 万吨标准煤。目前贵州省的标准煤生产能力达到 1.75 亿吨，电力装机 6900 万千瓦，外送最大电力 2080 万千瓦，其中“西电东送”最大电力 800 万千瓦。据测算，当非化石能源、天然气分别消费 15%、5%以上时，煤炭消费比重就降低到 70%左右。因此建议煤炭占一次能源生产总量的 82%，天然气等占 3%，其他的 5%为非化石能源。为了将来更好地凸显贵州作为国家战略能源基地的作用，发挥贵州优势明显的能源资源和区位优势，保障贵州省在中国中长期能源供应安全方面的重要作用，我们建议贵州省的能源产业体系结构重点关注以下几个策略。

（1）大力发展新能源和可再生能源的战略取向，把贵州建成可再生能源产业基地。国家已经确定，要以小水电、沼气、秸秆气化、太阳能供热等常规成熟技术和风电、太阳能光伏发电、燃料电池等具有大规模发展潜力的新能源作为重点。贵州将凭借可再生能源产业优势条件成为中国重要的可再生能源产业基地。

（2）注重总量平衡，调整盘活存量，做大做强增量。做好煤炭、煤电等过剩行业存量产能调整，大力推进升级改造和淘汰落后产能，调整风电、光伏发电发展节奏，优化发展增量，尽快建立和完善煤电、风电、光伏发电设备利用率监测预警和调控约束机制，促进相关产业健康有序发展。

（3）注重效率提升，加快技术改造，提高能源信息化水平。全面加强煤炭供给侧改革，引进先进产能，淘汰落后产能，降低开采成本，走安全高效、智能信息化、绿色清洁集约的发展道路线，加快火电机组超低排放和节能改造项目实施，大力降低能源行业物耗水平。推进能源产业和信息化高度融合，能源结构、能源生产与消费、能源布局等实现系统优化，提升能源总体效率。

（4）注重结构调整，加快两个替代，提高清洁能源占比。有效控制煤炭消费，扩大电力和天然气消费，提高城乡生产生活用电、用气普及率，大力发展分布式能源，提高能源利用效率。

（5）优化煤炭产业结构，淘汰落后产能，推动煤炭企业转型升级。深入实施煤炭供给侧结构性改革，坚决加快淘汰落后产能，拟在未来 5 年内退出煤矿 510 处、压减煤矿产能 7000 万吨以上；严格控制煤矿规模，其中煤与瓦斯突出矿井规模原则上不低于 45 万吨/年，其余矿井规模原则不低于 30 万吨/年；充分发挥市场作用，对现有资源进行合理的配置，分解落实“十三五”目标任务，加快培育释放先进产能；推进大型煤炭基地建设，进一步提高产业集中度。

① 贵州：新能源产业呈现多元化[EB/OL].http://www.ceh.com.cn/epaper/uniflows/html/2015/04/ 21/A03/A03_44.htm[2018-06-03]。

(6)精准发力补齐结构短板，清洁高效发展煤电。进一步提升全省煤电高效清洁发展水平，加快燃煤发电升级与改造，努力实现供电煤耗、污染排放的降低，打造高效清洁可持续发展的煤电产业①。建议缓建1个煤电项目(132万千瓦)和储备9个煤电项目(1258万千瓦)；坚决淘汰单机容量10万千瓦级及以下、单机容量20万千瓦级及以下、设计寿命期满和不实施供热改造的常规燃煤火电机组，以及污染物排放不符合国家最新环保标准且不实施环保改造的燃煤火电机组。

(7)按照国家内陆核电政策，积极推进核电前期工作，同时积极开拓天然气市场，实施“气化贵州”工程，加快省内页岩气、煤层气的勘查开发和利用，实现页岩气、煤层气开发的重点突破。建议加快做好黔北页岩气开发基地和黔东北页岩气开发基地的建设，以及盘江煤层气开发基地、黔北长岗-鸭溪区煤层气开发基地和织纳矿区煤层气开发基地的建设。同时建设加快正安、习水和岑巩等地区的页岩气勘查开发示范项目，以及盘江矿区松河、织纳矿区、黔北矿区枫香和织金文家坝井田等煤层气勘探开发示范工程。在“十三五”期间，重点开拓商业用户和居民生活的用气市场，推进城市公共交通的油改气工程以及LNG重卡、城际交通的推广①。

(8)进一步完善能源基础设施①。加快省内输送网络建设，加大配电网建设改造力度，着力解决城乡配电网发展薄弱、电压不达标、不通动力电等问题，推动装备提升与科技创新，加快建设城乡统筹、安全可靠、经济高效、技术先进、环境友好的配电网络设施和服务体系。突破煤矿智能化、机械化改造供电瓶颈，加快煤矿供电相关配套输变电项目建设。以中贵线、桂渝线、中缅、国家基干管道为主导，打造省级管网干线和市州“县县通”管网支线，打造相对独立但互联互通、调配灵活的全省管网系统，建设规范合理的统一输配体系。

(9)优化煤炭资源配置。深化煤炭资源配置体制改革，强化资源配置与煤矿企业兼并重组实施方案相衔接，兼顾各方利益，合理设置矿业权，引导优势矿产资源重点向煤、磷、铝、钢、锰等资源精深加工产业配置发展，推进资源型加工企业向园区集聚，促进矿业经济转型升级，优化发展。加快实施煤炭资源税改革，切实为煤矿企业减负。完善公开、公正、公平、透明的市场机制，对煤炭企业实施有序进入，并建立合理的退出机制，提高资源配置效率和公平性。建立“规划一批、生产一批、新建一批、改造一批、淘汰一批”的煤矿产能接续制度①。

(10)深入推进电力体制改革。深入贯彻落实《中共中央 国务院关于进一步深化电力体制改革的若干意见》及配套文件精神，大力推动以输配电价改革、电力市场化建设、售电侧改革和建立跨省跨区电力交易机制建设为重点的贵州电力体制综合改革试点工作。加快电力市场建设，鼓励具备条件的用电企业、售电公司进入电力市场，与发电企业自由协商、洽谈签订电力交易合同；建立优先发电制度和优先购电制度，通过优先购电制度保障重要公用事业、公益性服务行业、居民生活用电等，通过优先发电权制度，不断提升电力系统调节能力，保障风电、水电等清洁能源的全额消纳；按照“政府主导，共同组建，稳妥推进”的原则，完善和规范贵州电力交易中心职能，降低大工业用电成本；加快推进售

① 贵州省能源发展“十三五”规划[EB/OL].http://www.gzcoal.gov.cn/zwgk/zdgk/ghjh/[2018-06-15]。

电侧改革，协调组建贵安新区直管区配售电公司，完善兴义市地方电网范围内发、输、配售企业法人治理结构，组建水电、火电等独立发电公司；按照计划和市场相结合的原则，建立规范的跨省跨区电力交易机制，逐步实现实时交易，推动发电权交易，建立用电量、电煤价格和用电价格联动机制①。

(11) 重组天然气价格机制。对天然气价格组合机制进行调整，进一步改革现有的天然气管网，促进天然气管网公平开放和接入。建立城市燃气利用开发推进机制，改善用能结构，改革油气管道建设的投、融资方式，大力吸引社会资本进入，加快油气管道建设进度。

(12) 加强能源统计与综合监测工作。进一步完善能源统计指标体系，严格审核能源统计数据；建立全面、科学、可靠的能源统计监测和预测、预警综合管理系统，推进能源统计监测信息化建设；建立涉及能源统计各部门的数据信息交流制度，实现与国家能源局、各市州能源行业主管部门以及重点能源企业数据互通共享。完善能源管理、节能服务和能耗监测监督体系，加快重点用能单位能耗在线监测系统监测，提高节能降耗统计监测水平，实施能耗动态监控精细化管理。

(13) 创新能源投融资环境。制定负面清单，鼓励和引导各类市场主体平等进入负面清单以外领域，推进能源投资主体多元化；改善能源投资服务环境，搭建能源行业与金融机构沟通交流平台，定期举办能源行业“政金企”合作推进会，促进贵州省能源行业政金企的良性互动，实现能源与金融的双赢发展。

6.3　贵州省能源产业体系的功能分析与优化

构建贵州省能源产业体系，需明确其功能并提出功能优化策略，有助于贵州省现代产业体系的建设和发展。

6.3.1　能源产业体系的功能分析

贵州省大能源产业的功能体系可以从政治功能、经济功能、社会功能和生态功能等角度构建。

1. 政治功能

(1) 维护国家政治安全。煤炭、页岩气等为战略资源，应牢牢控制在国家手中。显然，“资源寻求型”的外资企业对不可再生资源(如煤炭、有色金属等)的掠夺性开发不仅不利于可持续发展，可能还会对生态环境造成严重破坏，同时还可能利用技术、资金等方面的优势主导本土的关键产业。

(2) 维护国内政治稳定(曾培炎，2010)。首先，能源产业普遍发挥着调节经济失衡的功能，并控制其对政治稳定造成的威胁。能源产业不但在人力、物力上具有优势，同时在经济形势不好时充当启动经济的紧急先锋，并在经济过热时通过退出市场来减少市场泡

① 贵州省能源发展“十三五”规划[EB/OL].http://www.gzcoal.gov.cn/zwgk/zdgk/ghjh/[2018-06-03]。

沫，而且其所掌握的生产要素和产品可以迅速地配合政府平抑物价，同时还可以促进就业的稳定，在经济萧条时依靠国企创造就业机会并保障就业形势。其次，能源产业在保障财政收入的稳定方面也发挥着举足轻重的作用。再次，能源产业有利于东西部地区协调发展、共同富裕、共同进退，如通过西电东送解决能源资源与经济发展不均衡性的问题。

(3)维护政治合法性(王冠杰，2012)。能源企业在中国国企中占了很大一部分，其经营效益的好坏直接影响到国富民安。另外，能源企业大多为国有企业，企业内的“工业民主”是民主的重要表现形式，其实现有助于提高制度的合法性及意识形态的合法性。

2. 经济功能

能源产业具有网络经济典型的高渗透性、外部经济性、自我膨胀性、可持续性、边际效益递增性、快捷性和直接性等特征。能源工业不仅为其他产业提供电力、汽柴油、煤炭等基础热量和动力来源，还为几乎所有工农业提供农药、化肥等农业投入品以及塑料、化工材料等工业生产原材料，因此能源工业是国民经济的基础产业，为整个国民经济的正常运行和发展提供物质基础。在推动社会进步方面，煤、电能源先后在两次工业革命中发挥了巨大作用，而核能、太阳能等新型能源则在当今这样一个能源不足并提倡清洁能源的时代，推动着高新技术不断向前发展。在拉动经济发展方面，据统计，每吨标准煤能源可产生的 GDP 依国情不同在 360 美元到 5580 美元之间，世界年均值为 1860 美元。2010 年我国 GDP 为 397983 亿元，消耗 29.9 亿吨标准煤，一吨标准煤产生的 GDP 约 13310 元[①]。一般来说，资源优势并不等于经济优势，资源禀赋丰富的贵州经济发展并不乐观(王屿，2011)。通过实证分析得出，在贵州经济增长中，资本要素和科技进步对贵州经济发展贡献较大。贵州在经济发展过程中偏好于发展能源产业，固定资产投资中对能源工业投资比重较大，对能源工业产生了路径依赖效应，同时也对其他产业的发展产生挤兑效应。另外，伴随每一次能源技术的革新和每一种新能源的广泛应用，能源总能为人们的生活提供便利，改善人们的生活品质。同时传统能源的高消耗、高成本、高污染特点以及能源匮乏所带来的能源安全问题，使得各个国家在经济发展和产业布局过程中，纷纷转向新能源和可再生能源(董蕾，2012)。

3. 社会功能

贵州省能源产业体系的社会功能表现在以下几个方面：

(1)就业拓展。能源经济创造了大量的就业机会。我国《节能环保产业发展规划》提出，到 2020 年，可再生能源行业的就业人数将达到 220 万人。

(2)产业聚集与提升。能源产业作为基础产业，对其他产业的集聚与提升将产生积极的促进作用。

(3)社会安全。在现代生活中，国民的基本生活将依赖于能源产业。

4. 生态功能

贵州省能源产业体系还具备以下几个生态功能。

① 能源经济[EB/OL].http://www.managershare.com/wiki/%E8%83%BD%E6%BA%90%E7%BB%8F%E6%B5%8E[2018-06-03]。

1) 提升能源效率，降低能耗

能源产业坚持开发与节约并举，把节约放在首位，调整和优化能源结构、提高优质能源和替代能源的比例、加强能源管理、提高能源工业的科学技术水平的要求与行动均有利于提升能源效率，降低能耗。

2) 加强能源环保，降低二氧化碳、氮氧化物排放量

党的十九大报告把能源工作放在生态文明建设的重要位置，对新时代能源发展提出了新的更高要求，强调壮大清洁能源产业，推进能源生产和消费革命，构建清洁低碳、安全高效的能源体系（綦成元，2018）。随着我国经济社会的持续快速发展，能源对外依存度不断提高，原油进口量已占年消费量的 50%以上，能源安全问题、生态安全问题越显突出。能源短缺已成为我国经济社会持续稳定发展的制约瓶颈，寻找可再生清洁型替代能源是当前社会发展中急需解决的重大课题(龚德勇，2010)。

根据以上阐述，本小节构建了贵州省能源产业体系的功能指标，如表 6.2 所示。

表 6.2　贵州省能源产业的功能指标体系

一级指标	二级指标	三级指标
政治功能	扶贫效果	X1：贵州省贫困人口/万人
		X2：贵州省贫困发生率/%
	电力保障	X3：贵州省人均发电装机容量/%
		X4：贵州省西电东送最大电力/千瓦
	应对气候变化贡献	X5：单位火电发电量 CO_2排放量/(克/千瓦时)
经济功能	产品贡献	X5：贵州省能源产业产值/亿元
	市场贡献	X6：贵州省能源产业服务业产值/亿元
		X7：能源产业对地区生产总值增长的拉动/%
	资本贡献	X8：贵州省能源产业税收贡献/亿元
	外汇贡献	X9：贵州省海关出口能源产品总额/万美元
社会功能	就业水平	X10：贵州省能源产业就业人数/万人
		X11：贵州省能源产业就业人数占全社会就业人数比例/%
	安全可靠	X12：电力建设中有较大影响的电力安全事件/次
		X12：电力生产中有较大影响的电力安全事件/次
		X12：供电可靠性/%
		X13：平均停电时间/(小时/户)
		X14：平均停电频率/(次/户)
生态功能	能源效率	X15：贵州省单位地区生产年总值能耗下降/%
		X16：贵州省煤电供电煤耗/(克标准煤/千瓦时)
		X17：贵州省输电线损率/%
	能源环保	X19：贵州省煤电 SO_2排放量/(克/千瓦时)
		X20：贵州省煤电 NO_x 排放量/(克/千瓦时)

6.3.2 贵州省能源产业体系功能的问题

鉴于贵州省的能源产业与国内能源产业紧密相连，其功能也与国内产业息息相关，因此贵州省能源产业体系与国内能源产业体系具有类似的问题。为了更好地提出贵州省能源产业体系的优化对策，本小节先简要探讨国内能源产业体系存在的问题。

全国能源产业体系的功能问题包括以下几个方面。

(1)电力系统安全稳定运行面临严峻考验，表现在：电力系统形态及运行特性日趋复杂；各类自然灾害频发，保障电力系统安全的任务更为艰巨。

(2)清洁能源消纳问题依然突出，表现为：新能源并网问题、西电东送问题、各类能源发展不协调问题及系统灵活性不足导致的调峰困难等。

(3)煤电企业经营困难，发展清洁煤电的能力弱，加之标煤成本较高，导致煤电企业普遍亏损，经营困难。

(4)电力改革与市场化建设进入深水区，表现为：政出多门、各地各异，缺乏统一。

贵州能源产业体系功能的存在问题除了具备国内能源产业体系的功能问题之外，还突出表现在以下几方面。

(1)资源监管体制不顺，开发利用效率较低。一些领域所有权主体缺位，产权不清；资源监管体制不能适应市场经济要求；税费制度不合理等问题突出。最近几年，贵州按照国家的统一部署，关闭和整顿不合法、不安全的小煤矿，同时采取措施整合煤炭资源，促使煤矿加大规模，提高了回采率，也节约了部分煤炭资源。但是，煤矿技术装备水平整体上仍然偏低，回采率仍然较低，资源浪费现象依然存在。

(2)制度建设滞后，缺乏整体规划。能源开发的利益机制尚未理顺，制约了能源发展对地方经济的带动作用。地方能源开发和合作机制不健全，一些地区能源产业发展目标不清晰，能源开发政策缺乏必要的稳定性和规范性。从周边各省(自治区、直辖市)来看，它们与贵州的能源合作往往基于自身能源保障的需要和经济利益前提下，在制度和政策上缺乏对能源开发地区利益的关注和补偿。由于缺乏科学的区域规划和有效的管理体制制约，各地能源及相关产业处于各自为政、盲目发展的状态。国家有关部门在能源发展规划和能源产业布局以及建设项目管理中，尚未充分考虑贵州在国家能源发展战略上的特殊地位，对贵州能源发展的规划指导、项目审批、资金投入、科技创新、财税扶持等政策措施的支持力度不够，贵州能源发展的优势还没有充分发挥出来。

(3)资金匮乏。据测算，在煤炭资源整合方面，截至2012年，贵州省需将1690处煤矿通过煤炭资源整合重组、技改升级、企业转产减少到1000处左右，建设投资约1500亿元，各项补偿费用约450亿元，上述两项费用合计约1950亿元。计划解决的途径为，通过集团化改造，由获得资源或兼并小矿的集团自筹。如此尚缺资金在600亿～700亿元，希望国家能给予约200亿～300亿元启动资金的支持。在煤矿整合过程中需要国家出台支持煤矿企业兼并重组、资源整合的金融优惠政策，解决企业融资难的问题，并且减免煤矿企业兼并重组、资源整合环节中的税费。煤矿建设的资本金投入一般在总投资的30%左右。在资源环境的补偿政策方面，煤矿环境保护与治理的历史欠账，全省估算180亿元左右。贵州省目前采取煤矿环境治理保证金的收取措施缺口在 100 亿元以上①。

(4) 资源综合利用水平较低，加工转化程度不高。煤炭深加工仍以煤焦化、煤制甲醇、煤制合成氨等传统煤化工为主，煤层气(煤矿瓦斯)、煤矸石、矿井水利用率和煤炭入选率分别低于全国平均水平 13%、14%、33%和 3%。煤制烯烃、煤制清洁燃料等新型煤化工产业发展滞后，煤炭清洁高效利用水平不高。

(5) 煤炭生产结构性矛盾突出，推进机械化升级改造任务艰巨。在现有生产矿井中，采用炮采工艺的数量和产能占比分别为 62.7%和 37.9%。煤矿瓦斯、水、顶板等灾害仍然严重，安全生产基础仍较薄弱。淘汰落后产能，推进机械化改造和产业升级任务艰巨②。

(6) 科技创新基础薄弱，能源产业技术水平总体偏低。贵州省能源行业的科研院所和科技人员偏少，企业技术创新投入不足，科技创新基础薄弱。煤炭开采的智能化、信息化建设滞后，适合全省复杂的地质条件的煤层气和页岩油气勘探、开采与利用技术体系尚未形成，能源产业技术水平总体偏低。

(7) 市场配置资源效率有待提高，能源管理体制机制有待完善。市场机制没有充分发挥配置资源的决定性作用，能源价格机制尚未理顺，能源产品尚未建立起合理透明的价格形成机制，能源管理集中度不高，保障供给、提高能效、普遍服务、节能减排作用尚未充分发挥。

6.3.3　贵州省能源产业体系的功能优化策略

贵州省将按照“推进能源生产和消费革命，构建清洁低碳、安全高效的能源体系”的总要求，以习近平新时代中国特色社会主义思想为先进的指导思想，始终坚持能源“四个革命、一个合作”战略构想，深入研究能源电力行业与社会主要矛盾变化的关系。根据贵州省能源产业体系的功能问题分析，提出贵州省能源产业体系的功能优化策略如下。

(1) 准确把控能源产业发展方向，持续推进电力供给侧结构性改革，优化产业结构，提高产品服务与质量，努力解决发展中存在的问题，最终实现能源产业平稳健康可持续发展。

(2) 注重环境友好，加大减排力度，提高绿色发展水平。贵州省应节约开发能源资源，提高集约化开发水平；加强资源综合利用效率，加强煤炭绿色清洁开发利用，最大限度保护生态环境；促进高碳能源低碳发展、黑色能源绿色发展，加大煤电企业污染物排放治理力度，大幅削减二氧化硫、氮氧化物等污染物的排放总量。通过实施节约优先战略，倡导绿色消费，提升能源领域绿色发展和生态文明建设水平。

(3) 注重服务民生，助力脱贫攻坚，提升普遍服务能力。加快能源基础设施建设，加大农村电网升级改造力度，实施天然气管网县县通、乡镇全覆盖，加快城乡配网、电动汽车充电基础设施建设。优先在贫困地区安排重点能源开发建设项目，引导煤炭、电力、新能源和可再生能源、油气等资源开发利用项目向贫困地区倾斜。

(4) 注重创新驱动，推进技术进步和深化体制机制改革，增强发展动力和活力。提高

---

① 中国电力行业年度发展报告 2018[EB/OL].http://www.cec.org.cn/yaowenkuaidi/2018-06-14/181765.html[2018-06-03]。

② 贵州省能源发展“十三五”规划[EB/OL].http://www.gzcoal.gov.cn/zwgk/zdgk/ghjh/[2018-06-03]。

能源科技创新能力，推动能源技术革命，推广应用一批先进成熟技术，示范试验一批关键技术，集中攻关一批核心技术。在电力、天然气等领域放开竞争性环节定价市场，逐步形成及时反映市场供求关系、符合能源发展特性的灵活价格机制，引导市场主体合理调节能源生产和消费行为，推动实施有利于提升清洁低碳能源竞争力的市场交易制度和绿色财税体系。加强能源科技创新体系建设，实现能源产业现有科研基础条件的提升改造，增强自主创新能力。充分发挥企业主体作用，强化企业在能源科技创新中的主体作用，提升能源及装备制造企业自主创新水平，加快发展先进能源装备制造业。加强能源重点领域科技创新，重点开展煤炭绿色、高效、安全开发，煤炭清洁高效综合利用，大力推进智能机械化开采，依托大数据、云计算、物联网等新一代信息技术，促进煤炭行业转型升级，建设协同控制智能化井群、一体化控制智能矿井。加强发电与输配电技术、新能源技术，电动汽车充电站及储能技术、页岩气煤层气勘查开发利用和节能环保等领域的科技研发。加强重点领域能源科技创新和技术推广，加大天然气应用技术推广，形成一批达到国内外先进或领先水平的自主知识产权。

(5) 大力发展“互联网+”智慧能源。加强能源产业链上下游企业的信息对接，推进能源生产智能化；鼓励煤电企业依托现有煤电机组，直接面向终端用户，重点围绕具有电、热、冷负荷的工业园区，经济开发区和大型城市综合体等，提供电、热、冷能源一体化解决方案，多能互补，提高能源利用效率。构建能源供给与用户互动的综合智慧能源供应业态；积极开展智慧供暖业务，推进电能替代，构建多能协同的能源消费格局；因地制宜建设新能源智能充放电站等基础设施；以分布式能源网络用户为基础，鼓励发展智能用电，促进能源共享经济和能源自由交易；鼓励家庭、企业能效管理等新型业务；加快智能电表普及，加快智能网络建设，同步实现能源消费的实时计量、信息交互；大力推进电力大数据重点实验室建设，建设能源大数据平台。

(6) 将能源消费总量控制在合理范围内，完善相关法律法规体系，引领绿色低碳发展。

①提高煤炭的利用效率，降低污染排放。加快低品质煤提质利用，逐步实现“分质分级、能化结合、集成联产”的新型煤炭利用方式；大力开展煤矸石综合利用；大力推广沿空留巷技术，积极将矸石用于采煤沉陷区回填和道路建设填充；大力开展矿井水综合利用；积极推广高参数先进发电机组和淘汰低参数小机组；在推动清洁用煤的同时，实现高效用煤与节约用煤的统一。

②以绿色发展、高效环保理念，对煤电机组进行改造，推进能源产业向前发展。认真落实煤电节能减排升级改造行动计划，全面实施燃煤电厂超低排放和节能改造工作方案等各项任务要求，进一步加快燃煤电站节能减排改造步伐。

③加强能源领域节能减排和电能替代，开展节能降耗专项行动。加强宣传教育，普及节能知识，大力倡导绿色生活方式，实施节约优先战略，建立健全节能降耗体制机制，落实能源消费总量控制方案。加快能源领域节能技术和产品的推广应用，大力推进以节能降耗为核心的企业技术改造，鼓励企业积极采用新工艺、新产品和新材料；重点在居民采暖、生产制造、交通运输等领域逐步实施电能替代，加强科技创新和技术研发，不断提升电能替代设备的智能化生产和应用水平。

④推动用能方式转变。以抓好贵阳市、遵义市、兴义市创建国家新能源示范城市和开

阳县、水城县、威宁县、西秀区建设国家绿色能源示范县为切入点，大力推动城乡用能方式转变。在城市大力实施煤改气工程，在工业园区推广分布式能源。结合农村资源条件，因地制宜推进小水电、农林废弃物、养殖场废弃物等的开发利用。

⑤大力推广新能源汽车，完善电动汽车和天然气汽车基础设施。

(7) 坚持共享成果发展，推进能源服务建设。

①加强建设城乡电力配网。在统筹城乡、统一规划、协同推进的原则下加大建改力度，着力解决城乡配电网发展薄弱问题，推动装备提升与科技创新。加大政策支持，强化监督落实，全面加快现代配电网建设，支撑经济发展和服务社会民生。

②加快小康电建设。重点实施农村电网改造升级、农村用电公共服务均等化、理顺农村电网管理体制、农网电压质量提升四大工程。着力解决农村现有变电容量不足、布点不够、线径过小等问题，提高电网供电能力，适度超前提高农村电网供电可靠率；解决城乡居民用电客户交费难问题，缩小城乡电力服务差距，实现城乡公共服务均等化；取消县级供电企业“代管”体制，推进全省农村电网改造升级工程实施；解决农村电网供电质量不高、低压用电“卡脖子”问题。

③深入开展农村电网改造升级工程。加快农村电网中心村改造步伐，全面解决农村电网可靠性低、电压稳定性差等问题。针对大中型及骨干水源工程覆盖不到的区域，通过水网建设改造，使农村居民的生活环境和农业生产条件得到明显改善。

④积极推进光伏扶贫工程。统筹考虑贫困户增收需求、电力负荷及电网建设现状，统一规划实施光伏扶贫项目，积极开展分布式光伏扶贫，在省内光照资源条件较好的区域推广实施光伏扶贫工程。鼓励相关光伏企业履行社会责任，积极参与光伏扶贫行动，根据各贫困地区的地域特点和经济发展状况制定适宜的扶贫模式，完善光伏扶贫工程质量管理体系，保障光伏扶贫效果。

⑤大力发展农村可再生能源。结合农村资源条件和用能习惯，因地制宜推广生物质成型燃料和小水电代燃料工程，开发利用养殖场废弃物、风能、太阳能等可再生能源，推广普及经济实用技术，促进农村炊事、取暖和洗浴用能高效化、清洁化，积极推进农村可再生能源综合利用示范工程建设。

⑥完善农村能源基础服务体系。推进城镇能源供应设施和服务逐步向农村延伸，加强农村液化气供应站、加油站、清洁煤配送中心、型煤加工点和管网等基础设施建设，建立各类能源设施维修和技术服务站，培育农村能源专业化经营服务企业和人才，增强能源基本公共服务能力。

⑦着力提高民用天然气供给普及率。加快建设天然气输配管网和储气设施，扩大天然气供应覆盖面；逐步理顺天然气价格，培育和拓展天然气消费市场，扩大居民生活用气规模。

主要参考文献

白莉, 2015, 必韬中医养生健康管理有限公司发展战略研究[D]. 呼和浩特: 内蒙古大学.

薄文广, 吴承坤, 张琪, 2017. 贵州大数据产业发展经验及启示[J]. 中国国情国力, (12): 44-47.

蔡秋, 陈梅琳, 2000. 农业资源高效集约利用是贵州喀斯特地区农业持续发展的根本途径[J]. 经济地理, (04): 81-84.

蔡书凯, 何朝林, 2015. 城乡一体化发展中的政府主导与市场决定[J]. 区域经济评论, (03): 155-160.

蔡勇志, 2012. 构建现代海洋产业体系建设海峡蓝色产业试验区[J]. 中共福建省委党校学报, (12): 74-79.

曹文, 2010. 户外运动类体育产品的品牌营销策略研究[J]. 中国商贸, (12): 21-22.

陈淑奇, 2017. 体育生态化发展的含义阐释与实现路径探析[J]. 体育文化导刊, (09): 1-5.

朝乐门, 马广惠, 路海娟, 2016. 我国大数据产业的特征分析与政策建议[J]. 情报理论与实践, 39(10): 5-10.

陈加友, 2017. 国家大数据(贵州)综合试验区发展研究[J]. 贵州社会科学, (12): 149-155.

陈静锋, 郭崇慧, 魏伟, 2016 . "互联网+中医药": 重构中医药全产业链发展模式[J]. 中国软科学, (6): 26-38.

陈立枢, 2015. 中国大数据产业发展态势及政策体系构建[J]. 改革与战略, 31(06): 144-147.

陈柳钦, 2012. 现代能源产业体系的实现路径探析[J]. 石油石化节能与减排, 6(1): 1-7.

陈秋珍, John, Sumelius, 2007. 国内外农业多功能性研究文献综述[J]. 中国农村观察, (03): 71-79, 81.

陈淑奇, 2017. 体育生态化发展的含义阐释与实现路径探析[J]. 体育文化导刊, (09): 1-5.

陈文捷, 李想, 2016. 广西健康养老养生产业发展策略研究[J]. 商业经济, (05): 19-22, 149.

陈新, 2003. 发展初期的中国运动休闲市场[J]. 体育学刊, (03): 21-24.

陈燕武, 吴承业, 2003. 台湾地区 GDP 和能源消费的长期均衡关系分析[J]. 华侨大学学报, 03: 26-31.

陈玉忠, 2010. 论休闲体育与体育休闲[J]. 上海体育学院学报, 34(01): 25-28, 33.

陈彧, 2008. 贵州特色农业发展研究[D]. 贵阳: 贵州大学.

池莲, 2015. 谈大数据产业形成路径及其产业集群发展动力机制[J]. 商业经济研究, (17): 66-68.

崔红波, 2012. 基于全产业链发展模式的携程旅行网竞争战略研究[D]. 成都: 西南交通大学.

崔小委, 吴新年, 2016. 大数据应用促进大数据产业落地[J]. 科技管理研究, 36(02): 203-207.

代振, 2014. 基于 ArcGIS 的重庆市休闲度假地产布局优化研究[D]. 重庆: 西南大学.

戴建辉, 2013. 我国运动休闲产业在产业结构调整中面临的问题、机遇和发展[J]. 广州体育学院学报, 33(06): 56-59.

党倩娜, 罗天雨, 曹磊, 2015. 多维视角下大数据领域技术创新演进、前沿与特性[J]. 科学学与科学技术管理, 36(08): 49-60.

邓丽, 2011. 构建西部现代产业体系的对策建议[J]. 财经问题研究, (11): 39-42.

邓灵稚, 杨振华, 苏维词, 2017. 贵州喀斯特地区农作物种植结构优化对策[J]. 经济地理, 37(09): 160-166.

邓万里, 刘甫晟, 张兴毅, 2016. 民族院校体育旅游人才培养对策分析——以贵州省为例[J]. 体育科技, 37(02): 142-143, 148.

邓万里, 温杰, 2018a. 山地户外运动专业人才培养模式的构建探讨——以贵州省为例[J]. 体育科技, (01): 72-73.

邓万里, 杨福军, 温杰, 2018b. 基于"健康中国"背景下贵州省山地户外运动发展路径研究[J]. 兴义民族师范学院学报, (01): 62-65.

邓子云, 陈磊, 何庭钦, 等, 2017. 一种区域大数据产业发展战略形成方法及实例研究[J]. 科技管理研究, 37(21): 160-170.

迪莉娅, 2014. 我国大数据产业发展研究[J]. 科技进步与对策, 31(04): 56-60.

丁宁宁, 2010. 国际养生养老“产业”发展趋势[J]. 政策瞭望, (09): 48-49.

董景奎, 2007. 贵州农业多功能性研究[D]. 贵阳: 贵州大学.

董蕾, 2012. 浅析中国能源经济面临的挑战及其对策[J]. 商业文化, (2): 153-153.

董昕, 刘强, 周婧玥, 2014. 我国老龄产业发展现状与对策: 一个文献综述[J]. 西部论坛, (4): 78-86.

杜龙政, 汪延明, 李石, 2012. 产业链治理架构及其基本模式研究[J]. 中国工业经济, (3): 108-117.

杜人淮, 2017. 军民融合装备智能制造系统及其构建——基于制造全产业链视角[J]. 现代经济探讨, (05): 5-10.

杜人淮, 马宇飞, 2016. 国防工业军民融合水平测度与对策研究[J]. 科技进步与对策, 33(09): 108-116.

方言, 宋元媛, 2015. 贵州农业生产形势调研[J]. 宏观经济管理, (07): 50-51.

房海鹏, 2007. 城镇化进程中服务业衍生成长研究[D]. 武汉: 武汉理工大学.

冯少兵, 向于宏, 巴义名, 等, 2016. 康体养生产业的概念解析[J]. 中国学校体育, 3(11): 38-43.

甘小川, 2016. 贵州省山地户外运动大省建设初探[D]. 成都: 成都体育学院.

高俊雄, 2010. 体育、运动、休闲之概念与内涵——台湾地区之应用和诠释[J]. 上海体育学院学报, 34(01): 12-16, 20.

高天跃, 2015. 新结构经济学下的贵州省产业结构调整与优化路径研究[J]. 西南民族大学学报(人文社科版), 36(10): 104-107.

Gene Bammel, 1996. 休闲与人类行为[M]. 涂淑芳译, 台北: 桂冠图书公司.

龚德勇, 2010. 贵州生物质能源产业现状及发展对策[J]. 贵州农业科学, 38(8): 222-224.

龚绍东, 2010. 产业体系结构形态的历史演进与现代创新[J]. 产经评论, (01): 21-28.

谷中原, 2007. 农村发展的农业多功能研究[D]. 长沙: 湖南农业大学.

关鹏, 潘禹臣, 刘东业, 2017. 国内健康养生产业分析[J]. 南方农机, 48(06): 190, 192.

郭普松, 2014. 企业衍生研究综述[J]. 中国商贸, (25): 54-56.

郭庆海, 2013. 新型农业经营主体功能定位及成长的制度供给[J]. 中国农村经济, (04): 4-11.

郭正模, 魏宇菲, 2014. 老龄产业的弱质特征与政府对老龄产业的扶持政策探讨[J]. 天府新论, (03): 53-58.

何星亮, 2013. 文化功能及其变迁[J]. 中南民族大学学报(人文社会科学版), 33(05): 33-41.

韩先锋, 惠宁, 2016. 中国大数据产业技术效率及其影响因素分析[J]. 科技管理研究, 36(14): 107-112.

郝国栋, 2011. 消费社会视域下贵州体育旅游产业发展问题分析[J]. 商业时代, (25): 144-145.

何顺志, 徐文芬, 黄敏, 2004. 贵州中药资源种类、地理分布及开发利用现状[J]. 贵州科学, 22(4): 46-53.

何添锦, 2012. 地理与区域经济[M]. 杭州: 浙江工商大学出版社.

何星亮, 2013. 文化功能及其变迁[J]. 中南民族大学学报(人文社会科学版), 33(05): 33-41.

何云灿, 2015. 永嘉县养生养老产业发展战略研究[J]. 科技风, (14): 277-278.

何志宁, 许汉泽, 2012. 城市文化产业园的社会功能及问题反思——台中和南京的比较研究[J]. 东岳论丛, 33(09): 15-21.

赫修贵, 2010. 中国特色农业现代化模式探讨[J]. 学术交流, (05): 53-56.

洪邦辉, 姚鑫, 刘金凤, 2008. “多彩贵州”体育旅游产业的现状与发展路向[J]. 商场现代化, (26): 253-254.

洪名勇, 陈怀远, 2002. 贵州农业经济增长中的结构贡献[J]. 贵州财经学院学报, (06): 55-58.

胡剑波, 桂姗姗, 2017. 贵州产业增长与隐含碳排放的脱钩效应研究[J]. 贵州社会科学, (12): 156-162.

胡精超, 2012. 我国健康体育产业的发展策略研究[J]. 中国集体经济, (19): 129-130.

胡琳曼, 2015. 乐视网全产业链运作模式研究[D]. 长沙: 湖南师范大学.

黄蓓, 2011. 论贵州农业保险制度的完善[J]. 贵州社会科学, (07): 83-85.

黄家顺, 曾知也, 2013. 论转变经济发展方式的主攻方向[J]. 江汉论坛, (08): 20-24.

黄亮, 徐明, 2013. 成都市休闲体育产业发展研究[J]. 成都体育学院学报, 39(4): 45-47.

黄庆华, 姜松, 吴卫红, 等, 2013. 发达国家农业现代化模式选择对重庆的启示——来自美日法三国的经验比较[J]. 农业经济问题, 34(04): 102-109.

黄新伟, 2016, 对生态环保的绿色发展思考[J]. 黑龙江科技信息, (27): 41.

黄燕玲, 2008. 基于旅游感知的西南少数民族地区农业旅游发展模式研究[D]. 南京: 南京师范大学.

黄臻, 2014. 贵州农业现代化发展水平评价及政策选择[J]. 商业时代, (11): 138-139.

江振来, 2017. 基于产业优化升级的贵州山地新型城镇化发展研究[D]. 贵阳: 贵州财经大学.

姜睿, 苏舟, 2012. 中国养老养生地产: 内涵、前景与开发策略[J]. 华东经济管理, 26(12): 44-48.

蒋国旗, 2013. 中国综合能源市场体系建设研究[D]. 北京: 中共中央党校.

蒋辉, 刘兆阳, 2016. 农户异质性对贫困地区特色农业经营收入的影响研究——微观农户数据的检验[J]. 贵州社会科学, (08): 161-168.

蒋书君, 2017 . "休闲体育"发展研究[J]. 体育文化导刊, (01): 48-51.

康蕊, 2016. 关于旅居养老产业发展的思考——以海南省为例[J]. 社会福利: 理论版 , (4): 25-28.

寇光涛, 卢凤君, 刘晴, 2016. 东北稻米全产业链的增值模式研究——以三江平原地区为例[J]. 农业现代化研究, 37(02): 214-220

雷海章, 2003. 现代农业经济[M]. 北京: 中国农业出版社.

雷庭, 2017. 我国大数据产业发展的影响因素研究[D]. 北京: 北京交通大学.

李泊溪, 2001. 中药现代化产业推进战略[J]. 经济管理, 7(21): 10-12.

李桂芹, 王丽丽, 2012. 蔬菜全产业链价格传递机制研究[J]. 农业经济问题, 33(11): 30-36, 110-111.

李国杰, 程学旗, 2012. 大数据研究: 未来科技及经济社会发展的重大战略领域——大数据的研究现状与科学思考[J]. 中国科学院院刊, 27(06): 647-657.

李国英, 2015. 产业互联网模式下现代农业产业发展路径[J]. 现代经济探讨, (07): 77-82.

李坤, 2016. 贵州大数据发展大事记[J]. 当代贵州, (10): 22-23.

李红艳, 2006. 户外运动的理论与实践研究[M]. 北京: 北京体育大学出版社.

李宏蛟, 何腾兵, 蒋影, 等, 2014. 贵州发展生态环境产业的 SWOT 分析[J]. 浙江农业科学, (09): 1490-1492.

李洪心, 2008. 可计算的一般均衡模型—建模与仿真[M]. 北京: 机械工业出版社.

李会萍, 申鹏, 2015. 新常态下贵州产业结构优化: 现状、路径与对策[J]. 贵州社会科学, (11): 151-156.

李化, 2015. 中药产业链及产品链分析[J]. 世界科学技术-中医药现代化, 17(1): 292-295.

李茂林, 刘春莲, 2016. 西部贫困地区经济与环境协调发展研究——以贵州省为例[J]. 西南师范大学学报(自然科学版), 41(1): 72-75.

李明, 2001a. 体育产业学导论[M]. 北京体育大学出版社, 7: 94-96.

李明, 2001b. 经济转型时期的健康体育研究[J]. 南京体育学院学报, (01): 16-18.

李桥兴, 李妍, 2018. 我国中医药产业的布局特征研究综述[J]. 经济研究导刊, (10): 22-25.

李世举, 赵亮, 2016. "互联网＋"背景下大健康产业发展的对策研究——以贵州省为例[J]经济研究导刊, (11): 38-40.

李舒平, 2003. 登山、户外运动在体育发展战略中的地位及发展对策[R]. 国家体育总局社会课学、软科学研究项目结题报告.

李文华, 闵庆文, 孙业红, 2006. 自然与文化遗产保护研究中几个问题的探讨[J]. 地理研究, 25(4): 561-568.

李香君, 王爱丰, 2007. 南京户外运动产业营销策略因素分析[J]. 南京体育学院学报(社会科学版), (01): 45-50.

李小云, 田银生, 2011. 休闲养生产业定位与城市品牌塑造——以南阳市为例[J]. 资源与产业, 13(04): 27-31.

李旭, 2015. 浅谈贵州粮食安全[J]. 中国粮食经济, (09): 45-48.

李银, 王新明, 2017. 贵州是如何领跑大数据产业的[J]. 领导之友, (12): 55-57.

李正贤, 2008. 高校户外拓展训练课程安全问题研究[J]. 体育文化导刊, (10): 98-100.

连玉明. 2018. 中国大数据发展报告[M]. 北京: 社会科学文献出版社.

梁强, 罗永泰, 2007. 户外运动产业的需求挖掘与价值创新策略[J]. 体科育研, 28(3): 34-35.

梁森, 聂锐, 2008. 我国能源消费与经济增长关系的计量分析[J]. 煤炭经济研究, 01: 18-21.

廖怀昌, 杨琼珠, 2010. 促进疗养院持续发展应将健康管理与养生保健有机结合[A]//中国康复医学会疗养康复专业委员会[C].

廖劲为, 于娟, 2018. 大数据产业研究综述[J]. 现代商贸工业, 39(06): 7-11.

廖婧琳, 苏跃, 冯泽蔚, 等, 2008. 54 年来农业自然灾害对贵州农业经济的影响分析——以农业及粮食生产为例[J]. 安徽农业科学, (25): 11114-11117.

廖西元, 申红芳, 王志刚, 2011. 中国特色农业规模经营“三步走”战略——从“生产环节流转”到“经营权流转”再到“承包权流转”[J]. 农业经济问题, 35(12): 15-22.

凌平, 2010. 人类运动休闲发展历程的回溯[J]. 体育与科学, 31(05): 61-64.

林轶, 2010. 东南亚养生旅游客源市场开发研究[J]. 东南亚纵横, (07): 39-42.

刘昌平, 殷宝明, 2011. 发展养老产业助推老龄经济[J]. 学习与实践, (5): 25.

刘超, 朱满德, 2013. 贵州特色农业发展现状、存在问题与对策[J]. 贵州农业科学, 41(03): 214-218.

刘德权, 苏荷, 2016. 基于大数据的城市环境治理对策[J]. 哈尔滨商业大学学报(社会科学版), (06): 53-61.

刘红娜, 2007. 中国户外运动用品经营状况分析[J]. 商业经济, (9): 46.

刘欢, 马珂, 2015. 建设养生养老基地问题研究——以河南省信阳市为例[J]. 改革与开放, (11): 89-90.

刘杰锋, 朱沙, 曾胜, 2014. 以房养老: 理念、模式和经验[J]. 西部论坛, 2014, 24(03): 32-39.

刘京华, 张华荣, 2017. 我国发展森林健康养生产业的思考[J]. 沈阳农业大学学报(社会科学版), 19(04): 385-390.

刘勘, 2003. 为企业服务 促协会发展——访中国保健科技学会健康产业促进会会长刘建文[J]. 中国保健营养, (12): 62.

刘克春, 2007. 粮食生产波动影响因素的实证分析——以江西省为例[J]. 特区经济, (12): 188-189.

刘明国, 2014. 中国特色现代农业风险保障机制——基于机会成本视角下的贵州烟草农业风险保障机制构建[J]. 贵州社会科学, (10): 124-128.

刘萍, 2014. 从欧美农业旅游集群看中国的观光农业——以美国、意大利、波兰为例[J]. 生态经济, 30(04): 138-142.

刘文勇, 2014. 现代产业体系的特征考察与构建分析[J]. 求是学刊, 41(02): 52-58.

刘小敏, 2013. 区域产业结构优化理论研究综述[J]. 中国市场, 03: 75-80.

刘彦随, 张紫雯, 王介勇, 2018. 中国农业地域分异与现代农业区划方案[J]. 地理学报, 73(02): 203-218.

刘岩, 2015. 我国大数据产业竞争优势研究——基于修正的钻石模型[J]. 企业经济, 34(07): 92-97.

刘燕舞, 2009. 反思湄潭土地试验经验——基于贵州鸣村的个案研究[J]. 学习与实践, (06): 116-120.

刘远坤, 2017. 贵州因地制宜推进农业供给侧结构性改革[J]. 行政管理改革, (07): 14-16.

刘自强, 李静, 2014. 农业多元功能的拓展与现代农业产业体系的构建[J]. 现代农业, (09): 95-97.

陆文荣, 2002. 开展茶文化生态旅游活动, 为建设生态经济强市服务[J]. 茶叶, 8(1) : 50 -51.

罗时琴, 廖凤林, 江波, 2010. 贵州湄潭茶文化体验旅游产品开发模式研究[J]. 农业环境与发展, 27(06): 55-58.

吕萍, 2005. 对贵州贫困地区农业产业化发展的思考[J]. 贵州社会科学, (03): 29-32.

马斌, 2018. 国内云计算、大数据产业园区发展布局特征研究[J]. 智能城市, 4(1): 9-14.

马黎政, 2015. 开放经济中少数民族地区产业体系建设研究——以贵州省为例[J]. 贵州民族研究, 36(12): 165-168.

马宁宇, 2017. 四问贵州大数据发展[J]. 中国信息界, (02): 56-59.

迈克尔·波特, 2012．国家竞争优势[M]. 北京: 中信出版社.

苗圩, 2012. 优化产业结构是加快转变经济发展方式的重点任务[J]. 信息技术与信息化, (06): 5-8.

牟秀燕, 2015. 贵州工业园区建设中环境保护问题研究[D]. 贵阳: 贵州大学.

宁家骏, 2014. 积极促进大数据产业发展推动我国从数据大国走向数据强国[J]. 世界电信, (Z1): 44-48.

欧娟, 2016. 基于生态位视角下贵州省能源产业结构的测度分析[D]. 贵阳: 贵州财经大学.

彭程, 姚谦, 2014. 我国大数据产业区域发展现状分析[J]. 西安邮电大学学报, 19(06): 101-105.

彭荣胜, 2014. 我国现代产业新体系构建的误区及其规避[J]. 商业研究, (08): 33-39.

齐谋甲, 1992. 大家都应重视药物制剂技术的研究和发展[J]. 中国药学杂志, 4(7): 387-388.

綦成元, 2018. 以新发展理念引领能源产业可持续发展[J]. 当代电力文化, (2).

钱纳里, 鲁宾逊, 等, 1995. 工业化和经济增长的比较研究(中译本)[M]．上海: 上海三联书店.

秦开大, 赵帅, 秦翠平, 2016. “互联网+现代农业”趋势下主导产业选择模型及路径分析[J]. 科技进步与对策, 33(12): 67-72.

邱蓉, 姚剑虹, 2012. 贵州农业产业化可持续性研究[J]. 科技进步与对策, 29(23): 50-53.

瞿欣含, 彭仕江, 2016. 茶旅一体化发展的湄潭样板[J]. 当代贵州, (23): 64-65.

芮明杰, 2012. 新一轮工业革命正在叩门, 中国怎么办?[J]. 当代财经, (08): 5-12.

邵婧博, 2013. 比较优势视角下贵州农业结构调整研究[D]. 贵阳: 贵州财经大学.

申鹏, 2013. 构建贵州现代产业发展新体系研究[J]. 人口·社会·法制研究, (02): 96-126.

申鹏, 朱林, 2014. 返乡农民工就近就业现状调查及对策分析——基于 897 名贵州返乡农民工的问卷调查[J]. 调研世界, (09): 31-35.

施利萍, 张应辉, 罗阿玲, 等, 2015. 大数据产业及其发展机遇[J]. 软件导刊, 14(07): 5-7.

石明奎, 彭昱, 李恩东, 等, 2005. 珠江上游少数民族农业区域生态安全预警研究——贵州境内 22 县实证分析[J]. 中国人口·资源与环境, (06): 50-54.

斯劲, 2014. 现代产业体系的形成机理研究[J]. 经济体制改革, (05): 29-32.

司富春, 宋雪杰, 高燕, 2014. 我国养生保健产业健康快速发展策略研究[J]. 中医研究, (09): 4-7.

宋伟, 2006. 我国运动休闲业的管理模式研究[D]. 福州: 华侨大学.

苏洁, 2012. 贵州支持再生能源产业发展对策研究[J]. 企业导报, 19: 139.

苏乃坤, 2013. 立足秦岭生态优势发展养老养生产业[J]. 产业与科技论坛, 12(24): 33-34.

苏维词, 2000. 贵州喀斯特山区生态环境脆弱性及其生态整治[J]. 中国环境科学, (06): 547-551.

孙波, 2010. 后奥运时代的体育休闲[J]. 天津体育学院学报, (4): 360-362.

孙辉, 2014. 我国高校户外运动发展研究[J]. 体育文化导刊, (03): 138-141.

孙琳佳, 袁航, 2018. 贵州大数据发展大事记[J]. 当代贵州, (20): 32-33.

孙小冬, 2015. 华谊兄弟传媒集团全产业链发展战略[D]. 兰州: 兰州大学.

孙晓生, 2011. 温泉养生及其现代研究[J]. 新中医, 43(12): 103-104.

孙志煜, 陈茜, 2017. 大数据政策体系的理论基础与逻辑展开——以贵州省为例[J]. 湖南科技学院学报, 38(02): 108-111.

谭焱良, 2014. 体育消费的互惠激励机理研究[J]. 求索, (2): 114-118.

唐德淼, 2014. 第三次工业革命影响下的现代产业发展战略研究[J]. 求实, (10): 48-52.

唐红祥, 2016. 提升现代特色农业问题研究——以广西为例[J]. 学术论坛, 39(04): 62-66.

唐来祥, 2018. 贵州: 实施大数据与工业深度融合[N]. 中国产经新闻, (6): 3-13.

唐龙, 2014. 产业体系的现代性特征和现代产业体系的架构与发展[J]. 经济体制改革, (06): 92-96.

唐兴国, 2017. 体育旅游与红色旅游联合开发的前景探讨——以贵州省为例[J]. 当代体育科技, 7(01): 175-176, 178.

田牛, 2016. 新时期贵州军民融合[J]. 读天下, 13.

田维祥, 2012. 湄潭县茶叶志[M]. 遵义: 贵州省湄潭县茶产业发展中心.

田蔚 , 2017. 贵州省新型军民融合发展模式探索[J]. 产业与科技论坛, 16(06): 32-34.

田香兰, 2010. 养老事业与养老产业的比较研究——以日本养老事业与养老产业为例[J]. 天津大学学报(社会科学版), 12(01): 29-35.

田晓琴, 范勇, 2010. 贵州省农业科技进步贡献率的测算与分析[J]. 贵州农业科学, 38(06): 223-226.

万坚, 2015. 能源红利理论与测算方法的应用研究——以贵州为例[D]. 贵阳: 贵州财经大学.

汪文雄, 王文玲, 朱欣, 等, 2013. 农地整理项目实施阶段农户参与程度的影响因素研究[J]. 中国土地科学, 27(07): 62-68.

汪霞, 汪磊, 2014. 西南喀斯特地区农业旱灾脆弱性评价——以贵州省为例[J]. 广东农业科学, 41(22): 181-186.

汪晓文, 曲思宇, 张云晟, 2016. 中、日、美大数据产业的竞争优势比较与启示[J]. 图书与情报, (03): 67-74.

汪亚青, 谢浩, 2014. 区域现代产业体系实现路径及定位探索——以长三角地区产业经济发展为例[J]. 商业时代, (21): 123-124.

王丰明, 2017. 基于 SWOT 分析法的贵州省体育旅游产业的发展研究[J]. 运动, (23): 132-133, 116.

王冠杰, 2012. 挑战与应对: 中国国有企业的政治功能研究[D]. 长春: 吉林大学.

王国敏, 周庆元, 卢婷婷, 2011. 西部农业现代化发展水平的定量测评与实证分析[J]. 四川大学学报(哲学社会科学版), (06): 70-81.

王国平, 2005. 产业升级中的文化功能. 学术月刊[J], (10): 72-78.

王佳莉, 2011. 中粮集团“全产业链”战略研究[D]. 北京: 北京交通大学.

王建, 韩建磊, 2011. 江西体育产业集群发展策略研究[J]. 江西社会科学, 31(12): 244-247.

王凯, 2002. 论技术创新与企业发展的关系[D]. 武汉: 武汉理工大学.

王利刚, 2015. 贵州农业科技推广现状和发展对策[J]. 农技服务, 32(05): 214.

王能强, 2017. 发达国家及我国主要地区大数据发展的政策启示——以贵州大数据产业发展为例[J]. 中国管理信息化, 20(04): 159-160.

王宁, 李克昌, 黄兆鸿, 等, 2000. 宁夏大农业内部系统耦合初探———III两个市场的启示[J]. 草业科学, 17(5): 37-40

王桥, 2015. 我国养老服务业发展进程、存在的问题及产业化之路[J]. 湘潭大学学报(哲学社会科学版), 39(06): 29-32.

王伟玲, 2015. 大数据产业的战略价值研究与思考[J]. 技术经济与管理研究, (01): 117-120.

王先亮, 杨磊, 任海涛, 2015. 我国休闲体育产业的特征及布局[J]. 体育学刊, 22(2): 42-46.

王潇, 2013. 鄂西地区户外运动产业开发的研究[J]. 湖北体育科技, (08): 669-671, 665.

王欣亮, 刘飞, 任弢, 2017. 农业供给侧结构性改革背景下村镇发展战略研究[J]. 中国软科学, (10): 63-71.

王秀峰, 2008. 喀斯特地区农业可持续发展理论及其应用研究[M]. 北京: 现代教育出版社.

王亚新, 2005. 农业多功能研究[D]. 杨凌: 西北农林科技大学.

王燕珺, 2017. 基于马克思生态经济思想的循环经济发展研究——贵州省经济与环境的协调度分析[J]. 改革与战略, 33(5): 16-68.

王永平, 金莲, 刘良灿, 等, 2009. 贵州发展现代农业的路径与模式研究[J]. 贵州农业科学, 37(03): 144-148.

王屿, 2011. 贵州经济增长模式实证分析[J]. 现代商贸工业, (3): 97.

王兆谦, 2014. 基于“SCP”范式下贵州省体育用品业发展研究[D]. 贵阳: 贵州师范大学.

魏建和, 屠鹏飞, 李刚, 2015. 我国中药农业现状分析与发展趋势思考[J]. 中国现代中药, 17(2): 94-98.

吴宾, 刘雯雯, 2017. 中国养老服务业政策文本量化研究(1994—2016 年)[J]. 经济体制改革, (04): 20-26.

吴丹, 2017. 贵州省政府培育大数据产业案例研究[D]. 成都: 电子科技大学.

吴凤超, 2014. 我国农业企业全产业链战略研究[D]. 上海: 上海社会科学院.

吴桂华, 2014. 贵阳市大数据产业发展路径探析[J]. 贵阳市委党校学报, (06): 32-35.

吴士健, 刘新民, 王垒, 2010. 产业集群企业衍生的影响因素及发展对策分析[J]. 特区经济, (10): 229-230.

吴泗, 2011. 构建湛江现代产业体系转变经济发展方式[J]. 科技管理研究, 31(21): 69-72, 95.

吴永平, 温国锋, 宋华岭, 2008. 世界主要煤炭消费国与其国家经济增长 GDP 关系分析[J]. 中国矿业, (2): 21-25.

伍卷, 胡玉华, 2015. "新常态"下长江经济带体育产业的经济功能重构[J]. 南通大学学报(社会科学版), 31(04): 17-22.

武音茜, 2014. 贵州省经济发展中的能源利用效率与节能减排绩效研究——基于非径向DEA方法RAM模型[J]. 西南民族大学学报(人文社会科学版), 35(9): 109-113.

西凤茹, 王圣慧, 李天柱, 等, 2014. 基于大数据产业链的新型商业模式研究[J]. 商业时代, (21): 86-88.

肖谋远, 马斌, 2000. 娱乐体育发展趋势之我见[J]. 西南民族学院学报(哲学社会科学版), (S1): 174-175, 178.

谢泗薪, 戴雅兰, 2016. 经济新常态下科技服务业与现代产业联动模式创新研究[J]. 科技进步与对策, 33(05): 9-15.

谢向英, 2011. 福建白茶地理标志品牌结盟研究[J]. 农业经济问题, 32(01): 49-54, 111.

辛耀, 2012. 贵州山区农村金融的现状及制度建设[J]. 贵州社会科学, (02): 75-79.

熊德威, 2015. 发展大数据构建环境管理 "千里眼、顺风耳、听诊器"——贵州环保大数据实践与发展建议[J]. 环境保护, 43(19): 40-42.

徐峰, 2009. 贵州民俗体育旅游的现状与发展研究[J]. 贵州民族研究, 29(04): 133-137.

徐明, 2002. 休闲与休闲产业的经济学思考[D]. 上海: 上海财经大学.

徐秀英, 石道金, 李兰英, 等, 2009. 特色农业发展的重要途径: 组织化+标准化+品牌化——以浙江台州柑橘产业为例[J]. 农业经济问题, 30(06): 46-49.

许坚, 1994. 农村生态经济建设的基本理论探讨[D]. 杨凌: 西北农林科技大学.

薛亮, 2008. 从农业规模经营看中国特色农业现代化道路[J]. 农业经济问题, (06): 4-9, 110.

鄢永强, 2013. 四川户外运动旅游的消费需求特征分析[J]. 中外企业家, (15): 34-36.

杨成, 2015. 贵州少数民族地区山地高效农业发展研究[J]. 贵州民族研究, 36(05): 181-185.

杨磊, 2013. 健康体育产业发展现状与对策研究[J]. 山东工业技术, (09): 213-214.

杨丽莎, 2014. 山地农业发展中农民合作制约因素及促进路径研究[D]. 重庆: 西南大学.

杨柳英, 赵翠薇, 2018. 贵州省产业结构变化及其生态环境效应研究[J]. 贵州科学, 36(02): 50-54.

杨倩倩, 路海娟, 朝乐门, 2016. 大数据产业发展中存在的主要矛盾分析[J]. 情报理论与实践, 39(10): 11-15.

杨显怡, 2013. 我国城镇化背景下基于全产业链的住宅产业化发展研究[D]. 重庆: 重庆大学.

杨以文, 郑江淮, 黄永春, 等, 2012. 走向后工业化: 建立以服务业为主的现代产业体系——以长三角为例[J]. 经济地理, 32(10): 70-76.

姚星, 倪畅, 2015. 构建现代产业发展新体系的战略选择研究[J]. 中州学刊, (05): 38-41.

叶翔凤, 2015. 财政支持家庭农场发展的对策建议——基于湖北、重庆、贵州的调查[J]. 理论月刊, (09): 5-10.

于航, 刘淑娟, 李伟或, 等, 2006. 从上海市民的居住生活习惯看能源消耗特征[J]. 上海节能, (6): 26-30.

于潇, 2001. 公共机构养老发展分析[J]. 人口学刊, (6): 28-31.

余丙炎, 2017. 我国体育产业与健康产业协同发展的对策研究[J]. 菏泽学院学报, 39(05): 101-104.

余川江, 2012. 转变经济发展方式背景下区域产业竞争优势持续升级机制研究——基于"钻石模型"的反思和西部地区的实证[J]. 软科学, 26(04): 71-76.

喻丹, 2009. 从茶叶到茶业[J]. 当代贵州, (10): 16-18.

喻炜, 王凤生, 2016. 我国大数据产业政策研究——基于网络外部性与异质信息产品视角[J]. 当代经济科学, 38(03): 72-79.

袁雷, 2009. 论体育对政治发展的价值[D]. 长春: 吉林大学.

袁先智, 黄佳音, 2008. 建立中国能源市场基础设施与框架制度面临的挑战[J]. 国际石油经济, (08): 50-54, 86.

约翰·凯利, 2000. 走向自由——休闲社会学新论[M]. 昆明: 云南人民出版社.

岳意定, 刘莉君, 2010. 基于网络层次分析法的农村土地流转经济绩效评价[J]. 中国农村经济, (08): 36-47.

曾培炎, 2010. 西电东送: 开创中国电力新格局[J]. 中国党史研究, (3): 5-13.

曾宇, 2015. 大数据与区域经济发展[J]. 首都师范大学学报(社会科学版), (04): 74-80.

翟春, 宋成, 2016. 我国体育与健康产业的协同发展模式对策研究[J]. 沈阳工程学院学报(社会科学版), 12(04): 466-471.

詹全友, 龙初凡, 2014. 贵州从江侗乡稻鱼鸭系统的生态模式研究[J]. 贵州民族研究, 35(3): 71-75.

詹懿, 李晓渝, 2015. 国外现代产业体系的发展模式研究[J]. 商业经济研究, (09): 119-121.

臧建东, 曹为忠, 黄莉, 等, 2017. 以体制机制创新引领转型发展——南京江北新区创新驱动发展的回眸与展望[J]. 江苏省政府研究室, (11).

张伯礼, 2010. 扶持和促进大中药产业健康发展[J]. 中国食品药品监管, 8 (2): 8-9.

张殿发, 周德全, 王世杰, 2004. 贵州省农业产业结构调整研究[J]. 地域研究与开发, (03): 22-26.

张贵祥, 2008. 贵州特色农业的开放创新研究[D]. 北京: 中国科学院研究生院(管理学院).

张国胜, 2006. 社会转型期健康体育事业与产业的相关研究[J]. 哈尔滨体育学院学报, (06): 26-27.

张红宇, 张海阳, 李伟毅, 等, 2015. 中国特色农业现代化: 目标定位与改革创新[J]. 中国农村经济, (01): 4-13.

张冀新, 2012. 城市群现代产业体系的评价体系构建及指数测算[J]. 工业技术经济, 31(09): 133-138.

张建, 2010. 贵州农业生产的"3R"循环经济模式研究[J]. 贵州农业科学, 38(03): 206-208.

张近乐, 蔡晨雨, 2018. 军民融合促进产业结构转型路径研究——以陕西省为例[J]. 科技进步与对策, 35(07): 148-152.

张雷, 白尚恒, 2014. 湄潭县土地流转的经验思考[J]. 理论与当代, (12): 42-43.

张丽青, 司建平, 2011. 河南省发展中医药产业的战略意义[J]. 中医学报, 21 (11): 306-308.

张利国, 2011. 我国区域粮食安全演变 : 1949—2008[J]. 经济地理, 31(5): 833-838.

张粒子, 何勇健, 凡鹏飞, 等, 2011. 我国能源市场体系建设的目标框架与路径模式[J]. 价格理论与实践, (7): 33-34.

张琳, 任保平, 2009. 我国中部地区能源消费与经济增长——基于中部6省面板数据的协整检验[J]. 经济经纬, 04: 79-85.

张琳杰, 李峰, 崔海洋, 2014. 传统农业生态系统的农业面源污染防治作用——以贵州从江稻鱼鸭共生模式为例[J]. 生态经济, 30(05): 131-134.

张茅, 2014. 将探索实行"三证合一"登记制度[J]. 企业改革与管理, (11): 143.

张明哲, 2010. 现代产业体系的特征与发展趋势研究[J]. 当代经济管理, 32(01): 42-46.

张曙光, 2010. 土地流转与农业现代化[J]. 管理世界, (07): 66-85, 97.

张伟, 2016. 现代产业体系绿色低碳化的实现途径及影响因素[J]. 科研管理, 37(S1): 426-432.

张卫国, 田逸飘, 刘明月, 2017. 特色农业发展的减贫效应——基于收入增长和经济增长渠道的对比[J]. 现代财经(天津财经大学学报), 37(06): 41-53.

张小林, 张天成, 朱福军, 2007. 我国西部地区户外运动资源开发与营销——以重庆武隆国际山地户外挑战赛为例[J]. 西安体育学院学报, (03): 40-43.

张晓山, 2007. 创新农业基本经营制度发展现代农业[J]. 经济纵横, (02): 3-8.

张雅楠, 马勇, 2012. 浅探中粮集团全产业链战略[J]. 合作经济与科技, (01): 52-53.

张勇进, 王璟璇, 2014. 主要发达国家大数据政策比较研究[J]. 中国行政管理, (12): 113-117.

张勇民, 梁世夫, 郭超然, 2014. 民族地区农业现代化与新型城镇化协调发展研究[J]. 农业经济问题, 35(10): 87-94, 111-112.

张玉梅, 王子柱, 2016. 中国农村集体经营性建设用地入市改革研究——以贵州湄潭农村集体经济经营性建设用地拍卖案为例[J]. 改革与战略, 32(03): 69-73, 135.

张志佩, 2015. 贵州省少数民族传统体育项目开展的特点及其社会价值[D]. 北京: 北京体育大学.

张志英, 鲁嘉华, 2013. 新能源与节能技术[M]. 北京: 清华大学出版社.

张宗明, 2018. 论中医药文化自信[J]. 南京中医药大学学报: 社会科学版, 20(2). 78-82.

赵斌, 2014. 养老产业养谁之老[J]. 新产经, (8): 22-24

赵嘉, 唐家龙, 2012. 美国产业结构演进与现代产业体系发展及其对中国的启示——基于美国 1947—2009 年经济数据的考察[J]. 科学学与科学技术管理, 33(01): 141-147.

赵丽霞, 魏巍贤, 1998. 能源与经济增长模型研究[J]. 预测, 06: 32-34.

赵莎莎, 2017. 山西省体育产业效能评价指标研究[D]. 太原: 山西大学.

赵予新, 2013. 我国产粮大省实施粮食全产业链管理的途径研究[J]. 农业现代化研究, 34(06): 650-653.

郑照宁, 刘德顺, 2004. 中国能源资本替代的不确定性[J]. 运筹与管理, 02: 74-78.

《中国信息安全》编辑部, 2016. 云程发轫, 万里可期贵州大数据应用和产业发展路径[J]. 中国信息安全, (05): 68-71.

钟敬秋, 2017. 大连市体育产业发展及布局优化研究[D]. 大连: 辽宁师范大学.

周曙东, 2017. 我国大数据产业统计范畴的分析与探讨[J]. 调研世界, (12): 49-52.

周瑛, 刘越, 2017. 大数据产业发展影响因素研究[J]. 现代情报, 37(08): 129-134.

周颖颖, 薛兴利, 2016. "医养结合"养老模式研究综述[J]. 合作经济与科技, (10): 184-186.

朱海龙, 2016. 智慧养老: 中国老年照护模式的革新与思考[J]. 湖南师范大学社会科学学报, 45(03): 68-73.

朱俊林, 2011. 基于空间统计的湖北省农业功能分析与分区研究[D]. 武汉: 华中农业大学.

朱秀岩, 2005. 加强农业科技创新提高农业综合生产能力——在贵州省农业科学院百年庆典上的讲话[J]. 贵州农业科技, 33(06): 8-9

朱亚茹, 2011. 国外户外游憩研究综述[C]. 中国自然资源学会、新疆自然资源学会.

邹葆焕, 2014. 城市新区产业功能的选择与空间布局研究[D]. 重庆: 重庆大学.

Accetturo A, Bassanetti A, Bugamelli M, et al, 2013. The Italian industrial systembetween globalizationand crisis[J]. Ssrn Electronic Journal, 322-344.

Ajzen I, 1991. The theory of planned behavior[J]. Organizational Behavior and Human Decision-Processes. (50): 179-211.

Avola D, Cinque L, Placidi G, 2012. Intelligent multi-Agent based information management methods to direct complex industrial systems[J]. Intelligent Information Management, 4(6): 338-347.

Baas L W, Boons F A, 2004. An industrial ecology project in practice: exploring the boundaries of decision-makingl evels in regional industrial systems[J]. Journal of Cleaner Production, 12(8): 1073-1085.

Bentley T A, Page S J, Macky K A, 2007. Adventure tourism and adventure sports injury: the New Zealand experience[J]. Applied Ergonomics, 38(6): 791-796.

Boman M, Fredman P, Lundmark L, 2013. Outdoor recreation--a necessity or a luxury? Estimation of engel curves for sweden[J]. Journal of Outdoor Recreation and Tourism, 3-4: 49-56.

Buckley R, 2006. Adventure Tourism[M]. Wallingford: CAB International.

Carlsson-Kanyama A, Linden A, Eriksson B, 2005. Residential energy behavior: does generation matter?[J]. International Journal of Consumer Studies, 29: 239-253.

Chrysostomos, Giannoulakis, 2016. The "authenticitude" battleinactionsports: a case-based industry perspective[J]. Sport

Management Review，(19)：171-182.

Cioca L I, Morar R I, Băbuţ G B, et al, 2015. Integrating risk analysis with safety dyagnostic in complex industrial systems: modeling hazard[J]. ACTA Universitatis Cibiniensis, 66(1)：17-22.

Clayne R J, 2005. Outdoor Recreation in America[M]. Champaign: Human Kinetics Pub Inc.

Drucker J, Feser E, 2015. Regional industrial structure and agglomeration economies: an analysis of productivity in three manufacturing industries [J]. Regional Science & Urban Economics, 42(1)：1-14.

Dunkerley J, 1995. Financing energy sector developing countries: context overview[J]. Energy Policy, 23(11)：929-939.

Eime R M, Sawyer N, Harvey J T, et al, 2014. Integrating public health and sport manage-ment: sport participation trends 2001–2010[J]. Sport Management Review, (18)：207-217.

Evans S, Gregory M, Ryan C, et al, 2009. Towards a Sustainable Industrial System: with Recommendations for Education, Research, Industry and Policy[R]. The Institude for Manufacturing.

Fullerton D, Gilberte M, 1998. Environmental taxes and the double dividend hypothesis: did you really expect something for nothing?[J]. Chicago-Kent Law Review, 73(1)：221-256.

Garg H, Ran M, Sharma S P, 2014. An approach for analyzing there liability of industrial systems usings of t-computing based technique[J]. Expert Systems with Applications, 41(2)：489-501.

Goulder L H, 1992. Carbon tax design and US industry performance[J]. Tax Policy and the Economy, (6). 59-104.

Humphries B, Howard D, 2008. Perspective the Sports Industry[M]. Westport: Published by Praeger.

Imrich W, Klavzar S, Mulder H M , 1999. Median graphs and triangle-free graphs[J]. SIAM Journal on Discrete Mathematics, 12 (1)：111-118.

Jackson R, Murray A, 2004. Alternative input-output updating formulations[J]. EconomicSystems Research, 15, 135-148.

Jenkins J, Pigram J, 2006. Outdoor Recreation Management[M]. London: Routledge.

Jorgenson D W, Wilcoxen P J, 1990. Environmentalregula-tionandU. Seconomicgrowth[J]. The RAND Journal of Economics, 21(2)：314-340.

Kaplan M, 1975. Leisure: Theory and Policy[M]. New Nork: Wiley.

Lee J, 2009. Trade, FDI, and productivity convergence: a dynamic panel data approach in 25 countries[J]. Japan & the World Economy, 21(3)：226-238.

Lutzenhiser L, 2002. Marketing household energy conservation: the message and the reality[A]//Diet Z T, Stern P C. New Tools for Environmental Protection: Edueati-on, Information and VoluntaryMeasures[C]. Washington D C: National Academy.

Lutzenhiser L, Lutzenhiser S, 2006. Looking at lifestyle: the impacts of American ways of life on energy/resource demands and pollution patterns[C]//Proceedings of the 2006 ACEEE Summer Study Energy Efficeiency in Buildings, 7.

Mahony D F, 2001. Sport business in the next decade: a general overview of expected trends[J]. Journal of Sport Management, 15(4)：275-296.

Mattias B, Peter F, Linda L, et al, 2013. Outdoor recreation-a necessity or a luxury? Estimation of Engel curves for Sweden[J]. Journal of Outdoor Recreation and Tourism, 3-4: 49-56.

Prochaska S C, Norland E L, 1998. Ohio farmer use of the pesticide label[J]. Journal of Extension, 36(1)：76-89.

Page S J, Bentley T A, Walker L, 2005. Scoping the nature and extent of adventure tourism operations in Scotland: how safe are they?[J]. Tourism Management, 26(3)：381-397.

Pitts B G, Shapiro D R, 2017. People with disabilities and sport: an exploration of topic inclusion in sport management[J]. Journal of

Hospitality Leisure Sport & Tourism, 21.

Rancois, Jospeh, Hoekman B , 2010. Services tradeand policy[J]. Journal of Economic Literature, (48): 642-692.

Rotemberg J J, Woodford M, 1996. Imperfect competition and the effects of energy price increases on economic activity[J]. Journal of Money Credit & Banking, 28 (4): 550-577.

Schoor G V, Uren K R, Wyk M A V, et al, 2014. An energy perspective on modelling, supervision, and control of large-scale industrial systems: survey and framework[J]. IFAC Proceedings Volumes, 47 (3): 6692-6703.

Stern PC, Dietz T, Abel T, et al, 1999. Avalue-belief-normt-heory of support for social movements: the case of environmentalism[J]. Research in Human Ecology, 6 (2): 81-97.

Tim A, Stephen JP, Keith AM, 2007. Adventure tourism and adventure sports injury: The New Zealand experience[J]. Applied Ergonomics, 38: 791-796.

Verbos R I , Brownlee M T J, 2017. The Weather Dependency Framework (WDF): a tool for assessing the weather dependency of outdoor recreation activities[J]. Journal of Outdoor Recreation and Tourism, (18): 88-99.

Vliet B V, Chappells H, Shove E. Infrastructures of consumption : environmental innovation in the utility industries[J]. Earthscan, 2005, 16 (3): 548-549.

Wilks J, Davis RJ, 2000. Risk management for scuba diving operations in Australia' s great barrier reef[J]. Tourism Management, 21 (6): 591-599.

Yoo S, Choi K, 2015. Research on development stage of service model in big data industry[J]. Lecture Notes in Electrical Engineering, 330 (7): 545-554.

后　记

贵州省既属于西部欠发达地区，又具有典型的喀斯特地貌。改革开放以来，贵州省因为自然环境的劣势，错过了多次发展机遇，至今仍然存在贫困现象，是我国贫困人口最多的省份。自从我国实行“西部大开发”战略以来，特别是党的十八大以后，贵州省迎来了发展机遇期。经过近十年的跨越式发展，贵州省的经济社会发展取得了前所未有的成绩，创造性地提出大扶贫、大数据、大生态三大战略和牢牢守住发展和生态两条底线发展思路，实现了贵州省连续几年的“经济增速第一”和“县县通高速”的发展奇迹。尽管如此，贵州省的经济总量仍然处于全国末位，距离“全面建成小康社会”还需要付出坚实的努力。党的十七大以来，我国提出“建设现代产业体系”，十九大又提出“建设现代化经济体系”的发展战略目标。现代产业体系是现代化经济体系的核心内容和基本方面，对贵州省“全面建成小康社会”和实现“后发赶超”具有重要的战略意义。

本书的构思其实由来已久，只是今年才较为集中地整理了自己的一得之愚，并在科学出版社的大力支持下，形成了与读者见面的这本书。但是，鉴于国内部分学者对贵州省的经济社会发展已有较多和较成熟的研究成果，加上研究能力有限，本书部分成果借鉴了众多学者特别是孔祥智、闵庆文、郭庆海、雷海章、张卫国、蒋辉、张琳杰、詹全友、王秀峰、刘克春、陆文荣、王宁、李克昌、黄兆鸿、孙业红、代振、詹恕明、袁雷、吴丹、李银、王新明、雷庭、连玉明、吴桂华、王凯、周瑛、孙志煜、陈茜、连玉明、王能强、刘越、杜人淮、张近乐和陈淑奇等人的观点，也采用了贵州省及相关部门的政策和规划的部分内容，在此对这些学者和机构表示衷心的感谢。另外，作者对相关文献和数据等资料都尽可能做了标注，但是难免挂一漏万，若有遗漏之处敬请谅解。由于成书匆匆，在思路整理、结构安排、文字表达特别是政策建议等方面都有着太多的遗憾，没有真正做到自成一家之言。尽管书中的缺失与遗憾暂时难以完善，好在对区域经济社会的研究永无止境。今后，我将以十倍甚至百倍的努力写出更令读者满意的区域经济社会领域的研究著作，以弥补本书的缺憾。

最后，我要感谢我的同事和学生，感谢科学出版社。李桥兴教授为本书的章节安排和研究思路提供了宝贵意见和建议，伍国勇教授也为本书的出版做出了大量有益的工作。徐思慧、任晓慧、胡雨晴、李妍、陈克杰、庞博、周彦福和袁帅等研究生为本书做了大量的资料收集工作。本书责任编辑唐梅女士为本书的编辑出版付出了辛勤的劳动。他们的支持和帮助为本书的完成和出版提供了重要的条件，我谨向他们表示诚挚的谢意！

王红蕾

2018 年 08 月